全球 THE SILVER GENERATION
銀力時代

從荷蘭「終身公寓」到「失智農場」，
從日本「上錯菜餐廳」到「葵照護」革命，
從英國「共生社區」到台灣「不老夢想館」，
熟齡族才是未來社會的銀色資產！

社會企業銀享全球共同創辦人
楊寧茵——著

野人家 199

全球 THE SILVER GENERATION
銀力時代

作　　者　楊寧茵

野人文化股份有限公司　　**讀書共和國出版集團**
社　　　長　張瑩瑩　　　社　　　　　長　郭重興
總 編 輯　蔡麗真　　　發行人兼出版總監　曾大福
責任編輯　鄭淑慧　　　業務平臺總經理　李雪麗
專業校對　林昌榮　　　業務平臺副總經理　李復民
行銷企劃　林麗紅　　　實 體 通 路 協 理　林詩富
封面設計　周家瑤　　　網路暨海外通路協理　張鑫峰
內頁排版　洪素貞　　　特 販 通 路 協 理　陳綺瑩
　　　　　　　　　　　印　　　　　務　黃禮賢、李孟儒

出　　版　野人文化股份有限公司
發　　行　遠足文化事業股份有限公司
　　　　　地址：231新北市新店區民權路108-2號9樓
　　　　　電話：（02）2218-1417　傳真：（02）8667-1065
　　　　　電子信箱：service@bookrep.com.tw
　　　　　網址：www.bookrep.com.tw
　　　　　郵撥帳號：19504465遠足文化事業股份有限公司
　　　　　客服專線：0800-221-029
法律顧問　華洋法律事務所　蘇文生律師
印　　製　成陽印刷股份有限公司
初　　版　2019年11月

國家圖書館出版品預行編目資料

全球銀力時代：從荷蘭「終身公寓」到「失智
農場」，從日本「上錯菜餐廳」到「葵照護」
革命，從英國「共生社區」到台灣「不老夢想
館」，熟齡族才是未來社會的銀色資產！/ 楊
寧茵著.初版.--新北市：野人文化出版：遠足
文化發行, 2019.11
336 面；17*23 公分.--（野人家；199）
ISBN 978-986-384-384-9(平裝)

1. 老年 2. 長期照護 3. 生活指導

544.8　　　　　　　　　　　108015705

全球銀力時代
線上讀者回函專用 QR CODE，你的
寶貴意見，將是我們進步的最大動力。

野人文化
官方網頁

野人文化
讀者回函

FOREWORD

推薦序

看見高齡生活新想像

當出版社將這本書的初稿給我時，看了作者序之後，就讓我忍不住把整本書看完了。這本書可以說是這幾年高齡新風潮的精華整理，清楚地帶我們看到因為生命延長，帶來的高齡生活的種種轉變，並提供了許多很好的國內外面對這種轉變而發展出來的因應之道。

其實這種變化，這幾年大家應該愈來愈有感受。記得大概十幾年前，我在面對我爸媽那一代的退休時，我們最常講的，是規畫去哪裡玩，可以去上長青大學學些東西。鼓勵長輩要多交朋友，多運動，保持健康的身體。

但是最近我的表姊也準備要退休，希望我給她的退休生涯一些建議。她覺得自己身體狀況還很好，經濟上也不虞匱乏，對於旅遊或學習，一直以來就陸續有在做，想去的地方也看過不少，不用退休後再特別規畫。對於交朋友，到了這個年紀，反而希望有些自在相處的朋友就好，不想再花力氣去做社交型的交友。她說她準備退休，是希望不要被一些工作的制度所綁住，能夠有時間做自己想做的事，最好還能幫助別人。

短短十幾年的時間，面對老後的態度就有很大的不同。在我們長輩的那個年代，從青年到中年階段，就是努力地工作，努力地爬到某個位置，以便在社會上生存下來。並沒有太多機會做自己。到了退休時，大部分想的是要

3

好好地休息一下，只是沒有想到這個一下，居然可以長達30年的時間。失去了工作目標，失去了職位角色，人生突然不知道可以做什麼，所以要開始面對真正的自己，找自己的興趣。有人說，這是人生的第二個青春期。

我們這一代，更重視工作與生活的平衡，所以體驗到的生活經驗更加豐富，但是我們兩代同樣遇到一個問題，就是不知道這多出來的30年，可以做什麼？因為，這是人類歷史上沒有的經驗，沒有前例可循，要自己摸索。

「第三人生」是一個我很喜歡的概念，如同書中所說，是老天爺給現代人的大禮，由於醫學健康的進步，生活環境的穩定，讓我們多出了30年的時間，而科技的進步，讓我們即使有了身體的缺陷，還是一樣能夠完成很多事情。

我們需要更多想像，「老人」這個名詞代表的不再只是一個需要被照顧的世代，而是一個可以給予年輕人支持，能夠用經驗改變社會的巨大力量。老年的時光也不再只是一個要依賴別人為生的角色，而是一段重新做自己的時光。

寧茵和昕伶創辦了銀享全球，每年舉辦國際週帶來許多國內外的最新資訊，記得我第一次參加的課程，是介紹美國燈塔山村落，當時就對於這種能夠自助互助，共同學習變老的組織很有興趣，想要作為自己老年規畫的方向。而日本葵照護，更是啟發我對於照顧這件事，有不同的想像。

從事家庭照顧者服務20多年，我們常常說，照顧是一個生命交換的過程，照顧者跟被照顧者的生命是綁在一起的。為了幫助照顧者，一開始我們教他（她）舒壓，學會用資源，嘗試在照顧中找到讓彼此愉悅的元素。接著開始幫助照顧者找到自我，在每天緊湊的照顧工作中，找到時間做自己，讓照顧不是生命中的全部。

但是看了葵照護的例子，我也開始思考，無微不至的照顧，是不是反而讓長者失去了更多能力。在葵照護裡面，幾乎分不出誰是工作人員，誰是被

照顧者，反而像是家庭，大家一起分工合作，長者沒有「自己是無能力，需要依賴別人才能生活」的想法，反而讓他們活得更有動力。我們開始帶給家庭照顧者跟被照顧者這樣的概念，這需要一點時間，但至少，我在自己擬的照顧清單裡面寫下，「請讓我自己活動到人生的最後一刻。」

這本書提供了一個重新看待高齡這件事情的視野，雖然很多故事我過去已經知道，但重新閱讀一遍，似乎又再次燃起當初聽到這些故事的熱忱。更珍貴的是，寧茵加入了很多她接觸的台灣案例的報導，就如同她最後講的，高齡議題其實是一個非常需要各部門整合，與在地文化、在地需求緊密結合的服務，國外的經驗只能做參考，實際要落實還是要根植於此時此地，才能永續執行。

高齡社會已經跟過去不一樣了，閱讀這本書，一定可以帶給你不一樣的視野，讓我們一起來迎接、享受這個上天賜給我們的黃金30年吧。

新北市家庭照顧者關懷協會理事長　陳穎叡

FOREWORD

變老，原來可以好好設計

　　這幾年做了許多研究後發現，每個人原來對於「變老」的共通期待，就是能有機會「健康快樂地活到最老，然後趕快死。」每次我分享這一段話時，剛開始大家都會先嚇一跳，然後眼神堅定地看著我回答：「對，我想要！」台灣這幾年在高齡的議題上，從一個「設計師」的觀點，覺得很需要加強與翻轉的觀念，就是要讓大眾知道「長壽並不等於長照」。反過來說，我們有無可能在人生的下半場，好好規劃、好好設計？

　　「年齡不過就是個數字」，其實我們都知道，沒有真正對於「老」的定義，端看每個人的想法與態度。史丹佛大學近年來有一門很熱門的課「Designing Your Life」，探討有沒有可能在規畫「人生」時，就像設計師打造「iphone」一樣可以好好規畫？過去我們的一份研究就發現，原來一個退休人士美好的「人生第二章」，就包括了：財富管理、休閒與學習、旅遊、住居、醫療保健、移動、飲食、工作、社會回饋與外在儀態等面向，可以透過「設計」的介入，提升生活品質與自我實現的可能。

　　不然，對於很多人來說，現階段退休就是等於「某個數字」，也就是要存到多少金額才能想像退休。但實際上去問許多即將退休，或是退休後兩、三年的夥伴，許多人還真的沒有好好想過這個問題，或是呈現一種「窮的只剩下錢」的狀態。此外，從整體及供給面來說，相較於本書所列舉的各國案

例之外，多數國家，或談到台灣，還是相對較少投入這方面的探討，甚至對於年輕或主要資本投入的產業界而言，還有相當大可以發展的空間。

團隊這幾年一直聚焦在「50⁺」（意指五十歲以上的消費者）未來產品與服務的研發工作，常常自己與內部夥伴討論到一個觀察點，就是要創造出「超越熟銀髮使用者期待的設計」，背後最大的挑戰，很可能就是我們都「不夠老」！年輕的開發團隊還沒累積足夠的閱歷，甚至對於老的想像都是「一種推測」，一不小心，就把年輕世代的想法套用在中高齡使用者身上，導致開發出不好用的設計。

因此，既然許多退休夥伴需要好好思考人生第二章的方向，而現行的開發團隊也需要這一群很有經驗與想法的「大人們」的共同投入，就順勢讓我們有推動「高年級設計師」（New Age Designer）的想法，也成為這幾年團隊在發展熟齡銀髮產品與服務背後的成功經驗法則。這些退休夥伴被賦予了「設計師」的角色與職責，用自己作為一個「潛在顧客」的角度提供很棒的回饋建議，與年輕設計師一起共創在老後非常期待的解決方案，甚至，很多人提供過去在產業與社會上的經驗、人脈與金脈，轉變成年輕開發團隊的「創業導師或投資人」。

結合「青銀共創」這樣的理念，我們這幾年持續投入產品、空間、餐食、服飾等熟齡設計領域，也同時運用在健康照護、失智症這些非藥物輔療領域的服務創新上，並與新北市合作建立「銀光未來館」，作為長期發展跨代共創設計的基地，這對亞洲而言，也是一個全新的嘗試。但既然要讓大人們持續活躍地與社會聯結、促進身心健康，同時也「拉一把」年輕世代對於未來的徬徨與成長需要。這樣的青銀共創嶄新想像，也是回應本書說到重新定義「Age」到「Act」的具體實踐，不久的未來，不妨一起加入這個設計行列。

由寧茵與昕伶所創辦的「銀享全球」，作為一個台灣嫁接全球高齡產業

發展的平臺，一直是我們在推動各項設計行動的緊密夥伴，更作為一雙同步全球趨勢與標竿案例的「眼睛」。尤其是本書作者寧茵，與我除了是本家之外，對自己而言，更是亦師亦姊亦友，我們不時會聊到我們各自在熟齡銀髮領域的看見。終於在多方的鼓勵之下，可以誕生出這本重要的著作，裡頭不僅讓我們可以像一個「人類學家」一樣，看到各國案例「背後」的細節與堅持，更花了很多的努力，寫下對於台灣落地推動的反思與洞見，是公部門、產業界、教育界、新創界不可錯過的一本好書，在此推薦給大家。

最後，如聖經所言：「強壯乃少年人的榮耀，白髮為老年人的尊榮」（箴言20：29），期待我們每個人都能有機會在高齡化的未來，一同投入心力，共創設計出更美好的老後想像，讓長壽成為一個生命中美好的禮物。

5% Design Action 社會設計平台創辦人、DreamVok 意集設計執行長

楊振甫

FOREWORD

推薦序

爲自己的長壽生活做更好的預備

人類歷史上，從來沒有如此快速老化的現象，其中亞洲國家人口老化速度普遍較歐美國家快。以台灣為例，我們於2018年正式邁入高齡社會，預計於2026年邁入超高齡社會，此轉變僅花了8年，遠比英國歷時51年、美國17年短。

面對此史無前例的人口結構劇變，寧茵（Deborah）和我於近六年前推動社會企業「銀享全球」，企圖透過彙整各國因應此趨勢的成功經驗，提供新的想像和做法，加速發展在地因應方案，不僅為既有的困境帶來新解方，更帶入新思維和新作法，為打造幸福長壽社會而努力。

和Deborah結緣始於2013年春，當時正在籌備8月的不老騎士美國騎蹟之旅，除規畫10名不老騎士從聖荷西到洛杉磯的騎乘和參訪，此行肩負放映《不老騎士》紀錄片，推播不老精神的重要任務。第一次和當時素未謀面的Deborah通上電話，就對她清晰的口條，對溝通信息定位的犀利見解印象深刻。後來有機會於此行成為室友並一起經歷許多烙下心印的動人時刻，總瞥見她眼眶泛紅、默默拭淚的身影，才發現明快風格背後，是她對生命點滴的濃厚情感。

Deborah豐富的媒體和國際行銷經驗，和她對人的深刻關懷讓她不僅能敏銳地捕捉到表象下的本質，同時更將她的觀察和研究編織成一個個動人的

9

故事，連結到每個人的生命經驗。因著銀享全球的推動，Deborah 和我有機會一同走過美國、英國、香港、荷蘭、丹麥等國，挖掘各國因應長壽趨勢的關鍵觀念和成功做法，並邀請超過十國的先行者與實踐家來台，分享他們推動過程中的深刻學習。透過她的筆，這些現場觀察和深刻交流捕捉到的寶貴信息，成了一個個案例報導，讓更多人可以透過我們的平台看到不同的可能並獲得啟發，成為銀享全球協助落地實踐的重要開始。

本書不僅在高齡化浪潮下的四個關鍵區塊——「第三人生」、「世代共生」、「幸福長照」、「翻轉失智」彙整 23 個經典案例，更透過關鍵人物故事和發展脈絡說明，讓你有機會從各個層面透視與了解，這影響每個人的長壽時代所帶來的新可能和新機會。

透過「第三人生」，你可以理解這個新的詞彙被賦予的意義及被期待帶來的思維轉換。歷史上顯示，定義生命歷程會帶來深刻的制度變革。「青少年」這個詞在 1940 年代開始出現，用來定義處於兒童期與成年期之間的生命歷程，隨之帶來的改變讓青少年成為新產品和服務的主要目標族群之一。長壽不該只是人生最後一個階段多了幾年，而是需要我們以全新的視角來綜覽我們的生命歷程。從「第三人生」，你可看到新視角下，熟齡生活的多元樣貌，及背後推手的核心做法。

透過「世代共生」，你可看到個人的生命歷程在長壽的普遍化現象下有更多彈性的模式，也為跨代交流、共好創造更多不同可能。

透過「幸福長照」，你可在面對龐雜、大量，甚至有時駭人的長照議題時，看到實踐中、那些充滿溫度，以重建幸福感、活出尊嚴自主生活為目標的照顧與支持模式。

透過「翻轉失智」，你可看到各國從服務發展、友善環境、科技應用等面向，建立和失智症共處的概念與做法。當全球平均每三秒就新增一名失智症者，新思維和回應方式成了個人與社會必要掌握的關鍵信息。

Deborah以她的文字，生動的類比，與直指核心的觀點，帶我們於紙上走覽全球，本書不僅讓人人都能綜觀各地回應長壽趨勢的積極做法，也代表一個開端，讓你我都有機會找到新啟發，為自己的長壽生活做更好的預備！

銀享全球共同創辦人暨執行長　蔡昕伶

CONTENTS

目錄

PART1 活出第三人生 034

我們是屬於人類健康餘命不斷延長的世代，這是老天給的禮物。
別把這段時間浪費在抱怨社會為何不再看重自己，或期待別人給予舞台。
用自身的經驗與能力，從社會最有需求的地方盡一己之力，
活出有意義、有價值的安可人生！

 CASE STUDY 01 ／ **日本上勝町**

最好的照顧就是不用照顧！ 036

▶ 「那我們就來賣葉子吧！」
日本翻轉老年和地方創生的教科書：上勝町

▶ 「82歲退休還太早！」西蔭奶奶的多彩人生

▶ 把樹葉變黃金！「彩株式會社+上勝町」的3大成功之道

成功之道1 不受傳統思維制約，激發自發性，讓老年人成為生產主力

成功之道2 讓外界看到自家商品！老人家學會活用手機和平板電腦

成功之道3 注重現場主義、眾志成城的「氣」，以及獨特的企業組成

〔台灣經驗省思〕以積極態度走向老化，活出永續發展的城市樣貌

幸福長照 196

最高明的醫術是治病於未病；
最好的照顧，是讓被照顧者自己照顧自己，重新找到幸福感，
不靠藥物，也不靠醫生。

PART4 翻轉失智

一個人就算被確診失智的那一刻，他還是對周遭事物有感覺；
他依然是一個有知覺、能感受、希望被尊嚴對待的人；
他還聽得懂、看得見、對事物能有所理解；
就算記憶出現問題，許多失智者依然還是可以獨立生活，
並擁有健康豐富的人生。

 CASE STUDY19 ／ **美國阿茲海默活動中心**

人說失智沒藥醫，
他說失智本來就不靠藥醫

PREFACE

第三人生，老天給的大禮

　　21世紀人類最偉大的成就之一，就是平均壽命的延長。醫療的進步和公衛的普及，讓人類平均壽命在過去100年間，從50歲變成80歲，整整增加了30歲；生長在已開發國家（例如台灣）、現在20歲的這一代人（對！就是在說你，年輕人），尤其是女性，極有可能活到100歲，百歲世代已經來臨，百歲人瑞不再是少見的現象。

　　這意味著：

　　100年前，一個55歲退休的人，可能會在10年內過世；

　　100年後，也就是現在，一個65歲退休的人，還有25到30年要活。

　　就在此時此刻，人類的壽命也正以每天六小時的時間延長著……對忙碌的現代人來說，每天如果平白多出六小時，大家一定開心得不得了，會好好地規畫和利用；但當老天爺決定把這些時間一口氣換成30年，直接送給大家時，大家怎麼反應呢？有想過我們可以拿這30年的時光做什麼？

　　在時光的洪流中，我們每個人的生命，憑空多出了30年，這憑空多出的30年，就是第三人生（The Third Act）。有想過你的「第三人生」該怎麼過？

珍芳達:「爬樓梯」才是正確看待生命的方式

才剛歡度81歲生日的美國女明星珍芳達（Jane Fonda），2018年3月的奧斯卡金像獎頒獎典禮時，她以一襲緊身的純白禮服現身紅毯，豔驚四座。從初出道時的性感女星，到後來投入社會運動，還是第一代出有氧舞蹈影片的女星，珍芳達的生命歷程一直在不斷地變化和成長。

2012年珍芳達在TED×Women Talk上演講，針對「第三人生」概念有十分精采的論述。她認為傳統對於生命歷程的想像是「鐘形」的，在中年時達到頂峰，然後一路走下坡，直到入土為安的那一天。

「傳統對於『老齡』（aging）的觀點和理解來自病理學，」她強調，「這個論述忽略了一個十分重要的觀點：就算萬事萬物都是盛極必衰。但有一件事情例外，那就是：人的精神（human spirits）是可以一直向上的。」

與其用「鐘形」，珍芳達選擇用「爬樓梯」來看待生命的歷程，「尤其在人類愈來愈長壽之後，我們對於60歲以後人的心智和狀態有了更多的理解，我們應該把傳統上從病理學來定義的高齡，改成潛力的開發。」

而這正是許多哲學家、藝術家、音樂家、心理學家和社會學家在努力倡議的事。「歷史上第一次，我們的社會制度、文化風俗，甚至經濟環境等，跟不上人口的變遷。社會架構和文化風俗都需要大幅度的重新定義和扭轉。」

珍芳達演講時說，她在奔五之前十分抗拒變老，「一早醒來，常常連續六個念頭都是負面的，」對於變老充滿可怕的想像和不安的情緒，但現在她70多歲了，真正屬於「老年」族群，才發現變老不但一點也不可怕，而且是一件開心的事，「這輩子我從沒這麼快樂過！」

她認為長壽帶來的「第三人生」，讓人們有機會可以用不同的眼光，真實地面對自己，並回顧自己過去的生命，達成和自己、和別人、和周遭社會

和解的狀態，「經驗本身不會使我們聰明，是回顧和理解經驗的過程給了我們智慧，讓我們能達到全面觀照、智慧圓融和回歸自我的境界。」

高齡化浪潮席捲全球，未來40年影響世界發展最重要的趨勢

　　美國有近7,600萬名戰後嬰兒潮（出生於1946～1964年間的人），「第一屆」（出生於1946年的人）八年前正式「步入老年」，年滿65歲；在美國，平均每天有一萬人歡度65歲生日，成為所謂的高齡者，開始符合資格請領社會保險金，目前65歲和65歲以上人口約占其總人口的14.6%。雖然已進入高齡社會，且高齡人口增加快速，但美國畢竟是移民大國，高齡化的感覺不若亞洲各國明顯。

　　台灣目前有約300萬名65歲以上長者，但我們的高齡化速度之快，和亞洲的香港、南韓、新加坡等國齊名，都是搭乘在疾馳的特快車上。台灣的65歲以上人口增加的速度，從1993年的7%（屬Aging society 高齡化社會）到2018年的14%（屬Aged Society 高齡社會），再到預估2026年的20%（Super-aged Society 超高齡社會），只用了短短的33年；和其他幾個國家相比：法國是155年、世界平均值為88年，美國則稍低於世界平均值82年；而英國從14%到20%，花了51年的時間。

　　高齡化浪潮席捲全世界，幾乎是所有已開發國家共同面臨的狀況；媒體喜歡用「銀色海嘯」（silver tsunami）來形容這個問題的龐大與所帶來的嚴峻挑戰。世界經濟論壇也指出：此一趨勢是未來40年影響世界發展最重要的一個趨勢，我們絕對不該也不能輕忽，只是大部分的人，尤其是年輕的一代，對這個現象幾乎無感；而許多的媒體，也經常只關注於這個現象所帶來的「問題」及「挑戰」，而忽略了它可能帶來的「機會」和「正向影響」。

第三人生(The Third Act)：要行動才有收穫

愛爾蘭都柏林的愛德華‧凱利（Dr. Edward Kelly）博士，本身是成人教育及發展專家，數年前開始推動「第三人生」（the Third Act）運動，透過工作坊、演講和論壇等各式各樣的活動和對話方式，倡議「第三人生」的重要性。

對於選擇用 Third Act 而不是 Third Age 來代表這段人生歷程，他的見解是「比起 Age， 我更喜歡 Act 這個字。Act 這個字有雙關語，Third Act 可以是指人生的『第三幕』，但 Act 本身也可當作動詞，有行動的意思，意味著這是一段不行動就不會有收穫的過程。」

凱利還說，人生的第一幕是成長學習時期，是「依賴者」（dependent），依賴著身邊的人提供所需，吸取養分讓自己成長；第二幕是成家立業時期，最重要的特徵是「獨立」（independent），我們開始自己去創造出很多可能；到了第三幕，最重要的特徵是「共生」（inter-independent），在這個時期，人類可能會需要某些協助，但也還有能力回饋給這個社會，因此我們和他人以及外在的環境形成了共生共好的關係。

人生的三個重要時期

幕次	人生階段	特徵
第一幕	幼年期 （成長學習時期）	依賴（dependent）
第二幕	成年期 （成家立業時期）	獨立（independent）
第三幕	總結期 （高齡時期）	共生 （inter-independent）

Act 這個字，當名詞時，它用來指戲劇中的第幾「幕」；當動詞時，它則有「採取行動」的意涵。典型的英美戲劇通常分三幕：第一幕用來介紹角色和鋪陳劇情，第二幕用來發展劇情和進行主要轉折，第三幕則呈現這些發展所帶來的影響和提供結果，不管是主角內在反思後所產生的結果，或是和外在環境互為因果所導致的結果。

這樣的設計和人生的歷程不謀而合：第一幕是幼年期，我們是依賴和學習者；第二幕是成年期，我們開始獨立、成家立業；第三幕則是總結期，理想上我們應該總結我們在前兩幕的經歷和身心發展，在第三幕達到了一個不管是向內與自己對話，還是對外與我們所處的社會共生共榮的境界。

從第一人生的幼年期，第二人生的成長期，到第三人生的成熟期，人類心理的發展歷程也從倚賴者，變成獨立的個體，然後到與外在社會發展出一個共生共好的關係。

但這種轉換是需要學習的。根據凱利的闡述，每個人每段人生之間其實都有一個轉換期，準備工作要提前開始，每一階段的轉換才會順利。

「每個人只要活得夠久，都會有第三歲月（The Third Age），但不是活得夠久的人都會有第三人生（The Third Act）。」凱利強調。因為**我們的肉體或許會隨著時間的增長而退化或消逝，但人類的精神卻是一直向上的，而這肉體和心理發展無法達成和諧的狀態，就是我們目前老化過程所面臨的最大挑戰。**

換句話說，在人類進化過程，肉體的發展和心理的發展必須在每次轉換時都往同一個方向前進並一同轉化，如果兩者不平衡，就等於轉化沒有成功，這個差異會在往後的人生愈來愈擴大，並逐漸造成問題。

兩大趨勢匯流，高齡社會擁有無窮可能性

我們現正處於兩大趨勢的交會點上：

趨勢 **1** 人類史上最與眾不同的「優質老人」

依照聯合國的定義，65歲以上就算是「老人」，也是很多國家開始可以請領政府退休補助或依法強制退休的年紀，台灣就是如此。但現實是，這群老人的樣貌已經和一百多年前退休制度制定時大不相同。

他們是人類歷史上教育程度最高、最健康、最有經驗，口袋最深的「老人」。他們對於變老的想像，原本像大部分人一樣，以為是在照顧家人或是照顧自己中度過，但經歷了幾年的時間，他們慢慢發現：**他們正在經歷的老年生活和他們自以為的老年，相差甚遠。**

他們大部分人身體都還挺健康，即使有慢性病，都可以透過藥物或生活方式來控制得宜而擁有正常的生活；他們也都還很樂意貢獻社會，對生命有諸多想望。他們開始理解：這個人生的另一個階段，並不是灰色的，也不需要是灰色的。但**因為之前對這段「第三人生」的想像太貧乏、準備太少、缺乏規畫，因此許多人被迫跌跌撞撞地進入這段人生，而無法好好享受這份老天爺給的大禮。**

人類歷史上，我們的社會頭一次有這麼多所謂的「老人」，但和傳統的老人形象相反，他們也許頭髮灰白，但並不虛弱；他們也許退出職場，但一點也不窮；事實上，他們是歷史上最富有、教育水平最高、人口數最多、政經實力最強的一個世代。在世界版圖中，65歲以上人口所形成的強大勢力正在迅速崛起。從高齡到智齡，從等死到樂活，全球65歲以上的人口不但迅速增加，樣貌也在快速改變。

趨勢**2** 平價高效的科技任我們運用

全球知名的智慧型手機iphone，第一代出現於2007年，只有12年的時間，智慧型手機已經是現代人不可或缺的工具，幾乎是人手一支，而且每個人都有好幾個智慧型裝置；有一份調查指出：非洲擁有手機的人比擁有牙刷的人還多；英國一半以上的長者利用手機上網購物……電子商務、人工智慧、機器人、區塊鏈、比特幣、共享經濟、無人車……各式各樣的科技正在光速發展中，科技力肯定是這一代老人才擁有的絕佳工具。我們現在只在這個趨勢發展的最前端，對於如何運用並藉此轉換生命的歷程還在摸索。換言之，還有無窮的潛力等待我們去開發。

更多想像＋良好規畫＋事先準備，
「設計」第三人生成人生黃金年代！

過去台灣對於第三人生幾乎完全找不到任何論述，談到老年，最常見的關鍵字不是長照，就是失智，也難怪台灣人對第三人生，完全缺乏想像。誰會期待如此灰暗與負面的未來？

銀享全球2016年舉辦銀浪新創力國際週系列活動，第一次用「設計我們的第三人生」來形容這段人生。這幾年經過一些組織和媒體的倡議與推動，這個名詞已經愈來愈為許多人所接受和理解，有書教大家「第三人生自己設計」，也有退休者用「第三人生太好玩」來分享自己善用「三三三」時間分配法──照顧身體、挑戰學習、做志工回饋社會等，全力追夢、築夢和圓夢的生命故事。

知名作家李偉文曾在文章中提到，因為週休二日的關係，不管幾歲，其

實台灣人有三分之一的時間可以自己規畫。「換句話說，假如從20多歲工作到65歲退休，40年左右大約有整整13年的時間供我們揮灑；即使是現在已經40多歲的人，至少還有五年以上的時間。若是善加利用這些時間活出第三個生命重心，那麼60多歲真正從謀生的職場退下來之後，才能無縫接軌，繼續發光發熱。」

「第三人生」風潮也吹到了美國加州，由兩位女性創辦的 The 3rd Act 公司，專門接受企業的委託，提供培訓課程、工作坊和成長營隊等，協助企業提早幫助員工想像和規畫自己退休後的生活，或是在退休前開始提供彈性工時、不同的志願服務機會，幫助員工找到方向和熱情，規畫並逐漸適應，甚至期待退休後的生活。

你想要在病痛貧窮中度過，
或是想要有段精采健康的第三人生？

每個人對於「第三人生」的定義和想像都不一樣，也或許你根本就還沒想過，但可以確定的是，「第三人生」絕對是時間送給我們最珍貴的禮物。長壽讓我們有機會打造一個全新的生命軌跡，透過更豐富的生命經驗，能夠以更沉著而睿智的態度來體驗全新的熟年人生。

從出生到中、壯年，我們可以輕易找到許多不同人生階段的建議與計畫，卻鮮少有人為老年提供箴言。過去，退休後人們所剩時日無多，但現在，面對大幅延長的晚年，我們還不曾好好思考，如何面對「第三人生」的不同階段：初老、中老、老老……要怎麼活得踏實、活得精采。

古代有秦始皇追求長生不老藥，現代有Google母公司Alphabet大量投資生技和醫藥新創，企圖以科學方式解開人類如何長生不老的奧祕，谷歌創

投（Google Ventures）總裁在接受媒體採訪時還大膽預言人類可活到500歲……

其實，追求長生不老並不是大部分的人最在意的老化課題。

怎麼活著？自己的人生是不是能自己作主？如何幸福地走到最後？才是大部分人關心的事。

這幸福如何定義。是擁有健康的肉體？富足的心靈？有意義的生活？還是大量的財富？

答案是，缺一不可，而且是這些元素彼此之間達到一個完美的平衡。幸福不是絕對的，而是相對的，只空有其中的一項都不會帶給我們真正的快樂與幸福。

其實台灣300萬超過65歲的長者中，有高達八成七的人是健康的，只有不到一成三的人需要某種照顧，而且也不是24小時。所以我們真的該開始好好想想第三人生怎麼過。

你是否還以為「老化是以後的事情」？
你是否還覺得「長照是政府的事情」？
你是否還相信「台灣的老人很幸福」？

這三個問題的答案，是肯定還是否定，完全看我們如何作為。人生的黃金30年，誰想在病痛與孤寂中度過？現在就開始「設計我們的第三人生」吧！在戲劇中，第三幕都是高潮之所在，為什麼人生不可以？

PART 1

活出
第三人生

我們是屬於人類健康餘命不斷延長的世代,這是老天給的
禮物。別把這段時間浪費在抱怨社會為何不再看重自己,
或期待別人給予舞臺。用自身的經驗與能力,從社會最有
需求的地方盡一己之力,活出有意義、有價值的安可人
生!

日本上勝町

最好的照顧
就是不用照顧！

因為風土人情食物文化相近，日本連年蟬聯台灣人最愛旅遊的國家第一名，從年輕人到長輩，大家都可在日本找到屬於自己的一個角落。而台灣的高齡長照相關單位，因為日本高齡化走在台灣前面，更是以日本馬首是瞻，從國家策略制定、地方施政方針、民間服務模式、企業高齡產品開發……日本都是台灣從政府到民間組織樂於交流和學習的對象。

台灣人常去日本，但去四國的人卻比較少。隔著瀨戶內海和本州相望的四國，是日本四大島中最小的一個，這裡雖然是日本文明開展最早期的地方，但都市化程度不若台灣人經常造訪的京阪神，再加上土地遼闊，除了幾個大城市，這裡的產業大部分都還是以農業為主。也因為這樣，過去幾年人口流失和高齡化的情況，相對日本其他地區嚴重。

自從六年前參與創辦銀享全球，開始關注高齡領域，經常有機會走訪國內外不同創新案例，我一直在尋找自己心目中的「香格里拉」[1]，一個真的可以實現老有所用、讓每個人都有屬於自己空間和尊嚴的生活方式，甚至做

1　香格里拉（Shangri-La）是一個虛構地名，最早出現在1933年英國小說家詹姆斯・希爾頓的小說《消失的地平線》中。書中描述位於崑崙山脈西方的一個小型村莊，神祕而和諧，村莊的居民長生不老，過著快樂的生活。這部小說出現後，這個名稱被當成世外桃源與烏托邦的同義詞。好萊塢後來也將其改拍成電影，有1937年和1973年兩個版本。

到「最好的照顧就是不需要照顧」的地方。

位於四國德島的上勝町,就是我心目中的「香格里拉」。

上勝町離德島市區約一個小時車程。德島位於四國的東北角,自明石海峽大橋開通後,可以透過淡路島直接和本島對接,透過公路和鐵路可以到達神戶、京都、大阪等關西大城和其他四國重要城市。

從德島走16號縣道往西南開,就會來到上勝町,這是一個人口不滿2,000人的小村莊,一半以上的居民超過65歲,20%居民超過80歲。這裡看似只有漫山遍野的森林,貫穿其中的勝浦川流水涼涼,卻有一家年營業額高達兩億日圓的公司「彩株式會社」,僱用的都是長輩,尤其是女性長輩,公司員工平均年齡70歲。最重要的是,她們每天都笑吟吟地樂在工作,並誓言「希望自己可以一直這樣工作下去,永不退休!」

在這個老年人口超過一半的村落,因為老人家實在太健康,安養院和醫院都只好關門大吉。透過勞動實現永不退休的他們,現在更成為世界進行資源保護的尖兵,為了保存這座美麗森林和他們的生活環境與經濟來源,村落的人嚴格執行垃圾分類,並宣示將在2020年成為日本,甚至是全世界第一個「零垃圾、零汙染」的小鎮!

上勝町如何成功翻轉老年?他們是高齡社會的未來還是一個特例?我決定親自去這裡瞧一瞧!

「那我們就來賣葉子吧!」
日本翻轉老年和地方創生的教科書:上勝町

懷著興奮又忐忑的心情,我們一早從德島開車出發,映入眼簾的景致逐漸從都市型態的房舍變成山林景色。來訪的時期正是七月底溽暑時節,這裡

的天氣有點像台灣的夏天，又濕又熱；風景也很像台灣的鄉下，夏天漫山遍野綠意盎然，十分漂亮。

看了許多中外媒體的報導，我對這個小鎮的好奇不是只有一點點，但最讓我好奇的，還是讓這一切成為可能的幕後功臣——橫石知二先生，透過多次書信往返，利用谷歌翻譯寫成的日文信，一封封和他的同事來回確認，終於敲定採訪行程。橫石知二在上勝町寫下的豐功偉業，讓他得到日本國內許多大獎的肯定，還曾經登上《Newsweek》日文版「創新100人」的榮譽榜，終於有機會親自和這位在我心目中屬於「偶像級」的人物談談，我的興奮之情溢於言表！

名聞遐邇的彩株式會社其實並不大，除了橫石先生外，另有五名員工，其中四名都是年輕女性，另一名是和我聯繫的粟飯原啟吾先生，看起來也只有30歲出頭。到訪當天下著大雨，還好我們不用舟車勞頓，因為驚喜發現彩株式會社的辦公室，竟然就在我們所住旅館的四樓，只要搭電梯就可抵達。

橫石知二在自己的書裡提到，他是日本四國德島人，1979年自德島大學畢業後就到上勝町的農協² 當農事指導員。當時20歲出頭的他幹勁十足，什麼都想做，沒想到上勝町的農民卻不把他當回事，總覺得他年紀輕，又是個外來者，也沒有實際從事農業的經驗，有什麼資格對他們指指點點，對他的好意並不領情。

當時的上勝町和許多其他德島的鄉鎮一樣，以種植柑橘為主，農民們辛苦一整年，等的就是年底收成的時節，但畢竟是靠天吃飯的行業，收入不穩

2　農協是日本農業協同組合（Japan Agricultural Cooperatives）的簡稱，是日本規模和影響最大、群眾基礎最廣泛的農村綜合性社區合作組織。全國99%的農戶都加入了農協組織，按照合作制的原則，把單一弱小的農戶組織起來，共同抵禦市場風險，提高農業經營水平和農民生活質量。農協的建立對保護弱勢的農業生產，化解小農戶與大市場之間的矛盾和增加農民收入有重要作用。

定，再加上交通不便且鄉間生活不易又沒有娛樂，因此市役所（相當於台灣的鄉鎮公所）前經常有喝醉酒的大叔們抱怨政府給的補助太少，生活無以為繼，但對於想要協助他們改變的任何做法卻又抱封閉的心態，不願意接受。許多年輕人因為沒有工作，陸續搬到城裡，留下的都是老人和婦女，整個鎮更顯得暮氣沉沉。

有一年農作物即將收成之際，竟遇到寒害，所有的柑橘樹統統凍死了，一年的心血就此毀於一旦，讓這些農民簡直欲哭無淚，但正所謂「置之死地而後生」，正因為所有樹都凍死了，他們終於願意死馬當活馬醫，聽聽橫石知二的意見，看看這個小老弟可以變出什麼花樣。

橫石知二知道，農民最需要的就是現金收入，種什麼可以讓他們最快得到現金呢？青蔥！因此他大膽建議農家把凍死的柑橘樹都砍掉，搶種時節短的青蔥，果然幾個月的時間就收成上市，立馬有錢入袋。這讓許多原本不相信橫石知二的農民對他有些改觀，覺得他可能真的有兩把刷子。

但這畢竟不是長久之計，到底上勝町還可以發展出什麼高附加價值的農業呢？

一次偶然到大阪出差的旅程，永遠改變了上勝町的命運。

當時橫石知二受邀到高級日本料亭作客，初出社會，以他的薪水和財力，是無法到這樣的料亭吃飯的，所以他也對周遭十分好奇，不斷地東看西看。然後一件事吸引了他的目光，他看到隔壁桌的兩位女性，拿著餐盤裡的新鮮葉子把玩，一直說著「好漂亮啊！」還小心翼翼地把葉子夾進書裡，收進包包，這些舉動讓橫石知二大為吃驚，心想：「像這樣的葉子我們上勝町到處都是，要多少有多少！有這麼稀奇嗎？！」想著想著，他突然靈光一現，「那我們就來賣葉子吧！」

回到村裡，他馬上跟大家提議賣葉子這件事，果然引來眾人的一頓嘲笑，許多男性農民都說他「應該是腦袋有病，說什麼夢話！哪有人會花錢

買葉子？！」一陣訕笑後揚長而去。旁邊的婆婆媽媽們，看著滿心熱切的橫石知二被潑冷水，有些於心不忍，於是提出要幫忙。其實她們當初也不是真的相信橫石知二的賣葉子計畫，只是同情他，想幫他而已。

憑著初生之犢不畏虎的憨膽和幹勁，橫石知二認真做起上勝町賣葉子的大夢。他知道高級日本料理會用當季的新鮮葉子作為餐盤上的裝飾，稱為「妻物」，而且妻物的內容會隨著料理的內容和時節的不同而改變，裡頭蘊含很深的日本飲食文化和學問，但這些細節已經逐漸流失，只有非常高級的日本料亭和資深的師傅才懂。

橫石知二幾乎把所有薪水都貢獻給這些高級的日本料亭，只要有機會到大阪京都等大城市出差，他就找當地最知名的料亭吃一頓，心想能否因此對妻物的學問多了解一下，卻總是不得其門而入。這些高級日本料亭的師傅們根本就不願意分享這樣的知識，也讓橫石知二的葉子大夢一開始就踢了個鐵板，毫無進展。

從小喜歡塗鴉的橫石知二，只好用最土法煉鋼的方式自學，他把每次不同食物如何搭配不同的餐盤，是用哪種妻物並如何擺放一一畫下來。用餐時經常只是埋頭專注作畫，對於吃下肚的美食毫不在意，他如此特別的行為和其他客人真是太不相同了！再加上經常造訪，終於引起了一位高級料亭主廚的注意，在得知橫石知二這麼做的原因後，有一天這位主廚終於開口問他想不想到後面的廚房看看，並一一介紹他們是如何取得、處理和使用這些新鮮的葉子「妻物」，使之成為日本料理的最佳搭配和精神象徵。

自此橫石知二總算踏入了研究妻物的大門，但離上勝町能夠開展葉子事業還有很長的一段距離，一來是他終於了解妻物的博大精深，也更加理解這個領域的專精和封閉，「並不是有葉子就好了！還得是餐廳想要的樣子才賣得進去！要不然日本到處都是森林，這個產業不是人人都可做嗎？！我到底該怎麼做呢？」

　　因此，橫石知二只好更加努力地學習相關知識，更加努力到各個高級料亭用餐，更加努力和這些資深師傅們博感情，更加努力畫下所有的學習，希望可以從他們那裡把所有知識學回來，然後教給山裡頭的奶奶們。

　　剛開始葉子總是被退件，品質不夠、大小不對、包裝不良，一次次的揣摩，一次次的重新製作與包裝，橫石知二和相信他的幾個奶奶們，在眾人不相信和嘲笑的眼光中開始，進行著不知道有沒有未來的努力，「很奇怪，我從來沒有懷疑或想放棄過，我只覺得我們只要一直不斷地揣摩和改進，總有達到他們要求的一天。」

　　以銷售葉子為主的「彩」（Irodori）於1986年首次在上勝町農協設立，原先只有四個老奶奶參加，一年半後成長為44個農戶，並正式在農協成立「彩部門」。1999年，為了因應發展需要，也為了能讓當時已離職的橫石知二持續為「彩」出謀劃策，貢獻心力，上勝町的公私立部門合力想出了一個獨特的方法，他們決定由上勝町出資70%，負責培育香菇菌床的上勝生技株式會社所組成的第三部門出資另外的30%，共同成立私營企業「彩株式會社」，營運資金由「彩」負擔5%，農協不同的蔬果部門各自負責百分之幾等。這種由農家籌措公司營運資金的做法，不只在當時是創舉，截至今日依然相當少見，也成了上勝町地方創生成功的一個重要基石。

　　彩株式會社由橫石知二出任社長，但其實創立初期只有他和另一個同事，產品開發、業務行銷……什麼都要做，橫石為此走遍日本一都、一道、兩府、43縣，每天工作時間高達16個小時，常常開車送貨回家後還要整理訂單，準備一大早就送給農戶們。「真的可以說只要醒著的時候就是在工作，卻完全不覺得累，只想著一直往前衝！」

　　他也用畫筆將這樣的熱情帶給廣大的上勝町農戶，他們每天一早會收到橫石知二的親筆信函，以親切又容易理解的方式和農戶們分享市場行情和訂單狀況，搭配他手繪的可愛人物頭像，最後總是以充滿激勵的語句，如「再

加油吧！」「再加把勁喔！」的口吻作結，從早期以傳真傳送，到現在透過電腦，橫石充滿個人魅力的每日一信傳統依然如昔，幾乎可以說是「彩」的特色和成功要素呢！

▲橫石知二的手繪圖片

「彩」從橫石一個人開始成長到現在六人團隊，從只有四個老奶奶參與成長到現在有170個農戶，年營業額從零到一年2億6,000萬日幣（約7,680萬台幣），在日本妻物市場擁有80%的市占率，並帶動上勝町其他的農產品價值，不但居民安居樂業，也讓小鎮聲名遠播，每年來此觀光、研修、見習、學習的人超過4,000人次，是在地居民的兩倍，因此返鄉、回流或來此落戶安居的人更不在少數。

早在地方創生成為日本政府重要政策前，上勝町就因為「彩」成了日本**翻轉**老年和地方創生的教科書，橫石知二也從農業指導專家變成了日本政府致力地方創生的頭號顧問。

現在，讓我們走訪上勝町農戶西蔭幸代女士，從她的每日生活一窺「彩」的成功之道。

「82歲退休還太早！」西蔭奶奶的多彩人生

一個下著雨的夏日午後，我們來到西蔭幸代奶奶的家。現年82歲的她和兒子一起住在半山腰的老屋裡，為了我們的到訪，她特別梳妝打扮，臉上

薄施脂粉，很用心地準備與我們碰面，入座後她手腳俐落地準備了五人份的咖啡，從另一側主屋的廚房，上下了好幾層階梯端到工作室來給我們。

小小的工作室裡擺滿了西蔭奶奶的戰利品。加入上勝町採葉子大軍20餘年，她儼然彩株式會社把樹葉變黃金的代言人。工作室接待過全球59個國家的訪客和媒體，每位到訪者留下的名片和寫下一段話的小手冊已經累積到第17本，牆上貼滿了奶奶和這些訪客的合照、他們留下的各國紙幣樣板，以及這些媒體、電影、報章雜誌的報導。

在和我們聊天的過程中，西蔭奶奶不斷地看著手上的平板電腦，密切注意著明日的訂單狀況，我們問她：「每天生活中最快樂的是什麼？」

她立刻回答：「接到訂單的時候！」

「這個工作很辛苦吧？」

她毫不猶豫地回答：「不會！但因為農協對產品的要求很嚴格，所以要搶到訂單不容易。如果被退貨三次就除名了，所以要小心翼翼地做。」

「那這份工作想做到什麼時候呢？」

「希望可以一直做下去，100歲或更久都好！我從來都沒有想過退休的事呢！」

西蔭奶奶世代居住在這個地方。在沒有葉子事業前，她在紡織工廠當女作業員，大約20多年前從工廠退休後，就加入「彩」，做起葉子變黃金的事業，原來先生和她一起做，賺了錢兩人就到處遊山玩水；有一陣子先生生病了，葉子的收入也幫忙她支付醫藥費，而葉子工作的彈性，則讓她可以一邊照顧先生，一邊擁有收入；後來先生過世了，她雖然傷心難過了好一陣子，還好有葉子事業的支持和收入，讓她可以走過那段傷痛的日子，重新振作起來。

西蔭家占地不大，有些還是坡地，到處種滿大大小小不同種類的樹木，很多我也叫不出名字，西蔭奶奶笑著說：「沒關係！他們統統都是『搖錢

◀充滿活力的西蔭奶奶

樹』！」

　　奶奶每天約五點起床，第一件事就是先到院子裡去看看這些寶貝，有時候也會趁著太陽還沒出來先做點事情，免得太陽出來太熱了無法工作。等農協一上班，她立刻打開電腦，看看今天公司寄出的訂單需求有那些，把自己可以提供的訂單拿下，然後趕緊去採收需要的樹葉。由於這些葉子都是要放在日本料理上作裝飾的，所以一定不能噴灑農藥，大小都有非常嚴格的規定和要求，奶奶工作室的桌上直接刻了一把尺，方便她把葉子一放就能看出大小；葉子的樣態也有相當要求，雖說葉子是天然的，但還是要選美觀的，凡是被蟲蛀得坑坑洞洞的，上面有顆粒或發黑的，左右長得不對稱的……統統都要丟掉；「一片一片選好，整理好後，通常要在上面灑點水，這樣看起來才會有光澤，顯得更美麗。」

　　篩選完適合的葉子之後，把它們每十片一組放好，擺進包裝盒中，然後封裝起來，親自開車送到農協。通常中午以前就必須送到，這樣農協才能統一在當天下午出貨到日本各地，這些新鮮美麗的葉子明天中午就能出現在東京高級料亭的餐盤上。

　　當天的葉子整理完，西蔭奶奶也沒閒著，下午的時間大部分都花在照顧「搖錢樹」上，為它們悉心地施肥、除草、整理等。「彩」目前提供的葉子種類有320餘種，有時候有些特別訂單，價格也特別好，所以農戶們幾乎都

不會只種同一種樹木，一年四季有不同種類的樹木，才能一年四季都有訂單可拿，最好再有一些特別的樹種，就可以拿到特別的訂單。但每種樹木的栽種都有不同的學問，有些適合種在陰暗面，有些適合種在向陽面，有些得種在坡地上方便排水，各式各樣的知識有時候是憑藉著經驗習得，有些則是要靠參加研討會、閱讀相關資料才會知道，所以要花時間不斷充實自己。

西蔭奶奶和其他奶奶們經常到自家的庭院散步，但目的可不只是為了健身走走看看而已，而是密切關注葉子的生長狀況，注意哪些再過幾天就可以摘採了，哪些需要再等幾天……等。一邊走路，一邊盤算著這些事情，所以奶奶們都一直在動腦筋，可說是忙得沒空生病。

「彩」除了發送每日訂單，還會提供一些額外訊息，來幫助農戶了解接下來有什麼大事可能會帶動葉子的需求，有時可能是氣候因素導致某類葉子的產量不足，要及早因應；有時候則因為有外賓來訪導致裝飾用葉子需求量大增等，例如法國前總統席哈克（Jacques René Chirac）和美國前國務卿萊斯（Condoleezza Rice）到日本進行國是訪問時，就帶動了裝飾用葉子的需求與銷售，所以奶奶們都很關心國際局勢，她們知道一旦有國際嘉賓來訪，出貨量就要增加，工作上要更加把勁呢！

為了讓這些農戶們親身了解自己所種的樹木花草是如何被運用在日本料理上，「彩」也會舉辦特別的「研習營」，邀請農戶們上高級日本料亭享用美食。對她們來說，這樣的研習營是大事，她們早期像劉姥姥進大觀園一般，隨便穿著農衣農服就上街，引來眾人側目；現在每個人都懂得適度梳妝打扮，有如貴婦般地參與這些場合。這些高級的日本料亭一般人都不一定去得了，奶奶們能去這邊用餐，不但她們自己很有成就感，也讓子孫覺得奶奶做的事情「好酷」！讓她們在家人面前走路有風、格外春風得意呢！

就如「彩」這個字的含意，加入這家公司也讓西蔭奶奶的晚年生活多采多姿。她不但有機會和來自世界各地的朋友交流，上勝町的故事在2012年

被拍成電影《多彩人生》時，她也跑去試鏡，還在其中演了一個配角，「我活得愈來愈寬廣和開心了！完全沒有退休的打算，希望可以一直做下去，做到不能做為止！」

把樹葉變黃金！「彩株式會社＋上勝町」的**3**大成功之道

讓日本如臨大敵的高齡少子化，也是台灣正在經歷的國安問題。現在就讓我們從翻轉高齡和地方創生的視角，來看看「彩＋上勝町」這個經典案例的獨特性和成功之道。

成功之道 **1** 不受傳統思維制約，激發自發性，讓老年人成為生產主力

上勝町的成功在於將原本被視為弱者的老奶奶等長輩們視為「可貢獻者」，從經濟和需求層面出發，發掘她們的潛力，從而創造「彩」。上勝町人口不到2,000人，超過50%是65歲以上人口，更有20%是80歲以上人口。在這個以伐木業和種植柑橘等農業為主的傳統日本村落，男性雖然肩負經濟重任，但橫石知二很早就注意到大部分男性態度封閉，嘴巴很會講，一旦要執行時，能力很低；女性除了協助丈夫做點簡單農務，就以打理家事居多，所以空閒時間滿多的。橫石知二剛到上勝町時，有一天早上經過一處，看到一群婆婆媽媽們聚在一起東家長西家短，結果幾個小時辦完事後再經過原地，她們還在那邊數落家中媳婦的不是，這情景讓他感到非常厭惡，也一直想著到底能做什麼來改變。

所幸橫石知二從正向思維出發，想出她們可以做的事情——葉子事業。葉子事業工作時間有彈性，負擔又不特別重，讓長者和女性都可輕鬆開始。

一開始雖然加入的人不多，但有了經濟的誘因，大家口耳相傳，參與的人就慢慢多了；隨著彩株式會社的規模愈來愈大，參與的人也愈來愈多，甚至成為家庭的凝聚力。像是寒暑假時，會有孫子孫女陪奶奶一起送貨到農協；有些家庭從奶奶一人開始，現在是先生、兒子一起來做，還不斷種植新樹，希望把家中的樹木當成傳家寶傳承下去。

因為想要接什麼單，接多少單都是自發性的，所以農戶有很大的空間決定如何參與，驅動力來自於他們自己，完全是自發性的，再加上訂單系統的設計方式，大家都可以看到別人接單的數量和內容，也無形中建立起農戶間良性的競爭。

「彩」的成立和葉子事業的成功，不但為村裡的人帶來經濟利益，也讓他們為自己的家鄉感到驕傲並想要保存它和保護它，也因此吸引了回流的人和想要來此居住工作的人，不但人口減少的情況好轉，這些年輕人也帶來新的技能和氣象。例如，離彩株式會社不遠處，就有一家由兩個年輕女性經營的咖啡輕食店，文青風格濃厚，環境幽雅、食物好吃，上面也用葉子裝飾，充分凸顯本地特色。店主會說流利的英文，她在神戶念完大學後，決定回鄉開咖啡屋，現在這裡儼然成為本地年輕人聚會和交流的場所。

成功之道 2 讓外界看到自家商品！老人家學會活用手機和平板電腦

一開始以農業指導員的身分來到上勝町的橫石知二，對於這一點有深刻的體悟。農事指導員主要的工作本在協助農民進行農作物的開發，當時還年輕的他就大膽斷言，「我們不需要農事指導員，因為賣不出去的產品等於沒用！」如此大膽的發言還引來許多責備。而後在創立「彩」及開發葉子商品的過程中，他更深切體會，「葉子如果沒有做成商品，在適當的時間點賣給需要的人，根本就像垃圾一樣，一毛錢都賺不到。」以這樣的思維來推動地

方農產品的商業化，他認為**光是找到地方特有物產或文化特色是不夠的，還要能將其具體包裝並進行獨特的商品化，並透過管道推廣銷售，創造出專屬於某個地方的「優勢局面」，這樣才能「直指目標、創造局面、製造漩渦」**。

他也強調，因為需要針對地方特色進行商品和服務的轉化與創新，因此需要背景不同的人才。近年來，「彩」也開始推出葉子以外的商品，例如以葉子的纖維做的衣料等等，這樣的轉化需要更多專業的知識，所以也需要不同背景的人；又如在拓展市場方面，除了日本，「彩」也積極向世界各地開展，用新的工具來持續和世界溝通，這些都需要懂得外國語言、了解海外市場和文化者的協助。此外，橫石知二也很重視 IT 工具，他很早就看出在上勝町這樣地廣人稀的地方，網路和資訊工具可以幫上很大的忙，因此他很早就將電腦等數位工具導入「彩」的經營中，還讓一個個原本連傳統手持式電話都不太會用的老年人，每個人都拿著手機或平板電腦俐落地看單接單。

成功之道 ❸ 注重現場主義、眾志成城的「氣」，以及獨特的企業組成

從一個外來者在上勝町經營了 30 多年，無論一開始的農事指導員或後來成為彩株式會社的社長，橫石知二堅信現場主義的重要，「**所謂的現場主義，就是強調在地，對這個地方充分觀察和理解的能力。**」初到上勝町的頭兩年，他天天開車熟悉這個地方的一草一木和每位住民，就算當上「彩」的社長，他也很少坐在辦公室裡，除非有特殊邀約，否則他每天早上都還是一身農事打扮，走訪各個農戶，和他們一起在現場工作，充分了解他們的工作狀況。

他強調，缺乏現場主義，其實是他對於日本推動地方創生能否成功最大的憂心。「因為在地執行時有非常多的『眉角』，這是光憑書面資料無法看

見的，很多中央的政策制定者或是地方官員，根本就對本地不了解，沒有現場主義的經驗，這樣設計出來的政策到真正執行起來，會有很大的落差，也左右了創生的成敗。」

另一個就是「人」，要在地方上推動，需要靠大家一起的這份心和力量。這種人與人之間、人與土地之間的羈絆與聯繫，光靠政策、工具、遠距遙控是發展不出來的，「如果沒有人在現場，就匯集不出一股『氣』，自然也無法創造新局面，製造出漩渦了！」

不管是日本或台灣，在地方創生政策的推動下，大家都紛紛打造屬於自己的特產或農產品，但能夠像彩株式會社做到這樣的規模並行銷全日本，畢竟還是少數。橫石知二分析原因，歸功於他一直保有參與現場的工作方式，因此能夠對於第一線的脈動瞭若指掌，也和農戶們心連心、手連手，當需要他們加班或因應特別的需求或班表時，經常可以得到大家的支持，而這樣的力量也形成了一股不斷推動向前的「氣」，「這些氣看似只有一點點，但每個人都多出一份力、多做一點，集結起來就成了很大的力量，就會成為一股不斷轉動漩渦的力量。」

他提到，其實彩株式會社的設立方式在日本算是非常獨特的，因此才能達到這樣的效果。雖然很多農協或地方政府，會設立類似於「彩」功能的部門或人事，但受到人口減少的影響，地方組織一再整併，人員也跟著一直調動，無法建立工作的持久性、一致性和連貫性，對於在地推動工作相當不利。「彩」的設置方式，讓它免於這樣的顧慮，也成為協調農協和農民之間一個重要的單位。橫石知二和「彩」的員工負責所有的營運、銷售、行銷和市場開發，讓農戶專心進行農事即可；同時，它是一家私營企業，在公司治理和人才聘用上，就有比較大的彈性，隨著公司發展需要不同背景的人才加入，聘用起來會更加方便且有效率。

橫石知二以自身經驗提到，地方上的人有時容易因為習慣而限縮了想像

力，所以不必對外來者保持敵意，有時看起來不相干的外來者反而獨具慧眼能夠看出地方所需和特色，當然，有一個熟悉地方且不斷在現場推動工作的領袖人物也很重要。

| 台灣經驗省思 |

以積極態度走向老化，
活出永續發展的城市樣貌

30餘年來葉子事業的發展，讓上勝町家家戶戶都體認到唯有保存大自然的美好山林才能讓葉子事業永續經營，因此他們更加在意環境保護，並用行動表現。之前他們關閉了兩座垃圾焚化爐，決定透過最困難卻最永續的方式來面對垃圾問題，即資源回收的做法。因此資源回收在這裡絕對不是口號，回收分類鉅細靡遺，高達45種，但沒人抱怨，每個人都樂意去執行，還把很多資源回收物再利用，成為販售的商品；並眾志成城地宣示要在2020年成為全世界第一個零垃圾的小鎮。

因為老人太健康，安養院和醫院都只好關門大吉，真正做到了「**最好的照顧就是不用照顧**」的理想，也成了人類以積極態度走向老化的最佳典範！

光是自己好還不夠，他們也希望把這樣的經驗分享出去，並讓更多人到這裡來學習。三年前他們開始推動「彩山實習計畫」，這是具有學習意義的生態旅遊。透過特別的規畫，在特定的區域種植不同種類的樹木，讓參與者可以切實體會並觀察到日本一年四季不同節氣的樹木如何變化，和它們所代表的文化意涵，更深切地了解人與自然的關係；也推動兩天一夜到半年不等

的生態營、視察、研修方案，針對企業和個人，以寓教於樂的方式，將充滿上勝精神的經驗與價值，包括聯合國的永續目標、彩事業的發展和零垃圾的願景等，傳遞給外界。

　　把滿地沒人要的樹葉變黃金，把原來不具生產力的老人轉化為經濟生產的主力，把廢棄的垃圾透過回收再利用成為新的資源和商品，上勝町以實際行動活出了 21 世紀聯合國永續發展指標所描繪的未來城市樣貌，讓每個人都有機會追求樂在工作、永不退休的人生典範，是我心目中真正的「香格里拉」，沒有什麼比這個更激勵人心了！

CASE
STUDY

02 美國AARP樂齡會

看全世界最大銀髮組織
如何顛覆高齡想像！

兩任美國總統柯林頓和歐巴馬都是在任內歡度50歲生日，他們兩人在慶祝知天命之年時，不約而同地提到一個組織。柯林頓總統在為他舉辦的慶生會上開玩笑對大家說：「我很好，沒事的……直到我收到AARP的信為止！」歐巴馬總統則是在2011年一場募款餐會上幽默地說：「我50歲生日那天早上醒來的第一件事，就是收到一封來自AARP的電子郵件，邀請我寫信給歐巴馬總統，請他務必保住Madicare（美國聯邦老年醫療保險）！」

沒錯！ AARP就是他們兩個人都提到的組織。

對美國人來說，50歲生日是一個重要的里程碑。邁入50歲代表步入生命的後期，過去的印象意味著人生從此走下坡，因此不只兩任總統，連美國最大的賀卡公司Hallmark印製的生日卡，還有眾多喜劇演員、脫口秀主持人，無不拿50歲當做一個話題，用戲謔的口吻來談，讓人又好氣又好笑！這些笑話中，幾乎都會提到AARP的信函。

廣為流傳的笑話大概像這樣：約莫50歲生日過後不久，你就會收到一封從AARP寄來的信函，恭喜你邁入50大關並邀請你成為會員。

想當然耳，大部分人當下的第一個反應是拒絕接受！看都不看就把信直接扔進垃圾桶，一邊氣憤地想著：「什麼嘛？！幹麼提醒我！」大部分剛變成50歲的人根本無法接受自己邁入「50歲」的事實，因此對於AARP

的來信多抱著「謝謝再聯絡」的心情。這樣的狀況通常會持續兩三年，忽然有一天再打開信，隨便翻閱一下，發現裡面提供的好康還真不少，從新奇有趣的旅遊行程到平價可負擔的醫療保險等；然後，才慢慢接受甚至開始享受成為AARP會員帶來的種種好處，也意味著慢慢接受自己人生已經步入下半場的事實。

　　AARP是個什麼樣的組織？為什麼它可以讓美國的熟齡人士對它如此又愛又恨？

AARP，創造中高齡的無限可能

　　AARP，最初的名稱由來其實是American Association of Retired People（美國退休人士協會）四個開頭字母的縮寫，但因為AARP太為人所熟知，也因為它的服務年齡層不斷下修，現在它已不強調針對退休人士，而是為所有人，尤其是**50歲以上的樂齡族**所設。

　　從人數和影響力來說，AARP都是一個令人不能忽視的組織，恐怕也是所有會員組織的經營者想要達到的夢想。因為它是全世界最大的社團組織，非營利、跨黨派、擁有將近3,800萬會員，大部分是美國50歲以上人士。AARP也是一個重要的中高齡政策倡議和遊說團體，挾著3,800萬會員的雄厚實力，他們在美國是可以引導高齡政策、與議員和政府官員進行政策建議與對話的重要幕僚組織。它在華府深具影響力，針對高齡議題具有絕大的影響力。

　　3,800萬會員是什麼樣的一個概念？除了比台灣2,300萬的總人口還多之外，如果AARP的會員都住在同一個都會區，那它將名列世界第二大城，其人口數僅次於全球第一大城巴西聖保羅的3,900萬，比現在排名第二的大

東京都會區的3,680萬人還高。

　　大部分美國人一開始會參與AARP，都是因為它提供了許多吸引人的商品折扣和平價醫療保險，尤其是後者。美國不像台灣擁有令人羨慕的全民健保，許多人的健康保險來自於工作，一旦不工作了，不管是失業還是退休，健康保險的支出往往成了一筆很大的財務負擔。

　　對於許多中高齡人士來說，AARP是一個重要的存在，至少**AARP是美國少數持續且積極爭取中高齡者權益、化解高齡歧視、倡議中高齡就業等重要議題的組織。**

　　AARP創立初期以提供退休生活規畫、醫療保險和旅遊服務為主，不過因應長者形象和需求的改變，近年來他們不再強調會員為退休者，並且用縮寫名稱AARP來強調這是一個以會員為基礎的社團組織，目的在幫助任何人活得更久、更好、更健康；積極倡議合理友善的就業環境，是其重要工作。

　　2018年AARP正式將中文名稱定為「樂齡會」，並以新的名稱和logo向外界公開介紹，以期更深入美國的華裔社區。AARP的中文網站上，提到組織的目標為「一起樂齡」：樂在你的年齡，樂在你的生活，樂於自己所選的人生階段，正是所謂的樂齡。「AARP樂齡會」是專為樂齡人士提供一個資源共享、智慧交流的所在，讓所有50歲以上的朋友，都能擁有快樂、健康、活躍的生活，實現自我，一起樂而忘齡。組織的宗旨在幫助樂齡者享有自我選擇的生活方式，將個人的目標和夢想轉化為真實的機會，並協助改善生活、建立健康的人生、穩健的財務及自我的發展。網站上寫著：

　　50歲之後是生命中的嶄新階段，也是探索一切機會的時候，「AARP樂齡會」全心支持做你的後盾，我們堅守創立人安卓斯博士（Dr. Ethel Percy Andrus）的願景和使命，致力為樂齡族提供最大的資訊平臺和豐富的資源，幫助你實現各種可能，樂享更活躍多彩的人生。

接下來我們就透過三個人物故事，從三個面向來認識這個龐大且複雜的組織，以及它的核心價值倡議。

AARP樂齡會的3大核心價值

核心價值1 隨各年代退休人士樣貌改變，與時俱進調整服務方向
【代表人物】艾索・波西・安卓斯博士（Dr. Ethel Percy Andrus）

1916年，一位32歲的女性被任命為南加州洛杉磯地區林肯高中的校長，她是加州歷史上第一位女性公立學校校長，她的名字是艾索・波西・安卓斯（Ethal Percy Andrus）。這所學校的校長並不好當，它處在洛杉磯相對貧困的地區，原本就資源稀缺，學生多來自移民家庭，在家講的母語高達32種，從西班牙語、義大利語、俄羅斯語到廣東話。

安卓斯女士在這所學校當了28年校長，徹底扭轉了這所學校的樣貌。她除了專注教育，更把圍牆外文化多元的鄰近社區變成學校發展教育難能可貴的資源。透過當時還沒人聽過的「社區服務」新觀念，讓高中運動員帶領社區裡的孩子打球、運動，幫助他們消耗青少年時期過剩的體力和精力，更因此學習到「被需要」和「奉獻」的重要人生課程；她也在夜間開放學校，邀請周邊的小商家業主和藍領階級的父母到學校來，透過同儕學習的方式，分享彼此的工作技能並因此學得新知，共同構築美國夢。

在她的領導下，社區裡的青少年犯罪減少了，學校的學習風氣提升了，社區居民成了學校最有力的後援。而她一邊治校，一邊努力求學，在44歲那一年拿到碩士、兩年後取得博士學位。

　　就在此時，她的母親得了重病，因為照顧家人而離職在當年是常態，尤其是女性，基本上是家中主要照顧者，就算是校長，就算她擁有博士學位，母親生病了，能夠照顧母親的也只有安卓斯，所以她放下一切，離職回家善盡照顧之責。

　　所幸母親在她的悉心照顧下病情好轉，但因為這個經驗，安卓斯從母親的身上了解到：其實老人家和青少年的需求在很多方面是很類似的，他們都希望活得有尊嚴、希望感覺到被需要，希望被認真地當成一個成人來對待；母親更提醒她：**老人最需要的是生命的意義、尊嚴和自信**（purpose, dignity and self-respect）。

　　因為母親病情好轉，安卓斯開始利用閒暇出門，擔任加州退休教師協會的志工，主要是負責探視退休的老師並陪伴她們。

　　有一天她從一家雜貨店老闆哪裡聽說，附近有個看上去受過教育的老太太，卻經常衣衫襤褸地前來要食物、老花眼鏡或生活日用品，安卓斯決定去探視她。她走到地址所在地，一直叫門卻不見有人出來回應，反而是鄰居跟她說，後院有人住，直接去看看好了！當她走到後院，只看到一個無窗的小雞舍矗立眼前，出來應門的正是那位衣衫襤褸的老太太！

　　更讓安卓斯驚訝的是，這個老太太其實是一位退休老師，因為被騙所以賠光了自己的積蓄，只能住在這種地方，靠每月微薄的退休年金過著貧病交迫、孤苦無依的日子。

　　「難道一個花了一輩子教育我們孩子、為孩子付出所有的人，這就是他們人生的下場？！」

　　這件事帶給安卓斯的衝擊太大了！她覺得自己一定得為他們做點什麼！首先就是讓他們擁有醫療保險，讓他們病了能夠看醫生！然後幫助他們具備基本的理財概念，不要輕易被騙，以免一生心血付諸流水！

　　當時全美還沒有提供給65歲以上人士的聯邦老年醫療保險（Madicare），

也沒有任何提供給中低收入者的社福類型醫療保險；想要買醫療保險，只能向商業保險公司購買，以這位女士的狀況，根本不會有保險公司願意承保。

但平價且可信賴的醫療保險對退休教師十分重要，安卓斯決心要為他們爭取。她跑了整整42家保險公司，敲了一扇又一扇的門，都被拒絕，因為在商業邏輯下，沒有保險公司願意做這種賠本的生意；最後她好不容易找到一家小型保險公司，願意為退休教師提供醫療保險。安卓斯因此在1947年，她63歲時成立了全國性的美國退休教師協會（AART），透過協會來提供會員們需要的醫療保障。而美國聯邦政府所提供的老年醫療保險，則在九年後，1956年才終於上路。

但除了老師，也有很多的退休人士需要平價且優質的醫療保險，他們都來找安卓斯，希望她幫忙，因此她在1958年成立了「美國退休人士協會」，並將教師協會納入其中成為一個分支，這就是AARP（American Association of Retired People）的由來，這事發生在61年前，那一年安卓斯74歲。

從創辦之初，AARP就是在替退休人士爭取醫療保障和進行理財教育，慢慢發展成為中高齡人士爭取權益並為他們解決問題。隨著退休人士的樣貌改變，AARP也一直在調整方向，1960～1990年代，退休代表著更多的休閒、更多和家人共處的時間、更多屬於自己的自由，AARP也開發相關的產品，大部分集中在休閒旅遊方面，例如：特殊的旅遊行程、平價的租車和住宿服務等；到了90年代以後，社會關於退休的想法又再度改變，退休嬰兒潮大量出現，但社會安全制度卻面臨破產；人類歷史上出現了最大一群高知識水平、經驗豐富的人，但在財務上卻逐漸兩極化，有的人存了滿滿的退休金，雖然物質生活無虞但精神生活無趣，有的人工作了一輩子卻因為理財不善，自己或家人生了一場大病或遇到一個不可預期的災變，就此破產，人生一蹶不振。因此AARP也針對這樣的需求改變提供不同的解決方案。

一個人只要年滿18歲就可以申請成為AARP的會員；如今AARP已經

USA

發展成全世界最大的非營利組織，倡議和服務的範圍包山包海，令人眼花撩亂；甚至在組織的行銷識別上，AARP於1990年代將RP兩個字從Retired People（退休人士）重新定位成Real Possibilities——象徵「真實的機會、實踐的可能」，以更適切地反映新時代中高齡人群的需求，並將組織的目的定在「幫助任何人活得更久、更好、更健康」，但他們從沒有忘記安卓斯博士以她一生行誼所樹立的典範和創辦的宗旨——永遠走在時代的前端，為需要的人爭取權益。

核心價值2 積極創造中高齡就業環境，達到提升個人和國家雙贏

【代表人物】前AARP國際合作與策略聯盟主管布拉德列・舒曼（Bradley Schurman）

不斷調整服務方向和內容，讓AARP除了原來的醫療保險、旅遊服務之外，這幾年十分重視50歲以上人力的潛能開發和中高齡工作權。對AARP來說，他們並不是倡議一個人要持續工作到更老的年紀，也不是去爭取讓更多中高齡繼續就業，而是強調：**工作是人權，所以一個人想要工作到幾歲，退休之後是否想要繼續工作，不是政府說了算，而是個人的選擇。** AARP要做的是：當一個人想要也願意繼續工作時，他應該享有平等的機會和相應的技能，能夠站在同一個立足點上爭取機會並接受評估。AARP做的是創造相應的政策與合理的環境，破除社會對中高齡者的歧視，尤其是年齡和就業上的歧視。

他們怎麼做呢？

1992年，46歲的阿肯色州州長比爾・柯林頓（Bill Clinton）靠「笨蛋！我們談的是經濟！」（It's the Economy, Stupid!）這句話擊敗了競選連任、時年68歲、政治歷練豐富的老喬治・布希（George H. W. Bush），取得總統大位。這句美國競選史上相當知名的一句話，和高齡社會有什麼關係？

常居華府、熟稔美國政治、多次來台的前AARP國際合作與策略聯盟主管布拉德列‧舒曼（Bradley Schurman）最愛用它來形容我們對中高齡就業議題的誤解。

「研究發現：如果每個人都延長工作一年，只要六年的時間，我們就可以增加1%的GDP。」舒曼引用英國國家經濟社會研究院NIESR（Research by the National Institute of Economic and Social Research）2014年的研究指出：如果每個英國人都多工作三年，將可在2033年前為英國的GDP成長貢獻3.25個百分點，以2014年的GDP來換算，3.25%等於增加550億英鎊的規模（約合2兆2,000萬台幣）。

「你認為是一個靠儲蓄過生活的人比較願意花錢，還是一個持續工作、擁有收入的人比較願意花錢？當然是有收入的人比較願意花錢！這不是經濟常識嗎？！面對全世界的經濟衰退，我們是要持續把中高齡退休族群當成社會的負擔，還是當成一個新興的成長動能？」

一連串的問句，顯現了舒曼對這個議題的熱情以及感覺到的迫切性。談到促進消費、刺激經濟，他認為最立即的方法就是「讓還有能力和意願的中高齡者持續擁有收入來源。這當然是一個經濟問題。」

他進一步指出，大家都在說嬰兒潮世代的新新老人，身體健康又有錢，每個人都提到銀髮商機和規模有多大，想的都是怎麼賺這群人的錢，「沒錯，但最有效的方法，其實是讓這群人持續擁有收入，那他們肯定會持續消費，成為國家經濟成長的動能！解決的可不只是長照問題而已。」

在AARP工作了15年的時間，舒曼2018年離開原有工作創辦了名為「第四經濟」（Economy Four）的新創公司，就在實踐他多年來努力倡議的事：讓50⁺人群成為政府、企業、非營利組織的新員工，「這需要多方的努力，我們一方面要改變既有市場上的僱傭條件和思維，一方面也要重新培訓和轉化50⁺人群，讓他們在就業市場上依然具有吸引力和競爭力。」

　　這看來淺顯易懂的理論，似乎並不容易落實，尤其是在亞洲地區，退休的年齡都很早，台灣甚至只有55歲。多年來因為工作在亞洲地區穿梭的舒曼指出，「**比起美國，亞洲地區針對中高齡者的就業歧視更甚，有很多不合時宜的誤解，例如社會普遍認為：中高齡者不退出職場，會占用到年輕人的工作機會。**」

　　根據AARP的研究，這兩個工作世代並沒有互斥的現象，但許多人把年輕人找不到工作，甚至低薪的問題歸咎到老人不退，「但你只要看看許多已開發國家的人退休年齡提早了，也沒能解決年輕人就業的問題，你就知道這兩件事情應該要分開來看，而不是混為一談。」

　　旅行全世界的舒曼雖然住在美國首都華盛頓，卻經常到亞洲，「一個重要原因是亞洲的高齡化。」不管是日本、中國、香港、南韓、台灣，以至於印度，都快速步入高齡甚至超高齡社會，因此「**高齡議題，在亞洲受到重視的程度遠勝於美國；不過談到中高齡就業，努力的空間也還很多。**」

　　他繼續說，許多國家，包括台灣至今還奉行不渝的退休制度和年齡，其實是18世紀工業革命後根據當時的社會環境設計的。但想想看人類的平均壽命已經較100年前延長了30歲，通訊進入網路時代，科技發展一日千里，這些都讓人類的工作狀態發生了史無前例的改變，「但退休年齡這件事情卻沒怎麼改變，大家的想法還是和以前一樣，不覺得很奇怪嗎？」

　　還有人認為中高齡者比較懶惰、不願意學習新技能、難以管教、難以融入群體生活等等，「但其實根據很多研究都發現：**中高齡族群是組織裡最有生產力的一群，他們的忠誠度和穩定度也較高，許多成功的企業都是積極招募跨代工作者的公司。**」提倡中高齡就業問題是舒曼從在AARP工作時一直專注的領域，也是他的熱情，但他強調，「我們並不是倡議中高齡者留在原來的工作崗位上，或是支持中高齡者繼續就業。什麼時候退休？退休後願不願意繼續留在職場上或做什麼樣的工作，這絕對是個人選擇；我們並不是

建議中高齡者延後退休，而是如何從政策和環境面著手，提供一個對中高齡者友善的就業環境，讓他們有權利自由選擇怎麼樣利用他們的下半輩子，怎麼樣選擇他們的退休生活方式等。」

核心價值 3 新領導新倡議——顛覆高齡想像（Disrupt Aging）
【代表人物】AARP首席執行長詹金斯（Jo Ann Jenkins）

「顛覆高齡想像」（Disrupt Aging）和「重新想像未來生活」（Re-imagine Your Life）是AARP近年來力推的兩個主題。2014年接掌AARP的詹金斯（Jo Ann Jenkins）寫了一本書《Disrupt Aging》（繁體中文版書名為《50⁺好好：顛覆年齡新主張》，天下文化出版），書中強調面對科技，我們需要破壞式創新；面對老年，我們也要有破壞式想法，「要全面推翻過去的舊思維，賦予老人新角色，才有可能翻轉整個社會的想法。」

詹金斯是AARP成立61年來第一位女性首席執行長。她在AARP成立的那一年出生於阿拉巴馬州，一路從基層公務員做起，在許多不同公務單位歷練，最後從國會圖書館幕僚長的位子退休。之後被網羅到AARP，先是擔任AARP基金會執行長，後來轉任AARP總會營運長，並於2014年接掌執行長。

除了AARP，詹金斯也投身多個公益團體，獲獎無數，包括：2015年度非營利界最具影響力人物、2015～2016年華盛頓地區非營利界最具影響力人物、2013～2016年連續四年被《非營利時報》（Non Profit Times）選為最具影響力50人等。

詹金斯上任後，積極推動轉變AARP的品牌形象，希望AARP能和現在這一群戰後嬰兒潮的新一代老人及時代更加接軌，更能代表他們的需求和想望；她相信，長者的形象已經轉變，AARP也需要與時俱進才行。

　　《Disrupt Aging》這本書，就是要「顛覆年齡想像」，用更正向的思維和案例，讓社會大眾知道：這一代的退休族群早已和以前不一樣，我們再也不能用原來的想法和社會框架去對應或設計他們的需求。

　　詹金斯也不斷到處演講或寫文章分享，傳達關於新一代熟齡族群的正向思維和諸多案例。例如，她曾分享99歲畢業生多莉莎的故事。多莉莎的人生經歷過無數關鍵歷史事件，從經濟大蕭條、一次世界大戰、二次世界大戰、登陸月球、數位時代來臨等，但沒有一件事比得上她在2015年6月拿到社會科學學士學位的這個時刻，成為史上最老的畢業生。這個學位她念得十分辛苦，求學六年的時間她還歷經數次中風，也面臨視力和聽力衰退、駕照被收回等不方便，旁人看似普通的動作，像是開車到學校、用電腦交作業、學習高中等級的數學和統計課等，多莉莎都要加倍努力才做得到，但她咬緊牙關，絕不放棄，終於實現自己的心願，拿到夢寐以求的文憑，「成為更好的自己！」

　　這讓我想起曾在清華大學EMBA的課堂上，遇到105歲仍求學不倦的趙慕鶴先生，聽到他每個星期要坐車從高雄到清大來上課，每天還是自己煮飯洗衣、自己照顧自己的生活，心中湧起了極大的感佩和尊敬。真心希望自己如果有機會過長壽人生，一定要像他們這樣活著才有意義！

　　詹金斯在自序中也提到了美國喜歡將50歲視為走下坡的文化，她在家人朋友為她舉辦的驚喜生日派對上雖然也收到了許多傳統充滿了戲謔之詞的「取笑型幽默卡片」，但她發現自己並不感到舒服，覺得這是一種「欠缺深思的文化觀，完全不符合我（以及許多和我差不多年紀的人）的感受。」

　　我不覺得自己老，不覺得自己在走下坡；我正站在山巔，我喜歡這裡的風景，打算停留在這享受一會兒。事實上，我已經開始思考接下來要攀爬哪一座山……從那時候起，我就決心不受限於自己的年紀，一如我不會接受別人

用種族、性別或是收入來界定我這個人。我希望人們用我的「作為」而不是「年齡」來評斷我。（出自《50⁺好好：顛覆年齡新主張》一書自序）

　　事實上詹金斯自己在52歲那一年離開公務員的角色投身AARP，當時很多人不解她的選擇，但她相信雖然人生的每一個階段和每一份工作，我們都希望做有意義的事，但這樣的本質對正處於第三人生的50⁺人群尤其重要。並把顛覆年齡想像當成她上任後最重要的目標。

　　她也不認同社會把50歲說成「新30歲」，60歲是「新40歲」這樣的說法，「50就是50，但現在的50歲是新的50歲」，**我們這一代人就是要為新的50歲活出新意義！**她提到AARP在2015年協同六個銀髮組織所做的一項調查發現：多數人其實對於老後生活有很高的期待，希望能夠自給自足、維持活力、和親友間維持良好關係，而且活得開心！但社會上普遍的觀點卻讓他們卻步，大眾普遍認為年齡增長代表退化、需要依賴別人、喪失發展潛能、與家人疏遠、和數位科技脫鉤。

　　這些深植人心的負面印象，使得年齡增長變成一件讓人害怕、必須全力對抗的事，而不是一個讓人欣然接受的過程。事實上，在這個過程中社會和個人都要迎向新的機會與挑戰。這個發現十分重要。這種負面的認知，以及在這種負面認知下我們告訴自己和彼此訴說的內容，為我們每一個人和社會整體創造出宿命的現實。把「老化」視為「退化」的這一種觀點成為自證式的預言。（出自《50⁺好好：顛覆年齡新主張》一書自序）

　　所以我們要從現在開始改變談話的內容與方式，以求逐漸改變現實，並從個人和社會最需要改變的三個領域開始：健康、財富、自我。關於健康，她的建議是把焦點放在身心靈的總體健康，而非衰退的狀況，同時讓健康照

護變成大眾有能力並有信心自己管理的事,而不是想像自己會成為被動待治療的病患;關於財富,她認為並不是擁有多少錢,而是擁有多大的「財務韌性」,並再次強調如果能使熟齡族群積極投入工作或就業,將更有可能促進景氣繁榮而不是造成社會挑戰,使得不斷增加的老年人口不再是社會的負擔,而是成為一股強大的驅動力,推動經濟成長與革新,創造新價值。

詹金斯強調:「**高齡不是問題,而是新機會的來臨!**」她以自身經驗並提供許多案例告訴我們:不管是50$^+$,還是65$^+$,人類史上「長壽不稀奇」的年代已經出現。以往被當成門檻的 50 歲,其實只是人生的中間點,在平均壽命80多歲的情況下,我們還有30幾年要活。而我們要追尋的,不僅僅是活著,而是要活得幸福、快樂!因此我們要去尋找有意義的人生,50$^+$的這個世代,較以往的老年人,擁有更多時間、精力、健康、財富與資源,正是付出與回饋的時候。

別讓年齡定義
「我們是誰？」「能做什麼？」

回想文章一開頭時，提到大家在50歲時收到AARP信件的心情，其實和步入老年的感覺是不是有點像？大部分的人都是半推半就、懵懵懂懂地進入人生下半場，缺乏準備、焦躁不安……有些人最終可以怡然自得，快樂過活；也有些人苦於找不到生命的方向，終日悵然若失……

詹金斯和AARP告訴我們：不管是50⁺，還是65⁺，當今老人的面貌已經改變，年齡不再是定義「我們是誰」、「能做什麼」的條件；退休後的「第三人生」是充滿無限可能，還是在悔恨和空虛中度過，完全看你有沒有準備和調整好自己的心態。唯有先翻轉自身的觀念，才有機會翻轉體系，最終翻轉老年。

讓中高齡就業成爲
台灣勞動力人口不足的解方之一

　　AARP雖是總部設在美國華府的組織，但它有一個強大的國際部門 AARP International，目的在整合各國面對高齡化的經驗並互相學習。他們在2017年發表了第一份全球性的〈高齡化準備和競爭力現況報告〉（Aging Readiness and Competitiveness（ARC）Report），分析12個國家—— 巴西、加拿大、中國、德國、以色列、日本、韓國、墨西哥、南非、土耳其、英國和美國 ——如何應對60歲及以上的人口數量增加一倍以上，所帶來的巨大社會與經濟挑戰，所進行的準備工作。

　　報告調查了每個國家在以下四個領域的情況：1）社區與社會基礎設施、2）生產機會與經濟產出、3）醫療與健康、4）科技投入，列出建設性進展、潛在問題的領域和主要發展情況。雖然 ARC 不對其所調查的國家進行排名或等級，但將各個國家按照四個領域用三類來標注：領導者、推動者（例如取得顯著進步的國家）和滯後者。

　　美國在這份報告中只在「科技投入」領域被評為領導者，而在醫療與健康領域，美國與南非和巴西一樣都被列為滯後者。在談到評估12個國家的〈ARC Report〉所表明的國際焦點問題時，AARP執行長詹金斯表示：**「60歲以上人口大規模增長所帶來的挑戰與機遇是一種全球現象——沒有任何真正的國界之分。」**

台灣在高齡醫療的福利優於他國，高齡生產力活用方面尚待加強

　　2018年AARP以同樣模型發表了另一份報告，主要是針對10個人口低於2,500萬人的創新型經濟體進行分析，台灣與澳洲、智利、哥斯大黎加、黎巴嫩、模里西斯、荷蘭、紐西蘭、挪威、新加坡等九國並列。**台灣由中央政府主導的全民健保、失智政策行動綱領，以及推動高齡友善城市的努力獲**

得高度肯定；但在四個評比項目中，關於生產機會與經濟產出的部分和其他國家相比，還有很大的提升空間。

2018年4月10日內政部正式宣告台灣邁入「高齡社會」，並且預測八年之後（2026）將會進入「超高齡社會」。**伴隨著少子化的現象，未來人才與勞動力不足將帶來潛在問題，國際間早已重視高齡就業的推動。**根據勞動部104年國際勞動統計，台灣65歲以上勞動參與率只有8.8%，遠遠低於日本（22.1%）、韓國（31.3%）、美國（18.9%）。**如何鼓勵中高齡就業與人力運用，是台灣翻轉高齡的重要課題。**

台灣的中高齡者就業率低，原因和其他國家有相似之處，例如社會長期以來對於高齡者的歧視（Ageism）；但也有台灣特有的原因，例如過去相對優渥的軍公教人員退休保障，以及經濟起飛年代為這個族群所帶來的財富積累，讓這個議題並沒有被歷任執政者或社會列為需要重視或討論的議題。

工作可以是一種人生選項，一種生活享受，不受年齡限制

但隨著人口結構快速改變，台灣經濟長期停滯不前，中高齡人力的再運用也成了迫切需要改革的部分。**和AARP報告中所列出的九個國家相比，台灣在中高齡人力的活化和運用等尚在起步階段，有很多可以向其他國家學習的地方，**例如我們所進行的大幅度年金改革、剛通過的《中高齡就業服務法》，以及透過不同部會所推動的中高齡人力活化、樂齡學習等相關計畫。

在這些過程中，我們也看到許多挑戰。例如台灣年金改革所引來的許多爭議甚至抗爭行為，造成了社會不安，以及世代分配不正義的討論，有沒有機會伴隨更具有建設性的中高齡人力活化措施，讓這些受到年金改革影響的人力，可以用不同的方式找到出口，甚至成為社會進步的力量，甚或是新的經濟動能？

又或是《中高齡就業服務法》，其目的在保障中高齡者的就業機會，但立法的時間曠日廢時，當初的理念早已隨著社會結構的變動而有重新考慮

之必要，例如隨著高齡人口的快速增加，法案中原先的保障思維所進行的排他性設計（exclusive design），例如幾歲以上享有什麼樣的權利，就該重新考慮。這就如交通工具上博愛座設施或老人年金等思維，是否會導致將來這些目前受到保障的人口其實成了「享受特殊待遇」的人口而引來新的不正義之說，都需要在具有前瞻思維的情況下好好進行重新設計才能有效執行。

我個人較認同 AARP 的看法，**雖然立法是最基本的保障，但其實要讓中高齡成為新經濟動能，應該要有更具創意的思維和做法，並想辦法結合新經濟時代可能的商業模式和架構。**我們並不是主張中高齡者延緩退休或持續就業，但我們希望創造一個環境，讓他們可以自由選擇何時退休、如何退休，或是願意繼續工作的人，可以享有相同的機會，而不會受到歧視。最重要是提供他們必須的培訓和學習機會，創造多元就業環境，善用新的工具，打造彈性參與就業市場、賺取所得的環境和可能。

03 美國安可組織 Encore.org

以善爲力，
鼓勵熟齡族活出有意義第三人生

過去幾年我曾多次在不同場合和大家分享世界的高齡趨勢和關於第三人生的一些新看見和新可能，每次都會吸引一些50歲以上的熟齡朋友來聆聽。有一次在彰化，一位大姊在會後跑來告訴我，謝謝我分享這麼多國內外不同的案例，她也和我分享她的日常生活：「老實說，台灣政府對於高齡者提供的服務算是相當不錯的，我每天早上免費去跳舞健身，每個星期好幾天去長青大學上課，時不時還有里長邀請去郊遊，每個月還有老人年金可拿，你看，是不是很不錯？！」

的確！那大姊您有什麼好抱怨的呢？「也不是抱怨啦！我只是覺得我的日子雖然過得很忙碌，但有時候我卻還是覺得很無聊，好像我只是去參加很多活動，填滿時間而已；我總覺得自己應該還可以做點什麼，如果可以賺點錢，增加收入，當然很好，如果沒有，至少可以賺到開心，幫助別人也不錯啊！」

這段話一直在我腦海中盤旋不去，我開始觀察身邊的中高齡人士。發現不管是都市或鄉村，社會上還有很多身體相對健康的長輩，他們很願意也還可以對社會做更多的貢獻，但除了少數人真的有機會付諸行動，擔任志工或持續在職場中服務，不少人都是早早退休，從此生活變得沒有重心，很多只能從幫忙帶孫子，得到被需要的成就感。

　　這一群人還想要工作，但工作最主要的誘因並不是賺錢養活自己，而是想要建立認同感和擁有自己的生活，還有機會與他人互動，建立新的社交圈。

　　但現階段台灣社會並沒有一個可以回應他們需求的平臺，政府的政策把他們當成退休族群看待，提供的多是學習型態的娛樂活動，例如：跳舞、唱卡拉OK、登山健行或到長青大學上課；或是太過側重長照面向，著重身體照顧；他們若想找工作，很容易碰壁，因為他們可能不想像過去那樣每週五天、每天八小時的全職工作，但符合他們背景、可以彈性工時的工作機會非常少，大多數以小時計費的工作多以服務業為主，和他們的需求和想望也不同，所以建立一個可以回應這群人需求的平臺似乎刻不容緩。

　　也因此，當我第一次接觸到Encore.org，馬上就被它獨特的定位吸引，心想：「這不就是我心心念念的一種組織嗎？！」

　　到底Encore.org是什麼樣的一個組織？它有什麼魅力？讓我們就從兩位美國老太太開始談起。

　　安姬‧巴涅特（Aggie Bennett）和露薏絲‧凱西（Louise Casey）是80年代中期，兩位住在美國東北部緬因州的老太太。從她們給人的印象，很難把她們和那種退休活出自我、成為典範者聯想在一起——兩人都嬌小玲瓏，身高不到五呎；都沒受過太多教育，一個在當地餐廳當了40年的女侍；一個一輩子在紙廠當女工。她們60餘歲「退休」離開日常工作時，非常恐慌，因為發現自己好手好腳又有好多時間，卻沒有事做，因為怕無聊，所以參與了緬因州名為「代養祖父母」（Foster Grandparents）的計畫。主要的工作就是到緬因州醫學中心的兒童病房去陪伴重症院童，並賺取少許酬勞。

　　毫無任何醫療或照顧背景的兩人，這份「工作」一做就是幾十年，而且幾乎是每日風雨無阻地到醫院去探視這些孩童，成為這些院童甚至他們家庭重要的支柱，而她們也同樣在這份「工作」中得到了許多的滿足。雖然有時

必須面對年輕生命的生離死別，「我答應孩子的父母，到她斷氣的那一刻，我都會抱著她，我做到了。孩子不是孤零零地死在病床上，而是躺在我的懷抱中安然過世。我雖然很傷心，但我知道我能做的就在他們有限的時間內帶給他們最多的快樂，我盡我所能來陪伴他們……我想不出比現在更有意義的工作！」凱西說。巴涅特則直截了當地回答：「這不是一份工作，是全然的快樂！」

馬克・佛利曼（Marc Freedman），美國安可組織（Encore.org）的創辦人和執行長，他在無數的演講和公開場合中提到巴涅特和凱西的故事，說她們兩人是促使他創辦「安可組織」的靈感來源。

安可組織（Encore.org）的理念：
視日漸增多的高齡人口為新的「人口紅利」，而非社會負擔

安可組織（Encore.org）成立於 1998 年，總部設在舊金山，是一個致力協助中高齡退休人士活出有意義和有價值第三人生的組織，鼓勵他們藉由自己的專長、經驗和興趣，從圓自己的夢來成就他人的夢想、濟弱扶貧，在自我實現的同時亦追求社會共好。

安可組織最早的名字叫做「公民企業」（Civic Ventures），其起源和創辦人佛利曼的人生經驗有很大的關係。

佛利曼的父親是高中體育老師，母親上過一年社區大學後就放棄學業成為家庭主婦。在那個年代，體育老師並不被認為是正式的老師，「是考不上教師資格的人才當的老師。」佛利曼的父親後來雖然轉做行政職，但 50 幾歲就被逼退賦閒在家的經驗，更進一步激發佛利曼思考，如何活化熟齡者的退休生活。

出身平凡的家庭，佛利曼念的是住家附近的一般公立高中，他的第一次階級和文化震撼來自上大學的經驗。他被美國東岸費城的常春藤名校「史沃斯默爾學院」（Swathmore College）錄取進入該校就讀，該校名列美國前十名，以文學院聞名，錄取率低、競爭激烈。

佛利曼不只是家中第一個上大學的人，讀的還是這種超級競爭的明星大學，從社區高中直接進到這種菁英學院，讓他有些措手不及，他承認剛開始適應得很不好，「大一畢業時我修的九門課只有一門沒有被死當。」他在《How to Live Forever》一書中回憶那段歷程，特別提到了學院當時的入學中心主任、滿頭白髮的吉爾摩・史塔特（Gilmore Stott）先生，強調如果沒有史塔特的包容與愛，充分理解像他這樣出身的學生在學習和環境適應上所會遇到的困境和挑戰，一次又一次給他機會；同時待他如己出，在生活上提供他各種照顧，並幫助他理解不同社會階級的生活方式，「我應該早就被退學了！」最後佛利曼不但畢業，而且是以優異的成績拿到社會和人類學士學位。

如今他自己來到史塔特當時的年紀，回首這段歷程，佛利曼更深刻地體認到：一個迷失和困惑的青年人，如果生命中有人引導、給予關懷，就有機會走出困境，「**就只是陪伴在他們身邊，一個好的長輩在年輕人生命中可以扮演的重要性，不言可喻。**」這段經歷也促使他一直以來積極鼓吹跨代共容、共融和共榮的重要性與美好。

佛利曼後來還到耶魯大學取得了MBA（商業管理碩士學位），但即使有名校的畢業證書加持，如果不願意像大家一樣進入華爾街大賺一票，那他能做什麼？佛利曼加入了一個由福特基金會資助的計畫，藉由公部門和企業的資金共同投入，透過教育和社會福利設計來幫助出身貧窮青少年脫貧。

從此他踏上了和其他耶魯MBA不一樣的職業路程。他工作生涯的前15年，專注於透過創新型計畫來進行弱勢青少年的陪伴和輔導，並協助進行大

▲美國安可組織（Encore.org）的創辦人和執行長馬克‧佛利曼（Marc Freedman）

型研究計畫，例如了解「大哥哥/大姊姊」（Big Brother Big Sister）組織[3]的效能，會把關懷研究的對象從孩童及青少年轉為中高齡人口，則是無心插柳的結果。

1995年是一個轉捩點，佛利曼協助當時任教於約翰‧霍普金斯大學的琳達‧傅萊德博士（Dr. Linda Fried）建置了一個新型態的組織——「經驗小組」（Experience Corps），意在媒合退休人士來擔任社經地位較弱勢地區的幼稚園及學齡兒童的閱讀夥伴。傅萊德博士是公共衛生、老人學及人口學專家，2008年受邀出任哥倫比亞大學公衛學院院長，是該學院第一位女性院

---

3 大哥哥大姊姊組織英文原名為「Big Brother Big Sister」，成立於1904年，是美國最大、成立最久的業師媒合組織，主要是媒合5歲以上的孩童和青少年與成年志工成為一對一的人生夥伴，後者擔任他們的人生導師角色，陪伴他們成長。

長，多年來她針對高齡社會到來，中高齡人口的活化進行許多前瞻性研究，並積極倡議我們應視日漸增多的中高齡人口為一種新的「人口紅利」，而非社會負擔。

「經驗小組」這個實驗計畫非常成功，後來由AARP（樂齡會）接手繼續發展，而佛利曼個人也極受到啟發，並於1997年創辦了安可組織的前身「公民企業」（Civic Ventures），目的在進一步活化年齡較長的工作者。「公民企業」隔年正式更名為「安可組織」（Encore.org）。

美國是一個崇尚年輕人和青年文化的地方，20年前更是如此，很少有銀髮模範，就算有，通常局限於少數名人，例如退休總統等。但佛利曼深信嬰兒潮世代（baby boomer generation）的出現會改變這個現象，「他們是改變我們未來的人」，因此他下定決心透過平凡人物的故事來凸顯這個趨勢的重要性。

佛利曼擅長文字，很會說故事。他花了一年的時間走訪全美國，挖掘各式各樣的小人物故事，並將它們彙集成書。前文所談及的巴涅特和凱西兩位女士的故事，就是其中廣為人知的一個。佛利曼的書中收錄了社經地位較高的大學退休教授和行政人員，但也有像巴涅特和凱西這樣勞工階級出身的人，重點是不管他們的過往背景是什麼，退休以後的物質條件如何，他們對第三人生的期許都是希望可以找到讓自己持續貢獻、有意義的事情，希望生命最終可以留下典範和影響力。

20多年來安可組織透過多項計畫讓社會看見中高齡者的正能量和向善力，翻轉了許多人對於中高齡者的印象，也提供中高齡者一個更積極持續回饋社會的管道，挖掘出無數平民英雄，為社會樹立了許多銀髮典範，以下我們就來看一個例子。

次貸風暴讓退休律師找到人生意義

擔任大銀行的律師，代表銀行負責進行法拍程序，追討房產，是湯姆・考克斯（Tom Cox）退休前負責的業務。30多年來，他任職於緬因州大銀行負責商業存放款相關業務，對怎麼借錢給小商家到如何讓他們還錢，還不了錢就法拍房子的過程，知之甚詳。在2006年美國的次貸信用法拍潮中，緬因州的法拍屋比例是全美最高的一個州。

許多藍領工作者或小店面自營商，為了資金週轉需要，常會將自己住的房子拿來當作抵押品跟銀行貸款，作為開店或創業的資金，一旦收入不如預期，例如忽然受傷生病或是遇到重大意外事故，一時之間收入減少或現金短缺，無法按時繳付房貸利息，超過一定程度，就會被銀行催討，房子進入法拍（foreclosure）程序。

他們並非存心占銀行便宜，有許多是懷抱著美國夢的移民，他們來到新大陸，想在這裡建構未來，其中有不諳英文的墨西哥媽媽，做清潔婦打掃著一間又一間的豪宅，只為了送孩子上大學；也有人在印度時是醫生，但移民美國後因為沒有醫生執照，只好到餐廳打工端盤子；還有些自營工匠，靠著一技之長，做小生意，養活一家人。

銀行對這一群人的態度是「晴天借傘，雨天收傘」，在他們有收入時鼓勵他們多借錢，因為這群人的利息較高，而且比起薪水穩定的上班族，他們比較有資金週轉的需求；一旦他們還不出錢，銀行執行起法拍程序也絕不手軟，通常由律師領軍，一步步透過合法程序追討，對這些曾經的客戶趕盡殺絕，很多人因此失去住了一輩子的房子，一家人無所依靠。

考克斯的工作帶給他優渥的生活，但也讓他付出了高昂的代價。他的客戶可能是他的鄰居或朋友，平時稱兄道弟，但當他們的財務落入困境時，考克斯卻必須代表銀行向他們追討，執行法律程序，絕不容情。這讓他感到十

分痛苦，即使工作帶來豐厚的收入，但他並不快樂，早年為了養家活口，他只有在情感上壓抑自己，多年下來，還是影響了健康，他患上嚴重的憂鬱症，最終導致家庭失和，太太與他離婚，和兩個兒子的關係也變得十分疏離。

就在身心靈都不堪負荷的情況下，60歲出頭的考克斯決定辭去工作，讓自己歸零，重新開始。

當時，考克斯對自己工作了一輩子的律師專業深惡痛絕，覺得他只是大企業剝削一般人的工具，還是透過合法的方式，他負責寫劇本、替企業操刀，他對自己的作為十分不齒，心想著未來無論做什麼，一定不會回到律師本行。

他決定去學木工，透過手作來療癒自己的身心，看起來對法律工作毫不戀棧。其實考克斯很喜歡法律，他以優異的成績畢業於波士頓大學法學院，他也一直相信司法制度的確是保障所有人的最佳後盾，只是對之前工作所帶來的情緒衝突感到負荷太大，因此決定放棄。在身體和精神逐漸好轉後，在朋友的介紹下，他開始到當地的非營利組織「緬因州志工律師計畫」（Maine Volunteer Lawyers Project），擔任志工，替請不起律師的弱勢民眾提供法律諮詢服務。

剛開始做這份工作時，考克斯只是想消磨時間，並沒有抱著遠大的理想，更不覺得自己有俠盜羅賓漢濟弱扶貧的精神，就只是想利用自己的法律專長做點什麼，偶爾到這個機構去當兩到三小時的志工。

2008年金融風暴延燒，美國次貸風暴席捲全國造成法拍屋大量湧現，其中雖然不乏貪心的投資客因為過度投資房地產而讓房子面臨法拍，但在這股風暴中，有更多是善良但知識不足的小老百姓，他們誤信金融機構銷售員的話，聽不懂各式各樣的貸款名稱，也不理解不同貸款方式和它們可能面臨的罰則和影響，就開開心心地買了房子，貸了一筆遠超過自己所能負擔的金

額，以為終於要實現美國夢，沒想到換來的卻是因為付不出貸款而讓房子面臨法拍、全家人即將流離失所的噩夢。

考克斯偶然翻閱這些法拍文件時，開始注意到事有蹊蹺，畢竟他對法拍流程太熟悉了，他看到許多案子都有著相同的脈絡：例如同意放款的簽署者似乎都是同一人，但此人卻不具律師或銀行行員資格；貸款的金融機構有便宜行事之嫌，由非專業人員進行審核貸款申請和批准；文件簽署時沒有公證人在場……

考克斯抓出來的這些問題都是房產買賣程序上的重大瑕疵，然而一般人因為根本看不懂複雜的法律文件，幾乎是閉著眼睛簽字，一旦發生問題根本不知道如何應付，更不可能替自己申辯。

於是考克斯一路追根究柢，拿出律師專業開始追查。他從一位當時任職於全美第四大貸款銀行GMAC的工作人員口中取得重要證詞，此人稱自己當時一個月要審核並批准8,000到10,000個案子（也就是平均一分鐘一個），所以很多案子根本連看都沒看就批准了，同時他也沒有按照規定出現在公證人前進行簽署。

這樣的行為後來被稱為「機器人簽署」（robo-signing），此一重大弊病是指金融機構不依法審核就大量放貸，讓不符合資格的人都可以拿到貸款，才會造成後來的法拍風潮。

考克斯所提出的證詞讓許多州的檢察官開始對轄區內的銀行進行調查，並導致當時全美前五大貸款銀行暫時停止法拍業務，後來全美50州的州檢察官都開始對該州銀行的不當放款業務嚴加調查，並起訴相關人員。考克斯的努力最終導致了全美國銀行業高達2,500億美元的天價和解金，也讓很多無辜民眾的房子免於被法拍的命運，例如歐豪斯（Oauhust）一家人。

身為木工的男主人歐豪斯是家中主要經濟來源，和太太及三個孩子住在貸款買來的房子裡，沒想到有一天因為意外受了傷，好幾個月無法工作，家

中經濟陷入困難、現金短缺,無法按時繳交房貸利息,不久後就收到了法院的法拍通知。

「他們沒做錯什麼,只是生活出了點狀況,結果就連住的地方都沒有,真是太可憐了!」考克斯代表他們出面和銀行協商,最終讓他們免於房子被法拍的命運,還能繼續住在房子裡,延後還款。

當他看到歐豪斯一家人在法院宣判時流下開心的眼淚,考克斯也深受鼓勵,「這真是我一生中最驕傲的時刻!」考克斯深深為這份工作感到驕傲,不再否定過去的自己,「如果沒有過去的歷練,我不會有機會做好現在的事情!」

考克斯後來成立「緬因州律師替你保住房屋」(Main Attorneys Saving Homes)組織,他成為次貸風暴中為大批無辜民眾伸冤的平民英雄,得到許多媒體報導,並贏得2012年由安可組織頒發的「有意義人生獎」。

拿著10萬美元的獎金,考克斯說他打算用這些錢努力發展一個網絡,讓更多像他這樣學有專精的退休律師或即將退休的律師,有機會為更多的消費者,尤其是弱勢人群服務,「但我還是會花一點點錢去度個假,釣個魚!」

安可組織的 **3** 大方案,
將中高齡人力轉化為改變社會的正向力量

方案 **1** 「有意義人生獎」(Purpose Prize)
鼓勵中高齡投入社會創新

說到創新創業,多數人想到的是年輕人,許多政府資源也只提供給年輕

人，這樣的文化在崇尚青春的美國更是如此。但根據研究顯示：其實50歲以上的成功創業者是25歲以下者的兩倍；同時在許多高價值的產業例如電腦資訊、醫療健康和航太工業等，成功創業者的平均年齡是40歲。

2006年創設的「有意義人生獎」，向社會凸顯年過花甲的社會創業家所能做出的卓越貢獻，並成為一股社會向善的力量；同時也鼓勵熟齡者向同儕看齊，在自己行有餘力的第三人生致力於有意義的社會創業。相信社會創新不是只有比爾‧蓋茲、華倫‧巴菲特或前總統才能做，任何人，只要願意，有目標，都可以實踐。

這個獎項的創立其實也和幾位長者有關。其中一位是約翰‧坦伯頓（John Templeton），這位美國知名基金公司的創辦人，晚年積極投身各項公益計畫，他曾寫道：「我今年89歲，但日子過得比以往更忙碌、更充實、更快樂，因為我每天都忙著透過十幾個計畫來幫助人類賺取更多的精神財富！」因為自己的晚年深受「過有意義人生」的益處，因此他希望讓更多人也可領受這樣的好處。

有一天他發了一封傳真到坦伯頓基金會給當時的執行長，上面寫著：「我們基金會如何協助宣廣傳播有意義的退休生活？」這一句話，讓基金會決定和安可組織及大西洋慈善基金會（The Atlantic Philanthropies）合作，於2006年共同創立了「有意義人生獎」。

大西洋慈善基金會的創始人查克‧菲尼（Chuck Feeney）也是一個傳奇人物。他以匿名方式，透過大西洋慈善基金會捐出高達80億美元的全部身家，受惠組織遍及全世界。身為愛爾蘭後裔的他，透過捐款隻手撐起愛爾蘭的大學教育復興，對於北愛爾蘭的和平進程也有卓越貢獻。出身紐澤西州藍領家庭，菲尼為人低調，雖然家財萬貫，但他坐飛機永遠坐經濟艙；雖然經營著世界最知名的免稅品連鎖店DFS（Duty Free Shop），店內販售各種名牌包，但他出門買東西就拿普通塑膠袋裝著；他名下一棟房子也沒有，現年87歲

的他，住在舊金山一間出租公寓中。

多年來他無論捐款給哪個單位，都要求受贈者絕對不能透露他的姓名，所以連接受他最多善款的母校康乃爾大學，除了校長，也沒人知道他的慈善家身分。他的捐款哲學是「Giving while Living」，要求善款一定要在他有生之年全部用掉。基金會工作人員曾說，以基金會所擁有的善款規模，要在菲尼給的時間點之前給完，「相當於平均一天要捐出一百萬美元。」

「世界上永遠不乏需要幫助的人。」「做善事永遠不嫌太快。」是菲尼的名言。

如果不是因為2007年他的自傳《天堂裡用不到錢：查克‧菲尼人生故事：一場散盡家財的神祕布局》（*THE BILLIONAIRE WHO WASN'T: How Chuck Feeney Secretly Made and Gave Away a Fortune*，早安財經）出版，根本不會有人知道世界上有這樣一位偉大的人物存在。菲尼的行事作風啟發了當今世界首富華倫‧巴菲特和比爾‧蓋茲，他們兩人所發起的 The Giving Pledge（捐款承諾）行動，呼籲全世界的富豪在有生之年捐出他們大部分的財產來做有意義的事情，就是師法菲尼的故事。

大西洋慈善基金會從2006年開始贊助籌設「有意義人生獎」，截至2016年，這個獎項總共有9,729位提名人，其中98位獲頒10萬元獎金，但有其他410位提名人，其計畫也得到肯定或其他單位的青睞。在超過500個計畫中，36% 和青少年及孩童有關，將近三成（28%）的得獎人是在70幾歲時獲獎，有68位得獎人的計畫是發生在美國以外的地方。

「有意義人生獎」的研究發現：在美國50到70歲的人中，有2,100萬人強調擁有安可事業的重要性，有650萬人計畫在未來五年中開始某種社會創新計畫。

有意義人生獎的報名資格為：

· 報名時必須年滿60歲；

· 正在嘗試解決的問題是他年滿50歲之後才開始的計畫；

· 必須是美國公民或合法居民；

· 必須以創新的手法來解決一個重要的社會問題；

· 若得獎，未來五年必須持續關注同一個問題或計畫。

　　這個計畫於2016年歡慶十年有成後，轉交AARP負責，AARP將報名年齡下調至年滿50歲就可申請，以及工作自40歲以後開始即可；並特設「安卓斯跨代合作獎」來紀念AARP創辦人安卓斯博士，目的在強調跨代合作的重要性並獎勵與此相關的計畫。

　　AARP每年選出五位得獎人，每人各得獎金六萬美元；另外還選出數位優秀的「fellow」，各得獎金5,000美元。除了金錢的資助，AARP也會透過其龐大的組織和資源給予這兩類得獎者各種協助，包括營運、行銷企畫、招募或募款等專業知識，或吸引更多的媒體報導，幫助他們擴大影響力。

方案 2 安可學者計畫（Encore Fellowship）
媒合中高齡人才與非營利組織，提供再就業的選項而非終點

　　20多年來安可組織在佛利曼的帶領下，成為美國活化中高齡人力的指標性組織。與其強調中高齡就業或替銀髮族找工作，安可組織呼籲退休人士用己身之所長來幫助那些需要幫忙的個人或組織，創造社會共好，為自己打造有意義的第三人生。這對於新一代的中高齡族群，也就是年輕時是「烏茲塔克世代」[4]的嬰兒潮世代十分具有啟發性。

　　因此安可學者計畫（Encore Fellowship）不是在媒合工作，而在為任何人，尤其是熟齡族群打造再奉獻的途徑，他們以「過有意義的人生」優先作為訴

求，然後才提到報酬。

「安可學者計畫」作為一個平臺，邀請退休人士、企業組織，以及有需要的社會團體來進行媒合。

計畫由四個關鍵元素組成：1）學者（fellow）：具有豐富經驗和專長，想持續貢獻社會的退休人士；2）有需求但資源不足的社福機構、公私部門或團體（social sector）；3）負責媒合需求與資源的平臺，也就是Encore.org組織本身；4）提供經費或人員支持的企業或政府部門（sponsors）。

矽谷知名科技大廠英特爾（Intel）從2012年開始加入這個計畫，而且把「安可學者」列為該公司的退休福利。透過和Encore.org的合作，英特爾邀請退休員工擔任「安可學者」，然後透過計畫為參與者尋找合適的派遣單位，時間通常是半年或一年，期間可支領車馬費一年25,000美元。英特爾是由公司支付這筆費用；但其他公司也可以捐款給Encore.org來贊助這項計畫，讓Encore.org藉此贊助更多的「安可學者」。

61歲的蓋兒‧道格提（Gail Daughty）就是這個計畫的受惠者之一。當她打算從工作了30年的英特爾退休時，的確是想從忙碌的日常工作中退下來，也希望生活可以有所改變，活得輕鬆些，但並不希望自己完全不工作或終日無所事事，所以她參與了「安可學者」計畫，並因此被派到厄勒岡州波特蘭的維吉尼雅‧嘉西雅紀念健康中心（Virginia Garcia Memorial Health Center）擔任計畫經理。雖然她沒有任何醫療或照顧背景，但她的計畫經理背景和經驗卻完全派上用場，因為她的工作是透過醫生和護理人員提供的大量原始資料，利用試算表來分析患者狀況，讓醫院可以針對糖尿病等慢性病人提供更好或

---

4 「烏茲塔克」是1969年8月16～18日於紐約舉辦的音樂節，號稱流行文化和音樂史上最重要也最具傳奇色彩的音樂節，據稱有超過40萬人參與了三天的活動，許多人認為這個音樂節象徵「愛與和平」，是改變美國文化的關鍵歷史事件。「烏茲塔克世代」泛指當年實際參與或精神支持這個運動的人士，這些人如果當年20歲，今年50週年剛好滿70歲。

更精準的預防照顧或醫療服務。

「我很高興這份工作用得上自己的專長,雖然產業不同,著重點也有不同,所以初期的確有些需要調整和重新適應的地方,例如以往在英特爾,管的是產品,計畫經理最重要的工作就在管理時程和產出,所有的計畫都是圍繞著時間表運作;在這裡,患者是最重要的,我的工作是透過資料處理找出最適合患者與醫療體系配合的最佳方案。」

道格提坦言這樣的生活方式很適合剛剛退休的她,「我的工作是任務導向,工作時間可以彈性安排,和以前比起來,現在的工作負荷並不重,讓我還有很多時間去享受退休生活和發展個人興趣;此外,這兩個產業非常不一樣,我很高興可以用自己的專長去學習新的事物,建立新專長,甚至還有機會幫助別人。」

對她來說,透過計畫領得的25,000美元和她以前的年薪相比簡直是杯水車薪,但她並不介意,「因為這本來就不是我來做這份工作的目的。」

「我們並不稱其為薪水,而是車馬費(stipend)。」安可組織副總裁艾默曼(Jim Emmerman)表示。「我們的目的在透過這些媒合,將企業界優秀的中高齡人才導入資源較為匱乏的非營利組織等社福領域,雙方可以透過這半年或一年的計畫去了解和習慣彼此。」

艾默曼說,安可學者計畫為中高齡者及業界創造合作的管道和途徑,為想服務但沒有管道的個人,或有需求但找不到人的組織進行媒合;如果需求和供給雙方都願意,這個合作關係在一年之後還可以透過聘僱方式持續下去,例如72歲的米德(Jenny Meade),她原本透過安可學者計畫到健康中心工作,一年後受僱成為半職員工(part-time),依然擔任計畫經理,負責某些項目。

艾默曼強調,這些人轉正後在非營利組織領到的薪水和當年在英特爾相比,可能還是差很多。但一旦他們的身分從安可學者轉為正式的僱傭關係,

那聘僱方就要以市場價格來提供具有競爭力的薪水,而不是繼續提供25,000美元一年的車馬費,「我們並不希望這個項目變成某些組織低價取得人才的方式,因此如果企業或任何組織覺得這些人才是他們需要的人才,就應該回復到市場機制,以市場價格來提供聘僱合約。」

從安可組織的角度來說,他們希望透過這個計畫為僱傭雙方創造更多的可能,有時候不僅僅是非營利組織,甚至是政府或企業單位也有這樣的需求。

例如位於高科技中心的聖荷西市政府,雖位在矽谷中心位置,但以市府的薪水很難和其他科技公司競爭,因此很難僱用到適合的資訊科技人才(簡稱IT人才),但透過「安可學者」計畫,他們卻能找到一批來自英特爾和思科(Cisco)等大公司退休的資深科技人,這些人擁有豐富的工作經驗,有建置大型IT計畫的能力,他們為市府的IT系統進行最務實也有效率的規畫和更新;市府得到了最棒的人力資源,這些人則將自己的經驗做了最好的應用,而英特爾和思科等公司也為員工創造了更佳的福利,每一方都是贏家。

「安可學者計畫」是個全國性的計畫,連前總統歐巴馬都大力稱讚,並透過法案的簽署在美國各州推動。

方案③ 跨代合作(Gen2Gen)
鼓勵不同世代共生共榮,長壽人生帶來合作新機會

跨代合作是這幾年的熱門話題。人類歷史上第一次在生活或工作的場域,同時有四到五個世代的人並肩合作,人類平均壽命和健康餘命不斷延長,帶來前所未有的機會。

這個機會對佛利曼來說尤為清楚。從他自己一路幫助青少年到協助中高齡,從「經驗小組」——一個媒合中高齡長輩和孩童共同享受閱讀樂趣的計

畫，到「有意義人生獎」得主中有超過三成以上都致力於協助孩童與青少年，佛利曼看得很清楚，**再過不久，美國的65歲以上人口就將超過18歲以下年輕人，這前所未有的大勢翻轉將帶來全新的機會。隨著活躍中高齡者在社會中大量出現，他們回饋社會的最佳機會就出現在年輕世代的身上。**

　　因此他在安可組織下開始推動名為「Gen2Gen」的全國性運動。Gen-2Gen是Generation to Generation 的英文縮寫，有從一代傳承到另一代的意涵，安可組織期望透過他們的平臺打造一個跨代分享和共創的平臺。在這個平臺上，大家可以分享相關知識，例如：學術研究計畫、最佳案例、工具包等不同設計，將一些新創的觀念或做法手把手地教給全美、甚至全世界各地想要或正在推動跨代合作的人。安可組織身為主要推動者，是希望藉此驅動更多中高齡人士奉獻自己的時間和精力，成為年輕人（尤其是身處社會邊緣的年輕人）的生命導師，引領他們走出屬於自己的人生道路。

　　在Gen2Gen網站上，他們把Gen2Gen定位為一個社會運動，邀請組織或是個人，選擇最適合自己的方式投入。就算只有一個人，也可以透過網站上的「自己動手做」工具包，在自己所屬的社區開展一個小型的Gen2Gen計畫。例如有一個Gen2Gen社區晚餐計畫就是從一家人每週邀請社區裡的青少年到家裡來共餐一次開始，剛開始是父母想要和正值青少年的孩子開始對話，後來發現邀請其他人來也不錯，然後演變成了社區裡的跨代晚餐計畫，討論的題目由青少年提出，父母或長輩們其實可以透過這樣的機制聽到很多孩子們的觀點，對於和自己小孩的溝通也有幫助。有人則是在自家郵箱旁設立一個小型的「社區書櫃」，歡迎大家把這裡當成資源和知識交換的中心。正所謂「勿以善小而不為」，Gen2Gen相信每個人都可以是「改變者」，鼓勵大家要做好事先從小事開始做起，積少成多，也可以成就大事。

讓更多退休者活出有意義的人生，
台灣的安可組織何在？

美國正走過關鍵時刻——每天有一萬人年滿60歲；2019年，美國60歲以上人口超過18歲以下人口。傳統的社會經濟學和人口學，用「銀色海嘯」的字眼來形容這一群人；傳統的大眾媒體，都在強調中高齡者是社會的負擔，是讓社會福利制度崩壞的一群人，是讓地球資源消耗殆盡的世代……

安可組織的創辦人及執行長馬克・佛利曼用親身經驗和正向態度，告訴我們面對第三人生，可以有不同選擇。他引用1963年甘迺迪總統的名言：「我們已為生命增加了許多年，現在就讓我們從那些增加的年歲中活出真正的生命。」（We've added years to life, now is time to add life to those years.）

佛利曼意識到打造一個平臺的重要性，如何讓這些閒置的人力可以為資源最稀缺的地方所用，也許是非營利組織、也許是某些資源不足的地方政府或小型單位，安可組織因此而生。20多年來安可組織透過多項計畫讓社會看見中高齡者的正能量和向善力，挖掘出無數平民英雄，為社會樹立了許多銀髮典範。

台灣需要積極推動高年級實習生計畫

看到佛利曼的努力和安可組織的種種推動，對照台灣近幾年來因為年金改革而抗爭不斷的新聞，我深深感覺：台灣也需要一個安可組織（Encore.org），並積極推動類似「安可學者」的高年級實習生計畫。可以理解，軍公

教退休人員辛苦了一輩子，當然在意自己晚年時權利被剝奪，因為在他們成長的過程中，國家也是希望他們共體時艱，因此把許多承諾留在退休後；但誰能料到，在他們退休之後卻又繼續被期望「應以世代發展為重而共體時艱，接受改革。」

　　只要是改革，就一定會傷害到某些人的權益，過程都會很困難，但流血抗爭和社會對立真的是無可避免的嗎？

　　不管是用紅蘿蔔曉以大義、動之以情；還是挾棍棒要大家以國家發展、後代子孫為重，還不如師法「安可學者」這類型的計畫，為退休人士創造新的舞臺，從社會的需求面讓他們可以有機會奉獻、回饋，活出有意義的人生，甚至還能賺取少許報酬。當大家有願景，向前看時，就不會一直注意著自己手上的東西變少，或是不斷互相比較。

　　退休人士其實也不用等政府、企業或別人來為他們創造舞臺，自己就可以動起來，就像文章一開始提到的兩位老太太巴涅特和凱西，她們從來沒有想要改變社會，她們只是從一己做起，盡自己所能在一小處耕耘，但這樣的努力也會發光發熱，放射出正能量，照亮別人，留下典範。

人類平均壽命增加，不是老年變長了，而是「中年」變長了；積極回應「新中年族群」的存在與需求才是解方

　　台灣因應高齡化，缺乏前瞻性的政策與做法，總是抱著頭痛醫頭、腳痛醫腳的傳統思維，所以由政府不同部門去各自處理相關議題，缺乏整合性的看見；儘管許多人開始意識到高齡人口的快速增加是國安議題，需要重視，但卻是用負面的思維在看待這個現象，所以長照被看成是高齡社會的解方，高齡者被看成把資源用完而讓下代子孫受苦的對象；企業受制於法令，無法用更彈性的方式來聘僱中高齡者，再加上台灣企業並不把中高齡人力當成不

可或缺的經濟原因，因此缺乏改變的誘因，讓中高齡者延長就業或再就業的可能性都受到限制；中高齡者自己則受制於整體社會氛圍，許多人覺得無處可發揮，找不到舞臺，尤其是許多經濟條件好的人，雖然可以過著舒適的退休生活，但他們期望可以被看見和被肯定的熱情卻找不到可以發揮的出口，十分可惜。

所有面臨高齡化挑戰的國家，都想辦法活化中高齡者，「活躍老化」也是台灣這幾年喊得震天價響的名詞，但只要看我們的政策推動，就知道太多的政策原則和思維，還是和長照捆綁在一起，例如我們習慣把長者分成健康、亞健康、失能、失智等族群，這就是從醫療服務的需求來分類他們，所以基本上高齡者有兩類：一類就是已經需要照顧的人，一類就是還不需要照顧但即將會需要的人，前者馬上落入長照領域，後者就用被動式的活躍老化相關服務來支撐，或許因為一直以來長者服務是由社政和衛政單位來提供，因此活動內容多屬娛樂服務或局限在照顧需求。

還有，就是人類平均壽命過去100年增加了30年，不是老年變長了，而是中年變長了，但我們的政府對這群「新中年族群」相當無感，沒有積極去回應他們的存在與需求。他們不落在傳統社福領域的長者服務下，他們也想要有機會有所作為，創造更多貢獻。因此許多國家在面對這群人和他們所帶來的新世界，已經有不同的思維和看見。

日本政府的嘗試：2050年，建構永不退休的白金社會

例如台灣最喜歡作為參考的日本，早已脫離傳統將高齡政策放在社政衛政部門，而是由產業部門主導，一起研究整個社會如何更積極應對高齡人口大幅增加的政策；前東京大學校長、三菱總合研究所理事長小宮山宏，近年來大力倡導和組織的「白金社會」，就是這種概念下的產物，他們不再把高

齡者當成是被動的服務對象，而是用更積極的眼光去看待他們，例如一個行動不便的長者，只要有好的生活支持網絡和輔具，不但可以持續自主生活，甚至能繼續做出貢獻社會的事情。

身為化工和環境工程專家的小宮山宏，用「白金」來取代「銀」，作為高齡世代的象徵，因為他認為白金比銀更耐用、更耀眼的化學特性正象徵新世代的「銀髮族」，因此他們完全可以有不同於以往幾代人的作為，並據此提出2050年的想像：**建構永不退休的白金社會**（Platinum Society）。

白金社會的基本立論是當人類社會大量進入高度工業化社會，物質不虞匱乏，人類擁有各式物品、資訊、行動力和長壽時，還想要什麼？就是生活品質，想要過有意義的生活。

以往對於經濟成長的追求將轉變為對於生活品質的追求，各種新的商業模式將出現，產業也會重新洗牌，而日本完全可以利用自己在高齡社會先行者的經驗，成為世界的典範。

小宮山宏所組織提出的「邁向白金社會的創新──活用於未來的日本經驗」已經成為安倍晉三政府的重要政策依據，並據此制定更積極、更具科學實證能力的區域創生、產業升級等方案，在這些政策中，高齡者都扮演一個共同開發的角色，而不是接受服務的角色。

已開發國家對於高齡社會的方針已修正：
被動的生理和心理照顧需求→有意義、有目的的人生設計

另一方面，隨著高齡人口的增加，尤其是新一代嬰兒潮老人的出現，民間企業也開始看到這群人雄厚的身家和財力，可惜太多時候他們只是被當成有錢有閒想要享受的「消費者」，大家只想要賺他們的錢，所以有愈來愈多高檔的養生村，也有鎖定中高齡為受眾的旅遊和娛樂服務，卻很少有人去思

考，他們其實也可以是「生產者」。他們的生產力，不是傳統界定的勞力，而是可能透過其他形式展現出來，例如資源、人脈、經驗、貢獻社會的心等。這些未被傳統界定的中高齡潛力，如果可以被好好地挖掘並為社會所用，相信對於產業的推進和國家整體的經濟提升，都有很大的幫助。

而安可組織結合兩者，以「有意義的人生」作為訴求，適時地切入政府和民間企業之間的空缺，提供個人一個正向積極的角度，並透過草根性地串聯和集結來發揮影響力，回應社會高齡化的大議題。

這幾年我有幸參與許多關於高齡者的國際論壇或研討會，發現已開發國家對於高齡社會的討論主題早已從被動的生理和心理照顧需求，提升到有意義（meaningful）、有目的（purposeful）的人生設計層面，並從服務由社會和國家提供，轉變為國家用創新政策來創造適當環境，以驅動個人的自我實現，建構新的人生價值，並結合企業的力量成為新的經濟和產業驅動力。

希望有一天我再遇到前面提過的彰化大姊，她會興奮地告訴我她找到了一份很有價值的工作，工時彈性，還有收入，但最重要的是讓她不覺得自己只是在消磨時間，而是這份工作很有意義，讓她可以發揮所長並幫助別人。

我們是屬於人類健康餘命不斷延長的世代，每個人的生命都憑空多出了將近30年，擁有了新的「第三人生」，這是一個機會，是老天給的禮物。期許我們不要把這段時間浪費在抱怨社會為什麼不再看重自己，或期待別人給予舞臺，而是用自身的經驗與能力，從社會最有需求的地方去盡一己之力，活出有意義、有價值的安可人生，讓自己就是典範！

安可組織的3大成功要素

成功要素 **1** 以正向思維倡議和展現熟齡人士的價值

透過不斷著書立說和安可組織的種種推動，佛利曼努力倡議和推動熟齡人口成為社會的正向影響力，自己也儼然成為美國中高齡追求有意義第三人生的代表。多年來他獲獎無數，包括世界經濟論壇的年度社會創業家；《Fast Company》雜誌連續三年選他為社會創業家代表；斯考爾（Skoll）基金會因其在社會創業上的貢獻而頒給他「斯考爾獎」（Skoll Award）；2018年在 Encore.org 歡慶20週年的同時，他和組織一起獲得表彰跨代合作的艾斯納基金會（Eisner Foundation）年度大獎。

他在得獎影片中說：「將近30年來讓我每天早上起床的念想就是『怎麼為老人找到新事情／為舊事情找到新方向』。」（作者注：英文原文為 "How can we find new ways to do old things." 英文的「舊」和「老」為同一個字old，所以這是一個雙關語，意味著利用舊東西為世界找到新未來。）

成功要素 **2** 透過平臺組織執行計畫，呈現個人、企業和社會多贏可能

從設置「有意義人生獎」到鼓勵Gen2Gen的多項計畫，安可組織的努力推動也獲得許多成果：經驗小組（Experience Corps）在22個城市幫助了超過13,000名弱勢孩童閱讀和學習；有意義人生獎資助超過500名中高齡社會創業家；Gen2Gen計畫幫助超過七萬個年過50的熟齡人士參與或支持跨代合作項目，幫助孩童成長茁壯；而「安可學者」為期一年的高午級實習生計畫已經贊助和媒合超過1,700位中高齡人士，讓他們的第三人生過得更豐富、更有意義。

安可組織不僅僅作為一個倡議組織，讓中高齡者活出有意義人生，而

且提供他們實際的管道和串聯不同資源，讓想做事情的人有發揮的地方，其結果在助益別人的同時也幫助了自己。

成功要素 ❸ 鼓勵跨代共創，讓中高齡者親身參與下一代的育成

佛利曼透過安可組織實際在進行一場社會運動，這個運動在協助打造一個環境，讓跨代合作和共創可以自然而然地發生而且永續；安可組織發起並帶領這個運動——一個讓中高齡者透過親身參與深度投資在下一代身上，一起讓世界更好的社會運動。近年來，安可組織也開始建置國際網絡Encore Network，將這樣的理念向國際間傳播。

在安可組織的年度高峰會上，來自美國甚至海外的高齡領域先驅人物和對這個議題有興趣的人，透過一個個小組討論和工作坊，嘗試擘畫出新一代中高齡者的面貌，找出他們的需求痛點，或是可以再繼續開發的潛力，彼此透過不斷地討論來取得共識，為問題找到解決之道。這樣從下而上的氛圍，跨領域和跨代的結合，在台灣幾乎還看不見。

他的新書《How to Live Forever》則致力提倡中高齡者付出時間和精力，成為年輕世代的榜樣和典範。他說，老年人其實不要抗老或是服老，「晚年時期快樂的祕訣並不在努力讓自己變得年輕，相反地，是去幫助年輕人。」（The secret to hAPPiness in later life is not trying to be young but rather to be there for those who actually are.）

他也鼓勵中高齡者即知即行，與其想著過世後才留下遺產，不如現在就活出典範（Don't leave a legacy, live one.）

協助50～64歲中高齡
爲下一階段做好準備

在 Google首頁打下「韓國老人」的搜尋關鍵詞，第一頁跳出來的前三篇文章是：「10年後韓國老人平均90歲卻窮到死」、「被遺忘的世代，韓國65歲以上人口有一半都活在貧困中」、「韓國要靠工作生存的貧窮老人全球比例最高」……持續往下滑，跳出來幾乎都是相同的字眼：貧困、孤單、韓國老人犯罪率增高、自殺率世界第一……等負面詞彙。

　　曾經和台灣、香港、新加坡並稱為「亞洲四小龍」的南韓，在邁入21世紀之後，M型社會更加嚴重，一方面是透過韓劇、韓國流行音樂K-pop、韓國化妝品產業等表現出來的光鮮亮麗，還有三星、現代等大企業持續在世界經濟發展上占有一席之地；一方面社會也面臨重大轉變，其中一個和台灣一樣的重大問題，就是人口快速高齡少子化的考驗。

　　台灣在2018年3月進入高齡社會，也就是65歲以上人口占總人口的14%，並預計在2026年達到65歲以上人口為20%的超高齡社會，從1993年65歲以上人口進入7%的高齡化社會到2026年的20%，這段路台灣走了33年。日本雖然已經進入超高齡社會，但同樣的路程他們走了35年，其他兩條小龍——新加坡是32年，香港則是40年。

　　台灣的老化速度在世界上的確是名列前茅，卻還排不上第一，真正的第一名是南韓，這段路程他們只花了27年。他們也是在2018年成為高齡社

會，並預計在2026年成為超高齡社會。

日本作家藤田孝典的《下流老人》一書，讓人看到了日本高齡長者的悲哀，但實際上韓國老人的貧困狀況更加嚴重，並不時出現在中外媒體的報導中，指出韓國因為年金制度不佳，許多高齡人口居貧窮線下。而高齡人口自殺人數年年增加，在經濟合作暨發展組織（OECD，Organisation for Economic Co-operation and Development）中名列第一，也是一個值得關注的社會問題。

要避免65歲以上的長者落入貧困之境，成為下流老人，就要從更年輕的時候介入他們老化的過程。當全世界許多國家都進入高齡社會或超高齡社會之際，有一件事已經愈來愈清楚，就是「有意義」、「有目標」的社會參與對年長者來說，有多麼重要。不論是提供「有意義的工作」，還是創造「有意義的生活」，都能有效地延緩失能、失智和老化的進程，讓長者過得更健康；也讓中高齡人口有機會成為高齡社會人口巨變中的經濟新動能。

很多文章說南韓的老人處於貧困，這些老人多是指韓戰時或之前出生的人，當時的韓國的確非常貧窮，那時的威權政府也沒有發展任何年金制度來支持他們的生活。韓國65歲以上的勞參率是世界第二高33%，僅次於冰島，因為對於這群人來說，這是生存之必要；另一方面，韓國的法定退休年齡是60歲，但很多民間企業都要求雇員早退，所以實際的退休年齡是53歲。但這兩個數據下的人群卻處於非常不同的狀況。

韓戰時或之前出生的人，其成長經驗和老化過程，對於韓戰後出生的50$^+$世代完全不具參考價值。韓國經濟在1953年韓戰結束後，在國家領導人有計畫的支持下迅猛發展，創造了「漢江奇蹟」。如今50 ～ 64歲這個世代，正是韓國經濟大幅起飛並歷經民主化過程的中堅世代，和大他們一兩個世代的「老人」相比，他們不但心態上一點也不老，而且教育程度高、口袋深、眼界也廣，他們是「新韓國人」的代表，代表著韓國從貧困的出身一躍而成世界經濟大國的形象。這個世代比他們的上個世代活得更有自信，壽命

變得更長，也讓他們想要得更多。

最重要的是他們也正站在「百歲世代」的中點，換言之，如果從50歲開始算，他們人生還有50年要過，這麼漫長的一段時間，怎麼能只靠政府的支援和社會福利？這讓首爾市政府開始正視這群50⁺熟齡族，為了尋找他們退休後的再生契機，因而制定「50⁺以上的老年人文藝復興計畫」（50+ Renaissance Project）。（之後簡稱為「50⁺綜合支援計畫」）。

50⁺綜合支援計畫：
全球第一個直接針對50～64歲人群的政策

2018年再度成功連任首爾市長的朴元淳，出身人權律師，是個非典型政治人物，行事作風經常出人意表，政策上也有許多獨到的創新。「首爾50⁺基金會」就是其中一個，他在2016年的政策中喊出「50⁺綜合支援計畫」，並設立「首爾50⁺基金會」作為推動這個計畫的核心組織，年度預算1億5000萬美元全來自市府，這項計畫開宗明義即說：

韓國人平均壽命不斷增加，現在平均年齡已經達到了84.4歲（以2011年為準）。但針對住在首爾的50～64歲中老年市民就第一次退休年齡進行了調查，結果顯示男性平均為53歲，而女性平均為48歲，退休以後生活滿意度約為56.4%。與人民逐年增加的壽命相比，中老年的退休年齡卻愈來愈早，因此亟需制定相關對策。首爾市為了讓中老年人可以準備人生的後半生，將推動50歲以上的老年人文藝復興政策，為中老年提供學習和工作機會，並支持文化及休閒活動。（摘自首爾市政府網站）

▲「50⁺綜合支援計畫」宣傳看板

　　朴元淳市長所推動的「50⁺綜合支援計畫」之所以成為全世界公共創新
矚目的範本，在於它很清楚地回應了南韓在人口轉變下所遇到的挑戰，並強
調完善的高齡社會政策是要讓年長者可以活躍於社會之中，此一計畫的目的
在於協助並支持他們為自己找出新的生活樣態。其主要目標包括：1）促進
年長一輩的生活品質、2）在年長者中轉化他們對於積極老化的想像和建立
可行的目標、3）強調社會參與和分享經濟的重要性。

　　為了達到這些目標，「50⁺綜合支援計畫」有幾個主要方向：1）學習和
探索、2）工作和社會連結、3）文化與社會經濟結構的改變，藉此打造一個
可以完整支持50⁺生活樣態的體系，這個體系下包括幾個元素：

首爾50⁺基金會：

（1）6個50⁺校園（50⁺ campus）：協助50世代轉換到新生活，包含
　　　學習、諮詢和就業等元素，同時也扮演50世代的聚集中心，期盼
　　　開展屬於50世代的新文化。

（2）19個50⁺中心（50⁺ centers）：50⁺中心設在每個行政區域下，
目的在提供相關訊息和進行倡議，讓更多50世代的人有機會接觸
和參與首爾50⁺基金會所提供的各項課程與服務。

首爾50⁺基金會擔任首爾市驅動和活化50⁺人群的火車頭與指揮塔，整
合型計畫結合社會福利、中高齡就業和社會企業，非常具有企圖心，也是朴
元淳市長任內十分重要的政策，堪稱21世紀開發國家中針對50⁺族群最大規
模、最完整也最具遠見的創新計畫。

過去在德國雖然也曾針對50⁺族群推動類似計畫，但投入的資源和影響
力完全無法和首爾市「50⁺綜合支援計畫」相比，也因此讓這個計畫廣受國
際矚目。「50⁺綜合支援計畫」並獲選經濟合作暨發展組織2018年公共創新
案例，在256個案例中名列第六。

首爾50⁺基金會雖然是因應2016年的「50⁺綜合支援計畫」才在2017年
正式成立，但專注開發50⁺人群，並使其成為社會正向改變的中堅力量，這
樣的思維已經逐漸擴散到韓國其他城市，例如：釜山也制定了嬰兒潮綜合福
利政策，客製化教育、休閒、就業、創業等活動支援；大田廣域市、忠清南
道、蔚山廣域市和京畿道富川市等都陸續成立人生二部曲支援中心，提供教
育、諮詢、社區活化、就業創業等相關資訊和人才培育。

首爾「50⁺綜合支援計畫」是全世界第一個地方政府針對50～64歲的
人所制定的整合型計畫，它指出「50～64歲人群是百歲世代來臨的生涯週
期所出現的『新人類』」，不管是用「新中年」、「第三歲月」、「第三人
生」或「50⁺」來形容這群人，他們的確是因為人類長壽並且變健康，歷經
社會經濟高度文明化後孕育出的、色彩極為鮮明的「新人類」。

這個全球第一個直接針對50～64歲人群的政策，定義和方向非常明
確：它不把50歲以上的人統統看成一個群體，用「中高齡」這樣含糊的字

眼來概括他們；也不以65歲作為一個分界線，只把他們當成「後中年者」。這是一個涵蓋學習與工作、文化的綜合型支援計畫。

接下來我們來看看首爾50⁺基金會如何翻轉社會對中年大叔大媽的既定看法，成為已開發國家公共政策的標竿案例。

中年退休大叔找到新舞臺，成為改變社會新動力

還沒60歲的李文勳，退休前在金融機構服務了33年，剛退休時他真的覺得忙活了這麼多年，很開心再也不用朝九晚五，整整休息了一年。但一年後，他覺得日子過得發慌，甚至開始懷念起以前工作的日子。

「畢竟工作了大半輩子，很習慣這樣規律的生活，最重要的是希望可以持續貢獻所長，畢竟自己累積了這麼多經驗與知識，覺得就這樣荒廢了很可惜，很希望可以有機會繼續幫助別人。」所以他開始找工作，本來想重回職場開展事業第二春，但是求職到處碰壁，並不順利，「我慢慢了解到，韓國社會對於50歲以上的求職者並不友善。」所以他退而求其次，想找兼職，甚至做志工，就算沒有收入，也希望不要讓日子過得太無聊。

輾轉歷經了四、五個組織後，他來到首爾50⁺基金會，「剛開始我是來這裡進行求職的諮詢，後來發現這裡的課程很有趣，就慢慢參與，甚至還當起了發起人和小老師，後來聽說這裡有顧問的職位出缺，我就來應徵了！現在我一個星期來這裡上班兩天，一天六小時，其他時間可以發展個人興趣、參與家庭或進行休閒活動，我覺得這樣的時間安排很好！」

李文勳說，這項工作雖然會酌付費用，但金額很少，談不上是薪水，「只是我做這份工作也不是為了賺取生活費。這份工作給我最大的滿足感是讓我可以發揮過去所學，幫助別人！」

　　星期二和四是李文勳到基金會上班的時間，時間是上午11點到下午5點，一天通常會排三到四個諮商面談。他通常會提早到中心來，先參加早上的攝影課程，中午還和夥伴們一起用餐。

　　有機會轉任顧問，李文勳非常開心，「因為他們的心路歷程我都走過，很能理解。」中心提供不同的諮詢項目，每個人針對每種項目有一個小時的免費諮詢，最多可用到五個小時，「諮詢的項目包羅萬象！大部分還是跟就業求職比較相關，也有一些會問到家人關係，還有人就是心裡有事想來這裡跟人說說，得到一些幫助。」

　　根據他的觀察，來諮詢的人男女約各半。經過第一次諮詢之後，基金會就會針對需求分類，如果是想找工作，會先判斷對方求職的目的是什麼？希望找全職的，還是半職的工作？然後幫忙轉介。

　　李文勳在基金會的工作，屬於首爾市首創「有意義的職業」的一種，目前市政府透過補助薪資的方式，希望創造更多以「有意義」和「社會共好」為導向的工作機會，協助50歲以上人士發揮自己累積的經驗與長才。

　　有一份工作可以賺點錢固然開心，但對李文勳來說，50⁺基金會給了他一個新的舞臺，並有機會創造新的社會連結。有些人剛開始只是來基金會參與活動，但透過基金會提供的課程開始學習並增進自己對於現在社會需求的了解之後，不少原來只是同好型的社團活動開始轉變為有意義的社會組織，甚至成立社會企業，以求讓這些好的服務或宗旨持續下去。

　　而這正是首爾50⁺基金會成立的重要目的──不只是替50世代找工作，而是讓他們成為社會正向改變的新動力。

解決銀髮就業問題，先從「大叔早退」現象著手！

　　曾經，「大叔早退」的現象在台灣引起熱議。台灣政府規定的退休年齡雖然是65歲，但許多人50幾歲就離開了職場，不少公務人員滿55歲就退休，勞工平均退休年齡也僅約60歲，比勞基法規定的強制退休年齡65歲還早。

　　根據勞動部最新資料顯示， 50到55歲的中高齡勞動力參與率，台灣是69.6%，而在其他國家：韓國78.8%、日本85.2%、美國78.2%，不分男女七、八成以上過了50歲都還在工作。勞動部表示，我國中高齡勞動力相較於其他國家確實明顯較早離開職場。

韓國、日本、台灣法定退休年齡與實際平均退休年齡比較：
韓國：法定退休年齡60歲；實際平均男性退休年齡為72.9歲，女性70.6歲。

日本：法定退休年齡65歲，實際平均男性退休年齡為69.3歲，女性67.6歲。

台灣：法定退休年齡65歲，實際平均男性退休年齡為60歲，女性為60.7歲。

（取自《今日新聞》2016年5月22日報導）

　　根據行政院主計總處2017年9月公布的「105年受僱員工動向調查統計結果」，2016年工業及服務業全部退休人數98,000人，占總退出人數5.1%，員工退休年齡平均為58.6歲，其中以55～64歲退休者占56.0%最多。

　　要解決銀髮就業的問題，其實要先從「大叔早退」的現象開始解起，如果就業情況和社會對於50世代的人不友善，他們如何留在職場？一旦離開

了，如何可以回來？韓國也看到了同樣的問題。

首爾50⁺基金會的政策部門主任梁安娜表示：勞動環境不佳造成提早退休、嬰兒潮世代退休潮湧現、公衛醫療的進步讓人類平均壽命延長，凡此種種造就了韓國國內高齡化的問題，其中最重要的就是**中高齡時期的「空白」，也就是說沒有相應的政策來協助這個族群的人。**

人類的壽命變長了，但如果活得不幸福，又有什麼意義？這是百歲世代來臨，許多國家都在思考的狀況。日韓等國開始把這些50世代的人力導引到經濟產業方面：關於這些人的政策不再是從健康醫療來著手，而是結合產業發展做一併的考量，與其把他們看成是利用社會資源的負擔，更應該把他們看成是可以創造社會新資源的資產。這麼一來，提供給他們的相應政策和措施就會完全反轉，擁有180度改變的思維和觸角。

針對50⁺世代的**3**大特性與痛點，提供真正「有感」的支援

在首爾，50 ～ 64歲的50⁺世代有217萬人，是首爾市最大的人口群體，現年62歲的市長朴元淳也屬於這個世代。這個世代的人有三個特性：

一、**和現代老人世代不同，這群人學歷高、家庭收入高，在社經發展中扮演關鍵角色。**

二、**處生命週期上最重要轉換期**：因為家庭結構和生活方式的改變，他們處於第二次成長的第三期人生，可以扮演世代之間的橋梁。

三、**位居社會保障的死角地帶**：他們正處於支出多的時期，但許多人50幾歲就退休，但政府卻逐漸延後可以領取退休年金的時間，使得差距逐漸拉大，讓他們在財務上相對弱勢，萬一遇到什麼重大事件，可能無法因應。

因此，推動50⁺政策的目的，是要化逆境為轉機，把他們打造成貢獻社會的世代。**韓國「50⁺世代」的三大痛點為「不安、想工作、無處可去」。**因此首爾「50⁺綜合支援計畫」的主要精神為分成三大類：

> **首爾「50⁺綜合支援計畫」的三大精神：**
> ·**學習與探索**，包括人生重新規畫教育、系統式的綜合諮詢；
> ·**工作與參與**，包括社會貢獻職場、創業創職與技職教育；
> ·**文化與基礎設施**，包括全新的文化創造，建構周密的支援系統。

首爾50⁺基金會的願景與目標是「成為50⁺世代尋找自我新的可能性，並將其資源化為與社會分享的平臺。」關鍵在於由50⁺當事人主導，透過參與，使其成為50⁺世代與社會搭配和相遇的中樞，由首爾50⁺基金會提供「一站式」的綜合支援體系。接下來，讓我們看看50⁺基金會具體使用了哪些方法協助50⁺世代就業。

50⁺世代就業服務的**4**個戰略

戰略**1** 提供更多「貢獻型」、「混合型」的工作機會

傳統上提供給50⁺世代的工作型態主要分成兩類：不是不支薪的志工服務，就是完全以謀生為主的工作。而「貢獻型」和「混合型」的工作型態，則嘗試在這些工作類型中，打造出更符合50⁺世代需求的工作型態。仔細分析這兩種新的工作型態：「貢獻型」的工作是以公益為目的，可支領少數活

動費用，通常由政府或自治團體主導，例如：首爾50+基金會提供的「有意義職場」等相關工作；「混合型」則兼具公益和收益，幫助50+世代利用現有的經驗及力量，進行轉職或創業，並在市場上進行需求和供給，例如：參與非營利組織、社會企業或社會創投等。希望為他們開發可以帶著自尊心創造社會分享價值的工作。

戰略2 以夥伴關係為基礎，協助50+發掘與擴張工作舞臺和路徑

按照傳統的求職方式和路徑，50+世代只會到處碰壁，因此基金會透過建立不同的合作夥伴，先幫他們搭建較有機會找到工作的舞臺，並且從部門組織、世代階層和區域環境等三方面來著手。部門組織可以先從政府、自治團體、公共福利部門開始，然後結合中小企業、巷口商圈、傳統市場到企業的公益部門、非營利組織、社會企業、合作社和鄉鎮企業等；世代階層則指青少年、長者和身心障礙人士的就業、教育、居住和跨代跨域合作等力量的結合；區域環境方面則包括城市鄉鎮、農村漁村，甚至海外等。

工作路徑的多樣化則包括：連結首爾市政策，建立公共、民間夥伴關係；舉辦就業研究和論壇；發掘50+當事人為主導的工作型態，進行50+當事人研究、進入社區等；創新50+就業機會招募，例如舉辦50+創業比賽；建構平臺創造更多就業機會，例如建立50+人才資料庫。

計畫實施後，產出了像是50+社會服務、50+第三部門、50+世代整合、50+居住觀光、50+企業CSV、50+中小企業、50+農產漁村等重點部門和計畫，其中有幾個成功案例：

一）與首爾教育廳合作，成立「50+就業支援館」：目的在媒合50+世代與青年學子，由教育廳發掘、聯繫特色化高中的畢業生，由50+

基金會透過「有意義的職場」，招募50⁺人士來協助年輕人進行面試準備和就業指導。

二）「一個屋簷下，世代共識協調者」：由50⁺基金會和首爾市各自治區一起，招募50⁺人士扮演擁有空房間的長者和需要住處的大學生之間的聯繫、後續管理與推廣支持。

三）「50⁺韓文Tutor」：這是50⁺基金會和青年創投企業SAY的合作案，SAY招募外國學生並提供線上平臺與教具，由50⁺基金會招募可以提供韓文教學的50⁺世代，並針對他們開設擔任韓文教師的課程，結業後媒合他們擔任這些想要學習韓文的外國學生的家教，進行線上韓文教育。

戰略3 從諮詢、培訓到就業，提供周密的墊腳石

以往對50⁺世代的就業培訓做法不夠細緻，基本上只是提供就業教育後讓他們自己去找工作，缺乏後續的帶領追蹤與大環境的配套，因此大多以失敗收場；50⁺基金會將這個流程更加細緻化，先從提供一對一的退休前生涯規畫客製化諮詢開始，然後提供職涯探索課程和轉換教育，例如：從完成學習到進入職場的過程中，先用志工服務的方式進行培訓，接下來開始擔任50⁺基金會「有意義職場」的工作，接著到外面的組織中進行實習或短期工作機會，甚至50⁺當事人本身也會開始從原本的個人變成社團，他們可以利用基金會空間作為發展和聚會的據點；如果願意進一步成立社會企業或公司，基金會也幫忙進行群眾募資。

原本被視為50⁺族群從培訓到工作之間的「死亡谷」，就因為這些墊腳石而讓50⁺族群可以輕鬆跳過，最終找到自己理想的第三人生職場。

從培訓到職場，一路上提供周密的墊腳石

50⁺族群

一對一的退休前生涯規畫客製化諮詢 → 提供職涯探索課程和轉換教育 → 用志工服務的方式進行培訓 → 擔任50⁺基金會「有意義職場」的工作 → 到外面的組織中進行實習或短期工作機會 → 利用基金會空間作為發展和聚會的據點 → 成立社會企業或公司（基金會幫忙進行群眾募資）

上文中提到的「有意義職場」工作，也是首爾市政府的創舉，這是應用50⁺世代的經驗與力量，提供他們解決世代問題、地方社會問題的社會貢獻型就業機會，包括：社會服務、鄉鎮、社會經濟、50⁺當事人和世代整合等領域，型態非常多元，五年間創造出12,000個就業機會。光是2018年，就有31個職種，2,236人參與，協助更多50⁺人士在首爾「過有意義的生活」！

戰略 4 建構整合就業的基礎設施

在供需之間建立起一個整合式的平臺：左邊是50⁺世代人才庫，右邊是50⁺工作的必要需求，中間的整合平臺則包括介紹人、匹配系統、公用辦公室等，透過平臺將兩方進行媒合，讓50⁺人才可以找到符合他們需求的工作。50⁺工作的必要需求是什麼呢？一項針對50⁺人士（男46%、女54%）的調查發現：高達65.8%希望可以再就業，但再就業時他們考慮的事項比重卻和以前不太一樣：將近一半（48%）在意分享社會價值，46%在意能力發揮，43%在意上班的時間，37%在意上下班的便利性；至於再就業所屬的團體，43%的受訪者希望是合作社或社會企業型態、29%期望是小型工商單位或自營業、28%則選擇民間的非營利組織。

將中高齡人力轉化成
驅動社會前進的力量

　　媒體曾經報導，銀髮就業就是南韓的抗老政策，這句話充分點出了南韓與台灣一樣，面對超高齡社會的快速來襲，但他們將更多的資源用在預防老化和轉化長者成為經濟動能的社會現實上，雖然因此導致社會一般印象認為韓國的高齡長照服務不如台灣，但另一方面也凸顯了他們在老有所用上的著力點遠勝台灣數籌。

　　和南韓的長者相比，台灣的65歲上族群是相對幸福的，在「照顧已老」方面，台灣有完整的社福和健保體系，還有強烈的家庭觀念維繫，以及長照資源的介入；但在**「防範未老」這一塊，例如從經濟的角度驅動活化中高齡人士，或將這些閒置人力和社會需求做更大的結合，甚至讓有意義的工作與生活成為預防照顧的一環等，台灣相較於南韓，真的還可以做得更積極些。**

　　其實台灣的志工人群非常大，也有很多人樂於奉獻，但管道有限；政府針對這群人所提出的政策多還停留在「獨善其身」的階段，例如：提供健康促進課程讓他們可以運動，或是提供各種社區大學、長青大學的樂齡課程讓他們樂於學習，但這都僅止於讓這些人管理好自己，而沒有更進一步地把這樣的人力轉化成驅動社會前進的力量，不管是美國的Encore.org或是韓國的首爾50⁺基金會在這方面都做了很好的示範，值得我們學習。

Airbnb、Uber，
熟齡生活和工作的靈丹妙藥

艾德是住在美國北加州的退休警長，其實他才50多歲，退休實在有點早，但良好的警察退休福利又讓他不用積極地去找工作。

艾德很喜歡開車，年輕時當警員開巡邏車走遍大街小巷，讓他對於所居住的鄰里知之甚詳。開車不僅是他的工作，也是他的嗜好。所以當有人跟他說，他退休後可以到處開車載客，但又不是當計程車司機，而是開自己的車，自己決定何時開、何時休息、沒有老闆、不用打卡、自己決定要不要接這組客人，所有的一切都是透過手機上的一個APP就可搞定，還可以賺點零用錢時，他簡直不敢相信：「天下有這麼好的事情？！」

Airbnb的「超級房東」和「超級房客」，
竟是60歲以上的樂齡族

這是Uber、Lyft這類車輛共享平臺帶來的好處。

如果說高齡人口和科技創新這兩大趨勢，創造了什麼新機會，最具體的應該就是體現在分享經濟上。

對於新一代的熟齡族群來說，他們希望退休後有些收入，但又想做自己

工作的主人，然而創業太辛苦、當顧問也不是人人有機會，最好是可以利用自己過往的經驗，或是家中閒置不用的資產來進行活化，讓自己有點事做，又可帶來收入，同時為這個社會創造新的經濟價值，分享經濟剛好可以達成這樣的想望。

分享經濟最有名的案例就是以住房為主的Airbnb（愛彼迎）網站和以車子為主要共享工具的Uber（優步）網站。他們都是屬於21世紀網路普及後的產物，透過點對點科技的發展和人人都可參與分享的服務模式，完全不擁有任何房地產的Airbnb，竟然成為全世界最大的住房網站；而完全不擁有一臺出租車輛的Uber，也成為全世界數一數二的車輛分享平臺。

當初Airbnb是兩個失業又沒錢的年輕人，為了賺點錢繳房租，發現舊金山的旅館每次只要有研討會或大型活動就一房難求，決定買幾個氣墊床，讓一些人可以便宜住在都市裡，結果還真的有人買單，他們把這個服務稱為「Air Bed & Breakfast」。歷經12年的發展，如今這家未上市公司在全世界將近200個城市擁有超過300萬個出租單位，估值高達310億美元（現合約9,494億新台幣）。

創辦者是年輕人，創辦的目的也不是為了長者，Airbnb原以為千禧世代是他們的主要客層，但發展至今他們卻發現：**成長最快的一個年齡層，同時也是他們最大、最忠實、最棒的「超級房東」和住房量最大的「超級房客」，竟是60歲以上的樂齡族。**光是2017年，他們就有超過40萬個房東和66%以上的住房預約來自60歲以上的人士。

其實，60歲以上本來就是有錢又比較有閒的年紀，因此一直都是旅遊市場的大戶，但Airbnb的出現讓旅遊的型態發生了很大的改變，讓許多人有更多不同於傳統退休旅遊的選項，以前退休族群最流行的旅遊方式是跟團、坐遊輪，但現在他們更想要到某個城市或小鎮進行短住計畫，或是到某個地區自駕旅遊或當資深背包客，深入觀光景點以外的城市進行體驗，

Airbnb無處不在的民宿選擇給了他們實現這樣想望的可能。

　　美國有一對住在西雅圖的夫妻就寫了一本書，談他們怎麼利用住在Airbnb 環遊世界的經過，他們號稱「中年數位遊牧者」（Digital Nomads），這個族群「走到哪、玩到哪、工作到哪」，原來流行於年輕族群的生活方式，現在也吸引了很多中年人的投入，拍照、寫部落格，用旅遊的經驗轉換成退休額外的收入，還能深入世界各地、廣交好友，還有什麼比這個更棒的退休工作可能？

Airbnb讓退休族完成在宅安老的想望，同時建立與人的羈絆

　　當然，並不是每個中年人都這麼有錢又有閒可以經常出去旅行，很多上了年紀的人無法像以往那樣到處旅行，甚至有很多人為了沒有足夠的退休存款而擔憂，那麼把自己家中閒置的房間租出去賺取一點收入也不失為一個選擇。

　　2017年，年長房東在Airbnb上賺取的費用高達20億美元，他們接待了來自150個國家超過1,350萬名客人。而Airbnb更發現：高達一半以上的年長房東說，因為有來自Airbnb的這份額外收入，讓他們更有機會可以在家安老；甚至有41%的年長房東說，這份收入是他們在晚年維持日常生活不可或缺的收入。

　　Airbnb也從這些年長的「超級房東」中得到許多啟發。例如曾經有一位住在日本的房東是年近80歲的老先生。他65歲剛退休時曾和愛妻到世界各地旅行，日子過得優閒愜意，沒想到幾年前老伴過世了，讓他非常傷心，再加上自己年紀也大了，他不想一個人旅行，就經常獨居在家中，守著偌大的

房子讓他更加孤單。剛好遇到311日本大地震，看到這麼多災民流離失所，他的同胞愛油然產生，因此把家門打開，邀請災民同住，這段經驗讓他重新感到生命的意義和自己的重要性，因此決定加入Airbnb，敞開家門招待來自世界各地的旅人。

「雖然我現在已經不能像年輕時到處去旅行，但透過這些來自世界各地的朋友，他們把世界帶到我的眼前。」他的日子不再孤單，並充滿了意義。因為不需要Airbnb這筆收入來支持生活所需，老先生也決定把每年從Airbnb賺得的錢當作公益收入，捐助給世界各地需要的慈善組織，真正過著利人利己的退休人生。

| 台灣經驗省思 |

活用分享經濟的效益和優勢，創造機會

類似這樣感動人心的小故事，以及透過平臺蒐集到各種大數據，也讓Airbnb理解到他們正在改變人們旅遊的方式，以及他們可以去到的地方。這些以往不屬於觀光勝地的旅行選擇，有機會改變一個人的生命歷程，甚至是一個村莊、一個偏遠鄉鎮的命運。所以這個從舊金山發跡的平臺，一方面積極發展國際觸角，一方面更在意與在地文化和當地需求結合。

例如在日本，有鑑於日本高齡少子化的現況，許多偏遠鄉鎮進行地方創生，開發在地小旅行通常是一個重要選項。Airbnb就和一些地方政府合作，協助當地居民應用Airbnb經營旅宿，同時提供更獨特的在地旅遊經驗，為

一些沒落的小山村帶來新的觀光收入；又或是協助貧窮的印度婦女改造居家環境，透過經營 Airbnb 旅宿來增加收入，以改善生活。這些都是 Airbnb 發揮正向影響力的知名案例。

　　雖然 Airbnb 和 Uber 的服務模式和營運方式在某些國家和城市受到質疑，甚至被列為不合法。但無可諱言的是，分享經濟所帶來的效益和優勢因為這類線上服務的普及而讓更多人理解，甚至參與執行，甚至還有了許多改良式版本，創造了許多新經濟機會。許多創新總是走在法令之前，期待業者和政府用更開放的態度，從更有益於使用者的角度去做深入的探討，從而找出一些與時俱進的管理和解決方案，才是全民之福。

06 南韓 EverYoung

活到老，工作到老，快樂到老
只僱用55歲以上人士的社會企業

百歲世代來臨，50歲只是人生中點。愈來愈多的人在50歲時，開始更努力思索人生的意義，人生的下半場要怎麼過？有人想要結合自己上半輩子的努力回饋社會，也有人想要開拓新的戰場；除了一輩子為別人奔忙，許多人開始問自己要什麼？想做什麼？能為這個社會貢獻什麼？我們終其一生的努力到底是希望留下什麼？

「在我邁入50歲的那一年，我反覆思索著這些問題。孔子說：『五十而知天命』真的很有道理，這天命就是『生而為人的使命感』。那時候很深切地感受到自己想要有新的追尋。到底自己對這個世界的使命感是什麼？該如何實現？」

說話的人是鄭恩成，來自南韓，現年58歲。「我開始更加關注社會議題，注意到南韓社會有三大問題：性別歧視、年齡歧視和教育機會不平等導致的社會不公。」從孔子的教誨，到自己的體悟，從這三個社會議題中，他決定從年齡歧視開始著手，並以創辦一家與眾不同的公司來試圖破除職場上的年齡歧視，南韓社會企業 EverYoung 因而誕生。

以實際行動彰顯中高齡者潛力和價值的EverYoung

「既然創辦這家公司的目的是被看到，那就要做的很極端。」鄭恩成說，「因此我們這家公司只僱用55歲以上的人」，而且「做的事情要很酷」。

南韓是網路大國，網路覆蓋率高達90%，網速排名世界前茅，各式網路應用蓬勃發展，年輕人趨之若鶩，創業能量驚人。「看來，這就是我們要選擇的戰場了！」

就這樣，鄭恩成創辦了「EverYoung」，一家專做網路內容監測的高科技公司，如他所承諾的，他們只僱用55歲以上的熟齡人士，最大的客戶是有南韓Google之稱的Naver（Line的母公司）。

雖然鄭恩成很有想法，也決心要用全新的企業形象來凸顯目前社會中高齡者的潛力和價值，但事情的開展並不順利，大部分企業對於中高齡者的工作產出和能力，受限於傳統觀念，還是抱著很多疑問。然而他並不氣餒，藉著一個與Naver的小型實驗計畫，鄭恩成讓Naver的管理階層看到了雖然EverYoung僱用的是中高齡工作者，但他們的工作態度極佳、產出穩定、品質又高，完全翻轉了合作夥伴既定的成見，並因此決定把更多包括影像監測等相關業務外包給EverYoung，也讓這家公司從2013年成立後發展快速，員工人數從30名成長到目前450名。

EverYoung創立宗旨的獨特性，讓鄭恩成上遍了大小媒體，包括《華盛頓郵報》（*The Washington Post*）、《每日電訊報》（*The Daily Telegraph*）等歐美主要媒體，還有數不清的亞洲傳媒都曾經採訪過他。

「這就是我的目的，我希望用這家公司和我們獨特的做法來吸引媒體關注，進而讓更多人了解職場上的年齡歧視，並引起社會大眾對於中高齡就業問題的重視。」

南韓因為年金制度不健全，因此中年失業情況嚴重，許多50⁺工作不是為了自我實現，而是為了生存，他們必須要想辦法留在職場，什麼工作他們都願意做。

「但即使他們願意投入，社會也不一定願意給他們機會，這就是我創辦EverYoung的原因。」其實鄭恩成自己過去15年，一直擔任南韓現代集團子公司Hyundai Welding（現代焊接）的執行長兼總裁，過著人人羨慕的生活，「正因為我的日子過得不錯，更讓我覺得應該在這個年紀，用我的能力為社會做點什麼。」大企業的人脈與工作經驗，讓鄭恩成有機會在EverYoung創立不久，就能與Naver這樣的大客戶合作，但「既然要掀起話題，引起重視，我們就不能只是做做樣子，一定要成功。」

彈性工時與工作型態，50歲以後仍能留在職場自我實現

因此，他在聘請和僱用熟齡族時，都下了一番工夫。例如，一般企業通常會依全職者八小時的工作型態來設計工作，但EverYoung不這麼做。注意到不是所有的熟齡族都想要一天八小時被綁在工作上，「有人要照顧孫子，有人要和朋友喝下午茶，有人要多留時間陪伴家人或留給自己⋯⋯因此我們把工作設計成輪班制，四小時一班，每個小時間有10分鐘休息時間。」

鄭恩成說，這基本上就是把原來要聘請一個人來做的工作，拆成由兩個熟齡族來分擔，「原本大家以為這樣會比較沒效率，但我們發現：熟齡員工非常喜歡這樣的安排，讓他們可以兼顧現有的生活，就算給他們整天班，他們也不見得願意。」

四小時的上班時間讓員工更專注、更投入。如此獨特的工作方式得來不易，員工都非常珍惜，並用良好的工作態度和紀律來回饋，「我們規定下午

▲ EverYoung 辦公室

1點半上班，許多人1點就會自動到班，花時間準備，把個人物品和手機放在保管箱中，準備好接下來四小時認真工作，不會花時間滑手機或做自己的事情。」他強調，對他們來說，這份工作帶來不只是收入，更重要的是尊嚴。

EverYoung 是鄭恩成50歲以後為了實現自我價值的具體展現，他把Ever-Young定位為社會企業，希望這個項目可以同時具有影響力，也可達到永續經營的目標，目前公司年營收超過70億韓圜（約新台幣2億元），「雖然營業額不算大，卻是令我十分驕傲的項目，我也非常看好其未來發展。」

因為對熟齡世代產業的關注，他也結識了一群志同道合的朋友，正在企畫更多活化中高齡人力的工作型態，透過這群50世代各自的專業背景，他們將成為翻轉年齡歧視的先鋒，宣告韓國熟齡世代的崛起。

台灣經驗省思

台灣提早退休情況遠勝南韓，應重新正視50世代的生產力

台灣50～64歲的族群約有524萬人，過去許多媒體曾用「黃金世代」描繪出生於1950～1970年代的這個族群：受教育程度高、口袋深、成長期剛好遇上台灣經濟高度發展期，所以他們都有機會累積財富，但花錢的觀念和上一代很不一樣，更願意在自己身上投資，也不指望孩子養，說他們是未來10～15年消費的主流。

南韓的65歲以上的勞動參與率在亞洲各國中是最高的，有31.5%，日本

約25%，台灣則只有8.5%。照理說，針對這個議題，台灣應該要比南韓更積極才對，但有趣的是，台灣這個年齡層，年輕時大多受惠於整體經濟快速發展，因此在財富上有所積累；也或許是軍公教人員，享有不錯的退休保障；因此一直到這幾年年金開始改革之後，社會上才開始出現重視中高齡就業的聲音。

其實，台灣的「大叔早退情況」遠勝南韓，整體經濟成長率過去幾年也不比南韓強，我們相當需要新的經濟動能，而50⁺世代絕對具有這樣的條件。台灣500多萬的50⁺世代中，相信像鄭恩成這樣具有使命感和執行力者，不在少數，與其只是把他們定位成消費者，不如把他們塑造成「有生產能力的消費者」，讓他們成為台灣高齡少子社會現況下真正的「人口紅利」，用良好的政策配套和創新思維來轉動這群黃金世代的人才活水，成為轉化社會價值的尖兵。

台灣不老夢想125號

心不老、夢不老、行動不老
高齡就業新典範

位在台中市鬧區一中商圈內,有一棟造型獨特、充滿古意的西式兩層樓建築。這棟古蹟的來頭很大,它是前台中市市長官邸,再早一點則是宮原醫師的家宅。是的,這位宮原醫師與台中市火車站前知名觀光景點宮原眼科是同一位醫師,那裡曾是他的診所,這裡則是他的居所。

這棟建築興建在日治時期,已有90年歷史,在閒置多年之後,於2016年迎來了新生命。總部位於台中市的弘道老人福利基金會,透過市政府承租這個空間,以銀髮、文創、參與的「銀創參與」為規畫概念,將這裡搖身一變成為台灣銀髮就業和不老夢想的示範點。

藉由一個個不老夢想、一位位真人圖書長者、一份份兼具老智慧與新創意的食飲,傳遞心不老、夢不老、行動不老的不老精神。2019年擴大改裝完成修繕後,更讓這裡成為一個複合式的空間,包含異業結合、不老食光、不老夢想和「125℃照顧角落」等區塊,期待透過更多元的設計和參與,讓這裡成為高齡就業並創造正向影響力的聚集地、展現青銀共創共榮的好地方、提供長期照顧服務諮詢,讓長期照顧服務找得到、看得到和用得到的好地點,以及和社區居民共融共生的好所在。

90年歷史老宅重新利用，「不老夢想125號」開張！

　　不老夢想125號位在台中市雙十路一段125號。這棟歷史建築興建於1929年（日治昭和4年），當年是日籍醫師宮原武雄自建的別墅型住宅。宮原醫師是留德的眼科博士，在地方上非常活躍，曾任台中州協議員，並與台籍菁英人士共組東亞共榮協會。

　　1945年二戰之後，台中市政府接收此處，原作為市長官邸之用，從第一任民選市長楊基先到1989年第十任張子源，擔任市長任內都居住此處，但之後歷任市長未再加利用，成為閒置空間。直到胡志強擔任台中市長時，推動閒置空間再利用計畫，這裡才被規畫成藝文展演空間。

　　2016年，市政府為健全老人福利政策、規畫多元活躍老化方案，市長官邸由文化局移交予社會局管理，以「不老夢想館」為發展方向，同年6月由弘道老人福利基金會取得營運權。

　　曾經任職弘道但當時賦閒在家的陳姿婷臨危受命，接任館長一職。學企管的陳姿婷是鹿港人，原本在台北的外商公司工作，會一腳跨入社福領域是因為參與籌辦了弘道第一屆國際志工營計畫，並因此和老人服務、社區工作連上線；後來加入弘道，也在社區裡工作了一段時間，但她覺得一線服務並不是自己的專長和興趣，所以又回到台北工作，加入台灣創意發展中心負責國際連結、舉辦活動、企畫和策展的工作。

　　在協助台北市舉辦完設計之都後，倦鳥歸巢的她又回到老家鹿港，尋思下一階段的人生。當時心中隱隱有個開餐廳的計畫，就決定先取得廚師證照，而在準備的同時，接到了弘道當時執行長林依瑩的電話，跟她提到了弘道想要爭取市長官邸的營運方案，希望可以邀請她一起來參與，貢獻所長。

　　「當時我看到這個計畫，真的很心動！因為和我自己想做的事非常接近，有很大的關聯性，既然弘道也有心投入，那就一起來做吧！」陳姿婷笑

說，自己實在太年輕，答應得太快，「因為事實上真正的挑戰和中間遇到的困難，真的比我們原先預估的多太多了！」

弘道剛接手營運時，把這裡規畫成不老夢想的常設展覽館，展出他們舉辦的各種不老夢想相關活動的內容，例如不老騎士、不老棒球、不老軍人、仙角百老匯等；另外一個功能是促進和展示銀髮就業，所以設了輕食咖啡廳，專門僱用55歲以上的人來擔任「不老服務生」、「不老料理人」，餐廳也特別針對長輩的專長，設計強調「古早味」的料理，販賣以碗糕、麵線為主的套餐；同時販售不老夢想相關商品等。

場館地點雖然位居鬧區，但畢竟定位比較獨特，因此除非是弘道自己辦活動，或是知道的人特地來參觀，因為路過而走進來的客人並不多，不管是從營運或社會推廣的角度，都還有加強的空間。

剛好因為建築有白蟻，需要修復，也有一些結構需補強，弘道在募資得到經費支持下，決定將不老夢想125號休館一段時間來進行硬體的補強，而這一個轉折也成了不老夢想館再出發的契機。

加入行銷思考，「媽媽味的午餐便當」開創新契機

原本學企管的陳姿婷了解不老夢想125號和弘道老人福利基金會的社福色彩，但「做生意還是必須達到永續經營，否則有再好的理念也無法繼續傳達給社會大眾，那不是很可惜？」

此外，因為施工時室內空間無法營運，但所僱用的中高齡人力還在，那該如何善加利用呢？

眾人腦力激盪，針對附近的社區和商圈特性，以及長輩特性逐一分析討論後，結論出「販賣媽媽味的午餐便當」應該是個機會。

「畢竟這附近有三個學校——台灣體育大學、台中科技大學和台中一

中，不少老師和同學都有訂購午餐的需要，或是舉辦活動也需要訂購午餐。」因此他們以學校和公務體系的核銷上限80元為基準，設計出強調健康食材、家常味道、每日限定的午餐便當，推出後果然得到不錯的反應，甚至出現「秒殺」的狀況。

這段歷程對陳姿婷來說，就像上了一堂基礎行銷課程，從「自己想賣什麼」到「看到市場需要什麼」的轉折。

「以前我們賣古早味的碗糕、麵線，是從長輩的角度出發，覺得這是他們會做的，也和他們的成長歷程可以連結，並想藉此把這些古早味介紹給年輕的客群，卻發現這樣的設計，對於周遭的主要消費族群，也就是年輕人，毫無吸引力，他們連來都不來，或是來了也不點，讓我們的苦心設計英雄無用武之地。」雖然中間也嘗試突破，例如設計五彩碗糕，讓餐點看起來比較可口，但畢竟這不是年輕人從小吃到大的食物，所以買單的人還是很少。

如此一來就進入了行銷第二課，「不是只賣你想賣的東西」，也要「賣市場需要的東西」，也因此才會有強調少油少鹽的健康媽媽味便當的出現，從市場的反應證明這個方向是對的。

自主管理與異業結合，為老人家帶來更多可能性

這段休館的過程，也成了優化管理流程的重要時機，「以往我們強調聘僱長輩，讓他們做全部的事情，但有時候客人來的時間無法控制，因此人一多，他們就容易緊張，一緊張就容易出錯，反而造成更大的問題。」

因此他們對於僱用時長輩特質的選擇、僱用後人員的訓練和如何分組、廚房和外場怎麼分工等，都進行流程的簡化，重新分配和調整，「一個很重要的學習是：以往都是我們進行直接管理，長輩只負責執行，但後來發現讓他們自我管理，其實更有效；這也是我放手以後才得到的寶貴經驗。」

　　不老夢想125號在2019年6月8日重新開幕後，將營運分成幾個區塊：第一個是鼓勵和彰顯銀髮就業的「不老食光」，目前內外場共聘有13位55歲以上人士，最年長是69歲的綉嬌姐，她的故事其實相當勵志。她因為50幾歲就中風，又長骨刺，有很長一段時間根本連走都不能走，只能癱在床上，是弘道台中服務處的服務個案，但在服務人員教導正確的復能觀念，並陪伴她一步步提升活動功能，如今她不但脫離被服務者的階段，而且成功變成「不老服務員」，「她的服務時間和服務內容都和其他人一樣，完全沒有打折，表現亮眼，這份工作也成了她給自己最大的肯定。」

　　第二個是不老夢想館的延伸，持續過去強調不老夢想的精神，但從常設展改為不定期策展，因此展覽內容經常改變，一來是增加活動的新鮮感，一來也嘗試表達更多樣化的議題；同時每週一、四下午固定有真人圖書館的設計，邀請長輩來擔任「活圖書」，分享人生經驗，讓大家看到長輩的活力和能量。不老夢想館其他營運的區塊還包括：空間租借和商品販賣等。另外，為了擴大社會參與和效益，他們決定進行異業結合，邀請認同高齡就業理念的路易莎咖啡進駐，條件是路易莎咖啡必須聘僱銀髮員工，同時也讓他們的員工上銀髮相關課程，更加了解高齡者和銀髮就業，進行社會教育。**這樣的異業結合吸引了許多原來沒有機會走進這個場館的人，自然而然地接觸到活躍高齡的理念並真正體會銀髮就業，因此意義重大。**

　　不老夢想125號強調空間設計為多元化的美學休憩生活空間，針對不同的服務對象，定期辦理照顧社群活動、講座與小聚，作為區域裡專業照顧服務提供者資源聯繫交流的平臺。

　　那在這裡工作是什麼感覺呢？我們來看看以下幾個例子。

▲不老夢想館的常設展覽

▲不老夢想 125 號內的商品販賣區

「今天也要好好過！」逐夢永遠不嫌晚，
不老夢想館一圓長輩夢想

　　人稱小俞哥的俞國偉是不老食光餐廳13位聘僱長輩中，唯一的男性服務員。才剛過60歲的他，多年來一直在中國經商，前兩年退休後因為母親身體微恙，他決定多花點時間住在台中陪伴母親，但陪伴的過程中，他也想找點事情做。會來到125號擔任工作人員，是個美麗的意外。原本是因為家在附近路過並進來請教關於長照的相關問題，結果意外發現自己可能有機會在這裡工作後，就積極爭取，終於如願在場館2019年6月重新開幕時，到不老食光工作。

　　過去主要是做貿易生意，但小俞哥原本就擅長廚藝，也喜歡自己做料理，因此問他最喜歡在這裡工作的那個部分，他立刻回答：「料理！因為有機會做好吃的料理給別人吃！」那覺得最挑戰的部分呢？「也是料理！因為有些菜色我並不熟悉，有時候還是要重新學習，或自己事先準備，畢竟這個是要給客人吃，要有一定水準！」

　　「其實做料理一直是我的夢想，我年輕的時候也開過餐廳，但並沒有成功，沒想到會在退休之年用這樣的方式圓夢！」

　　以往自己當老闆，工作都是管理職，那現在做服務員還習慣嗎？「不會不習慣啊！以前都是動腦筋，現在動手，輕鬆很多呢！」小俞哥說其實心態調整好最重要，「我從軍中退伍後就一路工作，為生活打拚、為家庭奔忙，如今終於可以為自己而活！這裡的工作內容和工作環境都非常喜歡，離家騎腳踏車只要五分鐘，萬一家中有事要回家也非常方便。」

　　「我們兩個星期要排七個班，一個班的時間是5.5小時；除了在這裡上班，我還要花時間陪伴媽媽，也還在社區大學學習國畫，我對這樣的生活非常滿意！能找到這份工作我覺得非常幸運，是上天最好的安排！」

◀不老夢想 125 號的服務生

　　67歲的素瑟姐是另一位不老食光服務人員。她58歲從印刷公司退休，「才在家休息兩個月就閒得發慌，想找點事做！」先經人介紹到弘道擔任據點志工，後來陸續參加過弘道舉辦的許多活動，例如第八屆不老騎士環島行，也曾經隨著彭祖包體驗團隊走遍台灣百所學校，向小朋友推廣高齡生活，甚至遠征到澎湖，對弘道的文化和服務很熟悉，因此在不老夢想館重新開幕時就被館長陳姿婷邀請到不老食光工作。

　　她說不老夢想館營造的工作氛圍讓他們在這裡上班，很有尊榮感，「每個進來的客人，都是一個緣分，大家就是有緣相見，一期一會，我們要好好款待他們，讓他們像在家一樣自在和舒服。」

　　但就像所有工作一樣，這個工作也有挑戰的地方，「當收銀員算錢比較有壓力，因為怕弄錯啊！」

　　活力十足、興趣廣泛的素瑟姐說，如果排班時間能再少一點就更符合她的理想生活了，「雖然我很喜歡這份工作，但我也還想花時間去做志工、時不時和朋友來個一日遊小旅行，以及花時間和家人相處。」

　　除了領薪水的工作人員，不老夢想館也設計成一個平臺，提供長輩志工機會來持續奉獻與進行社會參與，真人圖書館是其中一個重要環節，鍾波球先生是很受歡迎的一位真人圖書館的長輩。

　　93歲的鍾爺爺，從80歲開始自己學習作畫，家中貼滿了他的畫作；從

小他就喜歡看人家變魔術，退休後又重拾這項興趣，並把變魔術變成自己的特色，家中有一整個房間都是他的魔術道具，放得整整齊齊，他還不斷研發，嘗試推出新的節目；此外，因為大兒子退休前是華航機師，因此他也跟著走遍大江南北，周遊世界各國，培養了收藏打火機和空酒瓶的興趣，家中櫃子滿滿都是造型新奇特殊的打火機，睡覺的床墊拉開則擺滿了大大小小的空酒瓶。腰桿挺直、說話中氣十足、滔滔不絕的鍾爺爺說道，自己長壽的祕訣就是「要活就要動」，所以他的陽台上種滿仙人掌，「這是給自己理由在作畫空檔站起來，走到陽台去照顧植物。」身體硬朗的他，每次擔任真人圖書館的時段都繳盡腦汁變出新花樣，而且帶著道具，自己步行到不老夢想館，「我的生活很充實，醒來就是想到，啊！又賺到一天！今天也要好好過！」

打破中高齡就業僵化思維，政府在銀髮就業值得思考的 2 大問題與 3 大借鏡

政府目前大力推動中高齡就業的理念，有實戰經驗的陳姿婷經常受邀去各地分享和演講，站在推動的角度，她非常樂意分享，但她也看到了目前的一些挑戰，「其中最大的一個就是**企業端對於中高齡就業的理解真的太貧乏，因此對他們來說，這不是一個關注和了解的人力市場，儘管人力缺乏、有職務空缺，但他們第一個想的還是僱用年輕人，不會想到中高齡者。**」

陳姿婷說，大部分的企業對於人口高齡化的大勢無感，沒有考慮做相應的準備，「但只要看到台灣人口高齡少子化的大趨勢，就知道這是我們無法規避的議題，除了及早因應，真的沒有別的辦法。」

政府近年來開始重視中高齡就業，通過中高齡就業法，保障中高齡就業

機會，或是在各地廣設銀髮就業站，希望提升銀髮就業率，但效果不彰。

從上述幾位中高齡者的分享，我們可以清楚看到：**許多新一代的中高齡者想要持續就業，幾乎都不是像以往工作一樣，是為了擁有固定收入，更多是為了擁有生活目標。**

透過不老夢想125號的經驗，我們也看到政府在銀髮就業上幾個值得思考的問題：

政府在銀髮就業上值得思考的**2**大問題

問題**1** 各項高齡政策缺乏整合思考

第一個問題是部會間沒有整合，其實銀髮就業、活躍老化、社區照顧等高齡政策應該放在一起考量，提出整合性方案，而不是放任各個部會各行其是，自己推自己的方案，因此每個都只做一點點，都做不大。

問題**2** 缺乏對新一代中高齡就業者的理解

第二個問題是不理解新一代中高齡就業者的特性與需求，銀髮就業還是用傳統的補助型思維在推動，以為他們需要的是收入，因此不管是工作的內容和目的性、求職的介面和訴求點，都無法吸引目標族群的目光。

新人生、新科技、新平臺、新思維，21世紀的中高齡者的人力活化，已經出現許多新機會，在許多國家都是以「第三人口紅利」這樣的戰略思維作為政策引導，期盼挖掘出他們的潛能，成為國家經濟發展的新動力，而不是把他們當成可有可無的時薪人員或被服務者。

政府在銀髮就業上值得借鏡的**3**大成功案例

從政策推動和鼓勵民間投入的角度，我們可以借鏡幾個國際間成功的案例：

成功案例1 德國百年車廠BMW的軟硬體改變

因為高齡少子化，人口結構的影響，企業善加運用中高齡人力，是企業永續經營的必然趨勢。以美國來說，50歲以上人口在2019年超過14歲以下人口，**未來在工作職場上，50⁺的人力會成為最大宗也最重要的族群。**

以德國百年車廠BMW為例，他們注意到大批優秀技術工人即將同時退休的退休潮，屆時會為生產線帶來極大的衝擊，甚至影響到品牌形象。

但是要找人來取代，談何容易。媒體採訪進行改革的一家BMW車廠廠長，他直言指出：「我們沒有選擇，一定要想辦法留任這些員工，或讓他們階段性退休，才能避免公司的生產線陷入重大危機。現在是就算我們有心有錢想聘用新人，也沒有人應徵，因此一定要找出符合中高齡技術人員的舉措。再加上他們累積多年的寶貴經驗和技術，這些都不是新人一時半刻可以學來的！」

因此對BMW來說，他們想盡辦法留用中高齡人力，不是因應政府的銀髮政策，而是因為這關係著公司能否持續營運下去，產出高品質汽車的底線，關係著公司的危急存亡。

他們決定進行一系列的軟硬體改變，例如：為這些中高齡工廠技術人員的工作檯加裝較具彈性的地板，並且為他們購置厚底的工作靴，以減低長時間站立為雙腳帶來的壓力；工作檯重新設計成可以升降的形式；並加裝椅子和放大鏡方便他們看清楚零件號碼；在工作檯旁加設拉伸桿，讓他們可以時不時伸展一下筋骨；重新分配工作和休息時間的頻率和間隔。凡此種種，投

入的金額很低，硬體改動的幅度不大，卻得到極好的回饋和員工的高滿意度，對企業來說是再好不過的投資！

台灣快速高齡化的趨勢也是危急存亡的國安問題，但一般民眾似乎缺乏實感，也沒有BMW這樣的急迫感，所以**台灣企業鮮少注重中高齡者的潛能並看到中高齡員工的價值，從他們的角度去重新設計更能適應他們體力或彰顯他們能力的工作流程**，例如：提供退休準備課程、彈性聘僱或留任機會等。

成功案例2 美國知名連鎖美妝藥房CVS的「彈性工作地點」方案

針對中高齡者的生活目標和求職特性，要設計更具彈性的工作方式，提供更符合他們生活方式的工作方案和做法，用利基因素來展延中高齡人力在職的時間或持續貢獻的方式。

例如，美國知名連鎖美妝藥房CVS的「候鳥計畫」。公司注意到一些緯度比較高、氣候比較冷的州，冬天時員工的出勤率就會下降，也比較難招到時薪人員，原因是許多中高齡人士會選擇在這段時間到南部各州去避寒，而南部各州則因為退休人士在冬季時的到訪，需要招聘更多的臨時人力。既然如此，公司乾脆在內部推動一個彈性工作地點的方案，讓這些有意到南部避寒的員工，本來有三個月到半年的時間不能工作，但透過這個方案她們可以繼續在方便自己的南部各州選擇適合地點上班，公司也不用額外進行臨時工的招募和培訓，就有好用的人力資源，雙方各取所需，創造雙贏。

成功案例3 美國會計師事務所PWC的「彈性工作」方案

打造更人性化的工作環境和重視工作與生活平衡（work/life balance）的企業文化。此舉看似在造福中高齡員工，其實可以吸引到不同世代的員工。史丹福長壽中心提出研究成果指出，目前職場上的中堅分子千禧世代，比他們

上一代更重視個人生活和工作平衡，他們不再像上一代那樣在工作上選擇一味滿足公司要求，或是視加班為常態；而是更懂得為自己爭取權益，並重視家庭、個人興趣、工作發展之間的平衡；過去犧牲家庭以成就工作的價值觀已被翻轉，只擁有職場成功的人並不是人生勝利組，而是要同時能夠發揮個人興趣、擁有個人生活和自己有熱情的工作才是令人羨慕的人生。

因此彈性工時在美國也愈來愈受到重視。例如美國四大會計師事務所之一的PWC為了顧及這一群人的需求，就提出一個更具彈性的工作計畫，允許員工更彈性的運用上班時間，例如可在下午時間出去接送小孩，或是一個星期在家工作一天到兩天。

事實上，在世界上個人工作產值最高的矽谷，這樣的工作型態已經十分普遍，不管是矽谷前四大公司GAFA（谷歌、蘋果、臉書和亞馬遜），還是多如牛毛的新創公司，幾乎都將彈性工作方案列為必備的福利。

這些受到千禧世代歡迎的工作方式，也非常適合資深工作者，因此企業若能設計和推動符合新時代工作趨勢的福利政策，就能夠吸引到不同世代的優質人才。

| 台灣經驗省思 |

活化中高齡，
關鍵就在觀念的轉變！

反觀台灣，因為勞動相關法規的限制，因此彈性工時、遠距工作等新工作型態，因為執行不易，企業推動意願低落。儘管中高齡就業相關法令出爐，但其實大部分的企業對於為什麼要持續選用或留用中高齡人力，既沒有迫切感，也沒有誘因。

勞動部曾於2018年在台北市花博舉行大型的中高齡就業博覽會，有超過126個知名廠商現場徵才，提供4,200多個工作機會，其中超過三成職缺薪資達四萬元以上，二成五為中高階職缺，吸引了一萬多人次參與，總投遞履歷6,274人次。讓中高齡求職者透過面對面洽談，讓企業更了解個人專業經驗和優勢，促成更多媒合機會，因此媒合率高達五成。有趣的是，因為設計成博覽會的形式，現場也看到不少年輕人參與，也達到了社會教育和推廣的功效。

其實以台灣政府擁有的資源和民間的創意與活力，透過提供就業機會來活化中高齡，是絕對有機會的，關鍵就在觀念的轉變。**必須充分掌握新一代職場工作趨勢、中高齡者的心理因素和關鍵需求，不要再持續用過去的思維想要解決未來的問題。**透過政策的設計與引導，創造多元就業的氛圍與可能、鼓勵青銀共創、破除社福補助的框架，以全齡觀點，設計出更符合新時代趨勢和不同世代需求的工作型態，而這樣的努力，受益的不只是中高齡族群，也包含其他世代，最終將裨益整個社會。

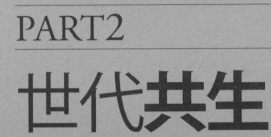

PART2
世代共生

「在地安老」是全世界長者的共識。尊嚴和自主需求是基礎，然後才是從其中滿足生理、安全和社交的需求。退休生活、銀髮族居住問題，早已不再只是房子本身，更重要的是和誰住、怎麼住，如何繼續保有社交生活、與人持續互動。

CASE STUDY / 08 史丹福設計競賽

面對長壽人生，
邀請年輕世代發揮想像力和創造力

　　一個托盤、一只碗、一個杯子、一支湯匙和一把叉子，乍看之下，這只是一組塑膠餐具，真的沒什麼特別，頂多是顏色繽紛了點。你可能會想：這是給小孩子用的吧？!

　　但這組餐具，處處是玄機。

　　例如，湯匙和叉子的角度設計得恰到好處，讓人比較好握、也比較好舀；又例如，杯子的內部設計有自然的高低差，讓吸管不易滑動，也就比較好吸……諸如此類的巧思，細看之下，讓人驚豔。這組外觀看似平凡，卻蘊含了許多精密巧思和細膩設計的作品「EATWELL」，在美國得到了評審委員和觀眾的一致好評，勇奪第一屆史丹福長壽中心「設計競賽」（Design Challenge）首獎，並獲頒一萬美元獎金，設計者正是來自台灣的姚彥慈。

　　史丹福大學長壽中心所舉辦的設計競賽，自2014年開始舉辦，今年即將邁入第七屆。台灣的社會企業銀享全球認同這個競賽的理念，也於2015年開始合作舉辦競賽的亞洲區大賽，目的在提供平臺，讓青年學子透過思考和設計，認識高齡社會並嘗試提出解決之道。

　　開始舉辦這個比賽的第一年2014年的設計主題是「如何擴展失智症患者獨立生活的能力」，期盼透過設計，讓有認知障礙的病人，例如患有阿茲海默症或老人失智症者，可以重拾自己獨立生活的能力。

▲姚彥慈設計的失智症者餐具「EATWELL」

「EATWELL設計靈感其實來自於我的奶奶，」姚彥慈說，她從小就和奶奶非常親近，眼看著奶奶因為失智症慢慢失去了溝通和生活自理的能力，「連吃東西這麼簡單的事對她來說都變得極為困難。」例如，一般餐具弧形的設計原本是為了好看，但對需要「挖」食物來吃的病人來說，卻極不實用，因此，他們很容易把食物撒得到處都是，自己卻一口都吃不到，也讓照顧的人非常頭痛，許多患者因此都必須仰賴照顧者餵食。

「我的設計是讓盤子和湯匙的內部接觸點呈直角，這樣就好挖多了，也因此，失智症者就可以自己吃飯，這對維持他們的自主和尊嚴帶來很大的心理功效。餐具的外部還是呈現弧形的設計，一方面是好看，一方面也是方便堆疊。」

135

再說喝水吧！因為怕老人家嗆到，都會讓他們用吸管喝水，但其實吸管放在一般杯子裡會一直滑來滑去，不太好吸，自然讓很多老人家因為喝不到水而不愛喝水，「我就讓杯子內部有個高低差，這樣吸管會自然地固定在一個地方，當然就好吸多了！」

姚彥慈的巧思還包括：餐具選擇引人食慾的顏色、刀叉握把的角度讓工具更好握……

評審之一、美國最大的安養機構布魯克戴爾（Brookdale）失智部門負責人（VP Dementia Care）克林格（Juliet Holt Klinger）在頒獎時語帶哽咽地說：「這是我一直在找的東西！」她對姚彥慈的設計既驚豔又感動，忍不住給姚彥慈一個大大的擁抱。「因為我們公司旗下所有機構加起來有6,500多個失智病人，他們每天要吃三餐，光是餵他們吃飯、清理善後對我們來說就是大事，需要動用好多人力，可是始終找不到解決之道。終於有人從使用者的角度來發想，設計了他們可以用的餐具，我真的好感動！」

姚彥慈說，這個作品最原始的構想源自她在舊金山設計學院的碩士畢業計畫，之後經過多次的修正。為了正確設計出使用者可以用的東西，她利用週末假日到老人中心和療養院當義工，實地觀察老人家，尤其是失智症者吃飯的情況，也花大量時間上網蒐集和閱讀資料，了解失智症者的情況，希望自己的設計真能解決他們的問題。

出國前，姚彥慈畢業於東吳大學社會系，並雙修日文，但她發現，自己最喜歡的還是動手做，因此畢業後決定遠赴美國念設計，「我其實先去日本，但去了日本才發現，日本很多的設計都來自美國，因此，決定到美國來取經。」

選擇畢業作品時，大部分同學都在想怎麼設計個又酷又潮的商品，只有她一頭栽進老人的世界，而且堅定不移，「我不清楚老人家到底需要什麼，所以，我只能想像，並用很多的觀察，還有不停地問問題。」

◀來自台灣的姚彥慈是第一屆
史丹佛設計競賽得主

　　身為設計競賽第一屆首獎的得主，姚彥慈的故事也成了史丹福設計競賽最激勵人心的一個篇章。其實大部分的學生作品要從概念到上市，需要一個很長的過程，六年多來，許多參賽和得獎團隊雖然有心將作品往前推進，但要付出的心力和成本實在很高，所以至今能夠成功上市者寥寥可數。

　　所幸姚彥慈有超乎常人的決心和毅力，她把一萬美元的獎金全數投在創業上，並透過群眾募資平臺募得足夠資金來進行第一批量產，並且不辭辛勞地在美國、台灣、中國之間飛來飛去，親自尋找製造商、經銷商和合作夥伴。她在舊金山的設計工作室SHA DESIGN，鎮店產品就是這套餐具EATWELL，也透過電商平臺在全球開賣，台灣可以透過樂齡網等電商平臺購得。

　　「大賽後其實很多安養院都有興趣，但他們只要成品，並不想投資開發的過程。也有通路商有興趣，但他們要的（抽佣）成數太高了，我覺得是種剝削，幾經考慮還是決定自己來。」捲起袖子，什麼都自己來，雖然壓力很大，但姚彥慈樂在其中。現居矽谷的她也不時受邀回台分享她的作品和創業故事。

　　「我不會說這是一件簡單的事，但就算叫我重來，我還是會這麼做！真的感激有這個機會並經歷創業的過程，讓我覺得這樣的人生很值得！」

在高齡研究融入青年世代的創意、想像力和行動力 —— 史丹福設計競賽

　　要認識設計競賽，先來了解一下負責的主辦單位——史丹福長壽中心（Stanford Center on Longevity，簡稱 SCL）。美國許多大學或高等院校的高齡或老化研究中心，大部分是專注在aging（老化）或gerontology（老人學），研究關注在老化及其影響，但史丹福長壽中心則以「longevity」（長壽）命名，就是希望有所區隔，「我們希望專注的不是只有老化，而是整個長壽人生所帶來的機會與挑戰。」長壽中心的創立主任蘿拉·卡斯譚森博士（Dr. Laura Carstensen）表示。

　　卡斯譚森本身是知名的社會心理學家，長壽中心的創立副主任是具有醫學背景的藍道（Dr. Lando），而為了強調長壽中心聚焦長壽而非老化、關注全齡生活而非後期醫療的面向，中心的設立方式也和其他大學或研究單位很不一樣。美國其他類似性質的高齡研究中心通常都隸屬某一類學院之下，例如醫學院、工學院或心理學院，並接受其經費支持，但這樣會限制研究的項目和內容；因此史丹福長壽中心選擇直接隸屬校長辦公室，而非單一學院或系所，且財源完全自籌。

　　長壽中心下設三個部門，分別是心智、行動和財務安全，這三個部門主任都不是學界人士，而直接從產業界招募。**中心相信，一個人唯有在「心智敏銳、行動自如和財務無虞」的情況下，才能擁有一個健康富足並且有意義的人生。在這三個指導原則下，學界和業界密切地跨領域合作，以建立跨世**

代的百歲人生戰略與藍圖，是中心近年來一直在思索和關注的焦點。

長壽中心透過種種不同的設計，來凸顯中心的理念：他們相信長壽議題絕對需要跨領域的合作，希望藉由這樣的架構設計來維持中心的獨立性和多元性，因此史丹福任一系所的教授只要其研究牽涉到長壽議題，就可和中心進行合作，並藉由中心作為平臺進行整合並建立跨領域的實質合作。

行動部門的主任肯・史密斯（Ken Smith）是工程背景出身，過去在英特爾服務多年，後被網羅至中心服務，並負責籌劃史丹福年度設計競賽。

2013年，一位校友約見了史密斯和卡斯譚森，他希望捐款給中心，但希望這筆錢用來協助長壽中心推展更具有創新意義的研究計畫。卡斯譚森一直在思索如何在高齡研究中結合更多青年世代的創意、想像力和行動力，就決定用這筆捐款來付諸實行，面對全球青年學子徵件的史丹福設計競賽應運而生。

史密斯從一開始就擔任這個計畫的負責人，他承認2013年秋天首次開始徵件時，他的心情既興奮又忐忑，「因為實在不知道會收到什麼樣的作品，也不確定有沒有機會達到我們的目標。」他坦言，組織整個競賽最困難的，其實是訂題目，「因為題目必須兼具深度和廣度，我們既不希望限制年輕人想像的空間，也不希望他們太過於天馬行空而失去可行性，最重要的是我們希望設計作品能讓大家知道，高齡研究其實需要跨領域和跨專業的合作。」

他對於青年世代可以對高齡研究帶來的創新充滿期待，因為「他們的思維還沒有被過去的想法制約，還有許多的可能性；但也因為他們都還未親身經歷老化的過程，所以要去理解和定義問題，找出需求，提出解決方案，這一連串的過程，需要很多的想像力和行動力。真的是一個很大的挑戰（Challenge）！」（作者注：設計競賽英文名是 Design Challenge，這裡的 Challenge 有雙重涵義。）

USA

　　台灣社會企業銀享全球自2015年開始舉辦史丹福設計競賽亞洲區大賽，至今有超過270個投件作品，參與的學校超過40所、參與學生超過1,110名。六年來台灣團隊不但多次入圍全球八強，也曾數次勇奪前三名大獎，包括台灣科技大學的「回憶錄大富翁」、交通大學的智慧社交盆栽Potalk、大葉大學的沐浴椅（Bath Chair），以及元智大學的「枕頭戰——我要我們憶起玩」。

競賽主題緊抓長壽趨勢和社會需求

　　歷年來的主題包括：2015年「樂觀知命、正向迎老」；2016年「創新中的在地安老」；2017年「一生之計在健康習慣」；2018年「設計，跨代，影響力」。

　　2019年的主題則為：「敉平不公：設計人人都可負擔的長壽方案」（Reducing the Inequity Gap: Designing for Affordability）。

　　長壽人生是現代人必經的旅程。從0歲至100歲，從健康生活到照顧創新，每一個人生節點都應該為精采的長壽生活準備。然而近年來，隨著安老養老醫療科技及服務方案的快速發展，我們也注意到：因為能夠接觸到的資源不同，每個人能負擔得起的長壽人生，已經有愈來愈大的分歧。收入和平均壽命正相關，有錢的人活得比較久！這個趨勢全球皆然，從台灣〈健康不平等報告〉到哈佛大學的大數據研究都證實了這個訊息。

　　在台灣，最有錢的男人比最窮的多活六年；最有錢的女人比最窮的多活四年。在美國，這個差距更為驚人，由哈佛大學教授卡特勒（David Cutler）所帶領的計畫，針對2001～2014年分析14億筆報稅資料和平均壽命的關係後發現：收入前1%的美國男性比收入最低的1%男性多活15年，相當於

美國和蘇丹平均壽命的比較；收入前1%的女性則較最低的1%女性多活10年，相當於美國和伊拉克平均壽命的比較。

「我們過去猜想這樣的差距大概是兩到三年，但結果出來⋯⋯ 10 ～ 15年是巨大的差距啊！」卡特勒表示。

「貧困是一個竊賊，」《紐約時報》曾引述馬里蘭大學（University of Maryland）社會正義學（social justice）教授邁克爾・賴施（Michael Reisch）在參議院委員會（Senate panel）就該問題作證時說的話，「貧困不僅會削弱一個人的生存機會，它還會竊取人的壽命。」

報導中指出：這樣的現實在全美各地都得到證明。如果將居民的收入由高到低排列，前半部分名單中65歲及以上男性的壽命較20世紀70年代末延長了約六年；而後半部分中的同年齡段男性壽命僅延長了1.3年。

對於美國人而言，壽命延長是一個總體趨勢，因此立法者們考慮對政府計畫作出相應的調整——諸如略微提高社會保險退休年齡（Social Security retirement age）或改變其生活費用調整（cost-of-living adjustment）等。但這麼做的話將面臨一個問題：這些改變對預期壽命明顯較短的那部分人可能不公平。

為極端需求設計，對世界發生正面且重大的影響

出生成長在20世紀末和21世紀的網路世代，對於所處的環境和世界，對於我們只有一個地球這件事，擁有更高的責任感和社會意識。身為網路原生代，他們對於資訊的掌握力更強，也因此對於發生在世界的各種大事更看重並容易有所連結，甚至採取行動。他們通常也具有使命感，希望可以透過自己的力量做點什麼。「設計競賽希望成為他們解決人類大問題的驅動力，給他們一個施展的舞臺。」史密斯說。

他舉了一個例子——百元嬰兒保溫睡袋「Embrace」。這個原本是史丹

福大學「為極端需求設計」（Design for Extreme Affordability）的課堂作業，已成為設計思考的經典案例之一，也是2019年史丹福設計競賽命題靈感來源。

當初的作業是要求學生用原始成本的千分之一，去解決資源極度稀缺地區（像是非洲）早產兒死亡率極高的問題。Embrace的設計者發現：儘管當地有來自世界各地捐贈的保溫箱和先進器材，但通常都被棄置一旁，最主要的原因就是因為當地電力不穩，根本無法有效使用這些器材；還有就是許多懷孕婦女住得離醫院非常遠，一旦早產，就算有救護車，也來不及把嬰兒送到擁有充分救助設備的醫院。透過深入該地區進行實地訪查，確切了解在地需求後，他們最終想出了完全不靠電力卻能夠保溫的產品「Embrace」。

「一個人擁有得愈多，他的使命感就應該愈強。因為任何人都不應該認為自己的成功完全是個人努力的結果，而是靠很多人的努力和善念所成就的。」史密斯強調，設計競賽舉辦多年來的目的，「在引導學生創新之際，更希望他們能夠用他們的力量去對世界發生正面且重大的影響；而且要注意成本控制，如何以小搏大，找出既有創意又能解決問題的方法，就像Embrace一樣。」

更多關於競賽的訊息，歡迎上銀享全球官網
http://www.silverliningsglobal.com/tw/index.
html

關於老年，
你該知道的10個態度

若你在台灣社會中看到瓊恩·費雪（June Fisher）女士，你可能會不由自主地同情起她。滿頭白髮，還要拿著助行器賣力地往前行，你可能會覺得她應該要坐在輪椅上被外勞推著走，即使拿著助行器，她的行動依然遲緩，甚至會讓你覺得不耐煩，心想她走得這麼慢，把你的去路都擋住了，等會約會要遲到了；也或許是你有顆善心，想幫她做點事情，開個門、拿個東西、扶她過馬路⋯⋯甚至還會為這份小小善心感到驕傲，覺得今天日行一善了⋯⋯

但你不會想到，對費雪來說，她最想要的，不是有人幫她拿東西、幫她開門、扶她過馬路；而是坐下來，和她有段關於輔具設計、關於醫療發展、關於科技如何運用在高齡領域和關於人生的種種有意義的對話（intellectual conversation）。

IDEO設計顧問提醒社會：
我們對高齡者仍存有許多刻板印象

過去幾年，我以「銀髮創新」為題，帶了多個銀享全球參訪團走訪世界

各地，包括美國西岸的科技之都矽谷、歐洲的創意發想之國荷蘭，以及與歐洲關係密切卻又自成一格的英國，參訪主題設計包括優質整合服務、高齡科技創新、居住創新、第三人生設計……等。

2017年3月底我們在矽谷進行了持續一週的銀髮創新之旅，參訪了各式各樣的高齡服務單位如安樂居、阿茲海默活動中心；或是醫療專業機構如史丹福醫院；也與新創組織和公司如Aging 2.0、史丹福長壽中心等共同討論……並和許許多多的人會面。

各式各樣的參訪單位負責人與來自不同背景的團員，彼此從共學、共遊和共創中激盪出火花，伴隨每個人的不同背景而有不同的體悟和領略，其中費雪無疑是令人印象相當深刻的一位，不僅僅是她本身是位長者，更重要的是她的敢言。她用溫柔卻堅定的態度與話語，努力改變社會對高齡者的刻板印象，也談論高齡歧視應該如何受到正視。

費雪退休前是一位醫生，多年來一直擔任全球銀髮創新創業重要組織與平臺Aging2.0 的業師和顧問，並擔任了他們的Chief Elder Officer（首席高齡長，也簡稱CEO）。她不是只有掛名顧問而已，在Aging2.0的各項活動和討論會中，她扮演關鍵角色，和團隊共同商定各項議題和論壇整體的設計、決定邀請對象等。

自己當白老鼠，與青年學子共同開發產品，解決長者需求

她也在美國舊金山灣區多所知名大學，如柏克萊加大、史丹福、舊金山設計學院等校開課，講授高齡設計的相關課程，陪年輕設計師更精準地理解年長者的需求。她甚至拿自己當白老鼠，以個人最切身的需求來當同學設計的課題。她指導的團隊「City Cart」還因此拿到2016年史丹福銀髮設計競賽行動組第一名。

▲高齡設計師瓊恩・費雪女士（何采錚／攝影）

　　她並和世界知名的設計公司IDEO 合作，擔任高齡設計顧問，期待用自己多年的工作和生活經驗來協助年輕設計師做出更有用、更適切、更無齡且更通用的設計。

　　「雖然即將度過84歲生日，但我總覺得自己還只有18歲，對什麼都很好奇、很有興趣；我自己住，很多事都自己來，也許我的問題是我應該學習如何多多請求別人的協助。」費雪笑著說。

　　身為醫師，費雪非常了解人的肉體因為年齡改變會開始產生許多限制，但她說她的精神、意志、想像力，卻是隨著年紀的增長而愈發成熟，絲毫沒有倒退的感覺。

　　美國芝加哥大學經濟學教授David Galsenson所主導的一個大型研究計畫，有系統地整理綜觀20世紀許多知名藝術作品和藝術家的創作力和年齡

之間的關係。研究發現：20世紀人類歷史上許多知名藝術作品其實都出現在這些藝術家的晚年，60幾歲、70幾歲或甚至80幾歲。

其實就算沒有這個學術研究的佐證，我們隨便都可以列舉出數個例證：米開朗基羅從70歲到88歲過世前，是梵蒂岡聖彼得大教堂的總建築師，夜以繼日地創作；德國文學家歌德83歲辭世前寫出《浮士德II》；英國名相邱吉爾是傑出政治家，也是知名文學家，在79歲之齡得到諾貝爾文學獎；現代抽象畫代表大師畢卡索活到92歲，晚年依然創作不輟；日本前衛女王草間彌生，現年90歲，也是作畫寫書，樣樣都來……

「A's for Aging.」
10個以A開頭的單字，提醒我們面對老年的重要態度

費雪在與參訪團員的會談中，特別以Aging這個字的開頭字母A為題，選了10個字來談談「變老對我的意義及重要性」。（A's for Aging. Aging for me is……）

態度 **1** 自主權（Autonomy）

無論何時，總是獨立自主並不斷為破除高齡刻板印象而努力的費雪，第一個選的字是「自主權」，真不令人意外，這的確是我們一般在與長者應對時，最不常注意到的一個態度；而且很多對其自主權的忽視、剝奪，甚至於侵占，經常是以愛為名而行之。失智症人權專家凱特·史瓦弗（Kate Swaffer）說，她永遠忘不了：在她49歲確診失智時，即使她依然還聽得懂、看得見、記得住，但她的醫生直接跳過她，對著她的先生描述她的病情和狀

況的情景，「他就當我不存在，是空氣。」而在台灣的醫院裡，我們每天都可以看到因為「只要他還有一口氣就要讓他活著」的「愛的表現」，從來沒有問過，這真的是當事人想要的嗎？他們的自主權在哪裡？

態度 2 原創性（Authenticity）

每個人的生命軌跡和故事都具有獨一無二的原創性，這種個體的獨特與珍貴性，很多人自己都不了解，而選擇隨波逐流，其實社會和長者本身都更該有意識去珍視並凸顯這樣的原創性。新創公司 The History Project（後更名為 Enwoven）就讓一般人可以用最簡單、最自然的方式把各式各樣的個人生命故事物件保留並串聯起來。紐約時報 2015 年選擇投資該公司，正是因為他們認為：每個人一生中的片段知識集結在一起，就是正在發生的當代歷史。

態度 3 活動力（Activism）

所謂的維持活動力，不僅僅是因為「活著就要動」，活動應該要對當事人本身是重要且有意義的；所以我們要勸每個人，尤其是長者多多參與活動，除了用負面的激將法嚇他們說：「活動是為了延壽」，其實更重要的是創造參與活動的重要性和理由，只有當他們自己覺得對自己重要時，才會有動力出來參加並持續參與。

態度 4 美感（Aesthetics）

這點真的常常被忽略，看看多少設計給長者用的東西，都是功能性強過

美感，好像這兩者天生無法兼具似的。曾擔任IDEO設計公司高齡部門負責人的葛芮琴（Gretchen Addi）就很受不了這一點，她曾說：「我是年長，可不代表我想要一個醜得要命的產品。」

態度5 理解現實（Acknowledgement）

這從費雪的口中說出來，可說是西方式的「認老」，也就是深切理解現實中自己的所在，「就像我知道，無論我有多麼覺得自己還是18歲，我畢竟已經不是18歲。」

態度6 接受自己（Acceptance）

這一點可以和前一點連起來看，先是理解，然後接受，才有機會和年老的自己達到一個圓融和解的地步，喜歡並肯定現在的自己。

態度7 尋求協助（Assistance）

這是費雪自認最不願意但必須學習的部分，就是學會接受協助，或是開口要求協助，「所以設計怎麼樣的機制讓這樣的協助和支持機制依然可以讓長者保有尊嚴，非常重要。」

態度8 可負擔性（Affordability）

對費雪來說，這不僅僅是指價錢上的可負擔性，更重要的是這個可負擔的概念應該是一種全民的、對所有人開放，是一種社會的公共責任而不是出

於對長者的尊敬或是對少數者的同情。

態度9 自在的孤獨（Aloneness）

雖然中文翻譯同是孤獨，但 aloneness 和 loneliness 是兩種截然不同的孤獨感：aloneness 是一種對自己、對現世、對現實、對當下、對自我的肯定，相信自己不靠別人成就，自己就是全部，足夠且完整，是一種圓滿圓融；loneliness 則是一種缺憾、消極、憂鬱、需求未滿、不完美的狀態；費雪提出這點看法非常獨到。的確，我們社會近年來愈來愈強調孤獨對長者健康的危害，要怎麼樣去關照他們，卻沒有嚴格去定義何謂孤獨，其實孤獨並不可怕，孤獨的對立面也不是把時間填滿就好，更重要的是如何建構「有意義的關係」，讓長者也可享受 aloneness。

態度10 適應（Adaptation）

Adaptation 這個字來自於生物學物競天擇中的適應法則，一種順應環境而優化自己以求生存的本能。費雪說，老了，其實要更有彈性，更能去適應周遭的變化，對改變，要學著坦然接受，然後支持，最後駕馭，那麼也就沒有什麼改變是可怕的了。

建築師50歲以後轉換跑道，結合志趣與經驗，闖出一片天

近年來歐美開始談論高齡設計，這一切都需要歸功於像 IDEO 這樣新創設計公司的推動。而在高齡設計領域中，費雪的好友，也是前文提過的葛芮

琴女士，也是一位和費雪一樣值得一書的人物。

建築和室內設計專業背景出身，葛芮琴的人生一路順遂，50歲時，她已經是知名設計公司的合夥人，收入頗豐、工作內容得心應手，客戶同事老闆都很信任她，這樣的環境不就等著做到退休就好了？但葛芮琴不這麼想：她做了一個職涯上的重大轉變——放棄了優渥的收入和得心應手的工作，她跑到矽谷新創設計公司IDEO重新做起。

IDEO雖然也是設計公司，但葛芮琴在這裡做的事和以前完全不一樣。以前她只需和少數人溝通，而且這些人基本上和她說著同一種設計語言，一個案子一個案子地做，她不需要想太多關於設計以外的事；來到IDEO之後，她的世界發生了天翻地覆的改變，她的工作以設計研究為主，雖然還是做設計，有些甚至是她所熟悉的產品設計，但IDEO的思路和做法非常不一樣，葛芮琴發現：她必須針對每一個設計進行大量的議題蒐集，要找到既廣泛又深入的方式來進行使用者的需求探索，必須從很多不同的層面來思考問題，並和形形色色不同背景的人進行反覆的驗證和討論。

「這其中有很多是我不懂的事，因此我每天都在學習新知、接受新挑戰。」這樣的環境有些人可能會覺得很有壓力，但葛芮琴不甘於現狀的個性，來到鼓勵創新的IDEO，真可謂一拍即合。自從2000年加入IDEO以來，她參與的計畫非常多元，也很具前瞻性，例如設計未來的工作環境和場景、從病人和家屬的角度來重新設計未來的醫療服務、專注於實現在地安老和退休規畫的產品和服務、透過和世界不同文化和背景的人士對話及進行觀察來重塑傳統的汽車、醫療和居家照顧產業。

她的角色和工作內容加入了大量的研究成分，需要對需求的探源以及與社會的脈動進行更多的連結。結合自己以往的設計經驗，葛芮琴也逐漸在IDEO找到了自己獨特的定位。

葛芮琴過往的歷練和見識，讓她在參與IDEO的創新計畫時，逐漸展露

長才：她可以從品牌和服務的雙重層面，提出兼具實用與策略、個人風格強烈的觀點。

引入多位高齡設計師，讓年輕人學習，也讓社會看見

她後來負責帶領IDEO的高齡設計部門。最為人所知的案例，就是僱用了高齡92歲的芭芭拉（Barbara Beskind）來當設計師，媒體對芭芭拉的高度興趣，不但讓高齡設計受到重視，也讓IDEO的年輕設計師們因為與芭芭拉並肩工作，對銀髮設計有了更直觀和深刻的理解；費雪醫師是另一位和葛芮琴長年合作的高齡設計師。

透過這幾位「高齡設計師」，IDEO落實了高齡設計要「與長者共同設計」、而非「為他們設計」的信念；「更重要的是，我希望大家看到銀髮人士的貢獻；不管是芭芭拉還是瓊恩，她們絕非少數，我們的社會需要擺脫對銀髮人士是弱勢的傳統印象。」

在台灣，我們提到老年就想到長照，葛芮琴卻不這麼想，她說：「銀色浪潮對於世界來說，絕對是機會。這一代『老人』，是歷史上學歷最高、經驗最豐、財富累積最多的一群人，而且人數還居各年齡層之冠。」但這樣的一群人，「卻往往被用『65⁺』一言以蔽之；他們的需求，顯然沒有受到重視；這樣的發展也代表了我們的社會出了問題。」

因此，她參與多個跨領域計畫，希望用社會設計的方法，打破既有想像、改變傳統關於「老年」的論述並重新啟動高齡人士的話語權。葛芮琴不諱言，亞洲因為諸多國家和城市都快速進入超高齡社會，使得推動這樣的「數位運動」要比美國容易許多。她說，根據皮尤研究（Per Research）最近的一個調查，當被問到你認為高齡問題有多重要時？高達八成的日本受訪者回答重要或很重要；但在美國，只有26%的人認為這個問題很重要，「其

▲葛芮琴（右）和她的摯友、人生導師和工作上的好搭
檔——高齡設計師芭芭拉

實，只要看看美國這幾年總統大選候選人的政見，高齡議題從來不在檯面
上，就可以感受到這個議題的推動在美國還需要更大的努力！」

第三人生是什麼？「我正在享受人生中最棒的職場生涯！」

聽完葛芮琴的故事，或許你會說：「那是因為她曾任職全球最棒的設計
公司工作。」（沒錯！但這也代表競爭的壓力很大。）

或許你還會說：「她當設計師應該收入頗豐，又沒人管，當然開心。」
（其實她所做的很多專案都是新創部門，一切從零開始，沒有資源，還要到
處飛來飛去，並不輕鬆。）

但這也說明了葛芮琴的人生哲學：永遠在尋找新領域、學習新東西，
「如果現在叫我退休，我應該會瘋掉吧！」

因為組織內部的定位改變，葛芮琴2018年離開IDEO，以自由工作者的
身分接受各種高齡設計的相關委託，持續用想像力和行動力，活出自己精采
的第三人生。65歲，當許多人開始過退休生活時，葛芮琴說：「我正在享
受人生中最棒的職場生涯！」

高齡居住新想像

自主，
是全世界長者共同的想望

銀髮新創組織 Aging 2.0 首席高齡長（Chief Elderly Officer ）、現年84歲的瓊恩‧費雪女士（Dr. June Fisher）曾經用Aging的開頭字母A，選了10個關於老年或體會邁入老年的字，送給去矽谷參訪的我們，她列出的第一個字便是「自主」（Autonomy）。

當時覺得會選擇這個字應該和費雪個人背景有關，她獨居、退休前是醫生，退休後即使行走需要助行器，生活有時候需要人協助，她依然非常積極和努力地參加各種活動，貢獻所長。像她這樣的人把「自主」列為長者需求的第一位真是一點也不奇怪，「但若是其他人，可能就未必了吧！」記得當時自己心中默默這樣想著。但我錯了。

2017年，長期深耕熟齡趨勢的智榮基金會龍吟研論第一次舉行「樂樂活大家講——未來長者生活需求大調查」。歷時兩個月、跨越全台及外島，共 79,441 人填答，其中 50 歲以上填答者達 36,032 人，而 70 歲以上填答者達 4,030 人，最終所獲之有效樣本數為 68,323 筆[1]。

在回收有效的 68,323 份有效問卷中，50歲以上者32,051人，占了47%，猜猜看這群人最大的需求和困擾是什麼？

1　智榮基金會龍吟研論樂樂活大解析：http://ccc.stansfoundation.org/?p=4505

對年長者來說，尊嚴和自主需求是基礎

接近三成五的人回答：「自己打理生活」，接下來依序是：30.8% 吃得營養健康，27.8% 有效就醫診斷，20.7% 輕鬆安全行走，這些都代表了長者想要獨立自主生活的想望。基本上整個調查發現：**尊嚴和自主需求是基礎，然後才是從其中滿足生理、安全和社交的需求。**

原來，「自主」是全世界長者共同的想望。

龍吟研論的這份調查是台灣第一次大規模取樣長者，希望針對在地長者的老化面貌提出更清楚的勾勒，雖然原來預計有20萬長輩填答的目標沒有達成，但在過程中，團隊上山下海，走訪大小鄉鎮，甚至離島偏鄉，就是希望讓這份報告愈接近台灣中高齡者的真實面貌，其用心非常可貴，其努力也值得肯定。

的確，提出劃時代新點子、創辦荷蘭終身公寓的漢斯·貝克博士（Dr. Hans Becker）曾說：「**人，無論幾歲；也不管身體是否有障礙，永遠都想要做自己的主人。**」他因此創造出以快樂自主為核心價值的終身公寓，改變了無數荷蘭長者的生命歷程。

荷蘭銀髮社會住宅哈比昂（Habion）執行長布若樊（Peter Boerenfijn）指出，近年來他們透過新思維，全力將原有的傳統式安養護機構，轉變成可讓長者在社區安心終老的家，也是基於長者想要對自己生活擁有主導權的想望。

龍吟研論的報告也證實了台灣人「在地安老」（Aging in place）的想望，和全世界其他國家是一樣的。根據AARP（樂齡會）的研究，美國有高達九成五的人希望可以在自己所住的房舍中走完人生的最後一段旅程，若不是非不得已，他們不要搬進安養院。所以近年來，許多新創公司都在解決如何因應和協助長者獨立生活的工具和服務模式。

在日本，有高達84%的長輩其實是在醫院善終，因此對很多長輩來說，能在家中走完人生最後一程，是最幸福的事。也因此開始了日本「在宅醫療」的革命，台灣也有由余尚儒醫師等組成的「在宅醫療協會」推動相同的理念。這些想法和上個世紀流行的集體養老有很大的差別。尤其在美國，許多原本以提供連續性照顧養老社區（Continuous Care Retirement Community，簡稱CCRC）為主的企業和公司，因為看到新的調查結果和趨勢，都在積極尋思如何改變模式以提供更好的服務給新一代的長者。

翻轉照顧首先要「讓長者做自己的主人」

圍繞著在地老化需求而興起的商機，則是所有產業看好的下一個紅海，從建築設計、居家改造到科技新創產業，都在思索如何因應未來的「三多」銀髮族群──「多為女性」、「多為獨居」、「多想獨立生活」，也就是以費雪女士這樣的人來作為樣本，圍繞其需求進行相關的設計和發想。

單單就這點，台灣就有許多傳統型機構經營思維，有待翻轉。

在台灣，送機構照顧通常是最後不得不的選擇。家中無法負荷長輩的照顧，其中一個選項就是將長輩送往適合的機構，接受專業照顧。但是，這樣的轉變往往會面對兩大令人厭惡的元素：「沒尊嚴」、「不快樂」。

首先，承認自己身體的凋零，並且將這樣的狀態暴露於外界，普遍被認為是丟臉、無用的，也因此居家服務會比機構服務更受歡迎，這是華人文化有待突破的一塊僵局。再者，傳統機構式照顧著重於病況的控制，在這樣的強調與和疾病搏鬥的照護下，機構的住民既沒有尊嚴也沒有地位，更遑論快樂了。

根據研究，高齡者在考量居住環境上，「安全需求」與「居住型態」是兩大關聯性高且不容易被影響的關鍵因素，其中的居住型態，又隱含著華人

文化中重視與子女緊密的生活連結的特性，當這樣的家庭支持網絡因為居住型態改變而受到破壞時，高齡者拒絕度就會高。

從「集體式養老」到「共同生活」，各國高齡者住宅創新案例

這幾年帶團走訪丹麥、荷蘭、英國和美國，看到了幾個與住宅相關的創新案例，不約而同都強調讓長者做自己的主人，已經從過去的集體式養老，改變成共同生活，在此精選幾個案例向大家介紹：

住宅創新案例 1 荷蘭漢斯·貝克博士創辦的 終身公寓（Apartment for life）

你可曾想過，當你有天失能、失智了，你願意你的生活被這些病痛改變多少？對漢斯·貝克而言，最大前提是追求生活中的快樂，沒有妥協的空間。因此，他抱持著這樣的生命態度，從經濟學的領域踏進長照圈，並且以特立獨行的姿態，在25年前於圈內掀起一陣狂風，引領歐洲進行高齡者居住空間的翻轉，並讓終身公寓概念成為銀髮居住的典範。

1995年，荷蘭的 Humanitas 養老組織旗下有12間老人安養中心，貝克的父親就住在其中的一戶，貝克的父親當時85歲，他跟貝克抱怨他對機構的照顧方式非常不滿與憂心，「大部分的老人都有慢性病，這些病無法治癒，只能控制，事實上有很多長者的疾病，例如帕金森症或阿茲海默等都是無法治癒的，但機構的服務人員卻只專注在醫療服務和治療這些疾病上。」

每當去探望父親時，貝克就感受到機構中那灰暗幽微的沉重氣氛，頻頻想著自己能做什麼來改變，「老人臉上沒有笑容，每個人就像活在一座孤島

上，與外界沒有連結，什麼都不能自己決定，如果機構說我們10點才提供咖啡，那你9點30分就喝不到咖啡。這樣不能自己作主的日子有什麼快樂可言？！」

　　這些觀察和個人經驗，讓身為經濟學者的貝克，決定跨界出任 Humanitas 養老院的執行長，並立刻努力創新，導入全新文化，改變機構中的文化和做法，並奉行四個主要原則：

〔原則1〕讓長者做自己

　　「要是有人希望每天買醉或是一次養五隻貓而搞得室內亂七八糟，誰會去阻止他們？沒有人會，因為這是他們覺得最好的生活方式。」貝克明白，人終究是喜歡替自己作主，也應該為自己負責。在這樣的大前提下，傳統的機構式照護就隱含著過分保護的決策剝奪情況。把生活的主導權還給高齡者本身，並且把醫療的順位排在生活後面，這是貝克的堅持。

〔原則2〕用進廢退

　　「長者不管是身體還是腦力，都是要使用才會持續維持好的功能，因此要鼓勵他們不斷使用，而且要出於自我意願，進行自主照顧，才能持續不墜。」

〔原則3〕營造大家庭生活在一起的感覺

　　「這裡就是長者的家，不是機構，不但空間的設計、家具的擺設要有家的感覺，住民、工作人員，大家都像是住在一起的家人般互動和彼此幫忙、互相照顧，每個人都要貢獻自己的一份力，不是誰來照顧誰或是誰來伺候誰。」

〔原則4〕說「是」的文化

「我們對於住民的各種要求，基本上都會以『是』來回應，並不表示我們對他們唯命是從，但用意是讓工作人員從如何滿足客戶的心理來著手，而不是每次聽到一個需求，就馬上以反對的方式思考或予以駁回，這樣很難創造信任感和良好的氛圍。」為了履行說「是」的文化，貝克有許多創舉，例如有人想要看馬戲團，他就真的把一整個馬戲團帶到了機構中，「結果大獲成功，每個人都開心得不得了！有住民跟我說，這是他們一輩子最棒的一天，那不是很好嗎？！」

貝克「破壞式」的創新與超強行動力，完全翻轉了Humanitas養老院，不但讓其轉虧為盈，達到年營收5,400萬歐元的規模，並持續拓展，如今在荷蘭30餘座城市經營超過3,000間創新終身公寓。為什麼貝克能夠為Humanitas養老院帶來這麼多改變？原因很簡單，**他只不過是讓高齡者在這些機構的生活中重拾「快樂」而已。**

「當你膝蓋不舒服時，你找護理師、醫師、物理治療師，替你治療，暫時緩解你的痛苦，但它之後還是會發作，這很正常，因為你老了。但是我在你不舒服時，給你一隻貓陪伴，或是帶著你上酒吧，你就不會管膝蓋了。」貝克以此例說明他的做法和傳統做法兩者之間的不同，不僅存在著快樂的落差，更有著金錢支出的差異。

當醫療支出尚且無法扭轉老化所帶來的生命凋零，你會不會想把錢花在快樂的事情上？這樣的概念在累積大量財富的戰後嬰兒潮世代，是個具有潛力的概念。

以往的機構以醫療院所做為設計雛形，外表要看起來愈像醫院愈好，工作人員要像醫院一樣穿著雪白的制服，工作的愈有效率愈好，有的甚至空氣中還瀰漫著消毒水的味道。從提供服務者的角度，這樣看起來似乎很專業，

但實際上，住在這種地方的長者因為缺乏自主生活的動力，活得像個空殼，只能說是活著，並不能說是感到幸福地活著。

貝克從 Humanitas 養老組織退休後，買下鹿特丹一個老機構，以終身公寓的精神重新翻修成「羅森博格宅邸」（Residence Roosenburch），從裡面的擺設與裝潢，可以看到終身公寓精神的展現，除了透過盡量滿足住民需求的服務文化，公寓發展出各式各樣吸引外界進來公寓與住民互動的特色模式，包括記憶博物館、美術藝廊，甚至是小型動物園等，持續進行著他對於高齡住宅的破壞式創新！

住宅創新案例 2 荷蘭銀髮社會住宅法人組織「哈比昂」（Habion）&「阿森朵夫之家」（Huis Assendorp ）

社會住宅是荷蘭最為世人熟知的一項居住政策，發展已有150年歷史，法令相對完善，近年來成為許多國家學習的目標，包括台灣。在荷蘭有超過三分之一的住宅單位為出租式社會住宅（台灣則不到 0.1%），2013年荷蘭有將近300萬出租住宅，其中240萬是社會住宅。

為了完善社會住宅的職責，並讓社會住宅發揮功效，荷蘭有一個獨特的組織稱為「住宅協會」（Housing Association），他們是兼具開發商、房仲和營運單位的非營利法人組織，負責營運和租賃社會住宅，必要時也可以將社會住宅出售或買回以進行資金周轉，但他們不以營利為主要目的，所以賺來的盈利必須依法用於：增進該社區住宅的品質或空間維護、和社區管委會一起合作，防止社區犯罪、維護整潔、舉辦聯誼派對、維護社區運動休閒設施……

銀髮社會住宅法人組織「哈比昂」（Habion）

哈比昂是隸屬阿姆斯特丹住宅協會下、一個專門營運銀髮公寓的住宅法人組織。執行長布若樊曾於2018年來台灣考察並舉行了一場公開演講，暢談荷蘭的老人社會住宅，其中很多新穎的想法讓我印象十分深刻，2019年我們終於有機會親自到荷蘭看看他所說的這些新式老人住宅的樣貌。

說新，其實並不是指這些建築的外貌或屋齡，實際上哈比昂旗下很多老人住宅都是老屋重新翻修，「但這其實是經過一番深思熟慮，和居民一起達到的成果。」

布若樊說，早期歐美喜歡興建將老人集中一處的住宅或安養機構，按照他們需要受照顧的程度，讓他們住在不同等級的機構中。其實台灣也有類似想法，所以還健康的老人，就搬進退休社區；需要一點照顧的，就住到提供輔助生活照顧（assisted living）的機構中；身體功能退化程度再嚴重些，需要更多醫療照顧甚至24小時照顧的人，則住到所謂的安養院（nursing home）中。有一些機構會把這樣不同的照顧體系擺在同一個園區裡，就成了簡稱為CCRC的「連續型照顧退休社區」（Continuous Care Retirement Community）。

但這樣的設計意味著一個長者可能一輩子住在同一個家，但中老年之後，卻要不斷因為身體和健康狀況而被迫搬家，最後甚至於死在醫院中。「這極端違反現在老人想要的生活方式。**他們想要盡可能地住在自己熟悉的環境或社區中，直到最後。這就是在宅安老的意義。**」

長者養老意識的改變，造成傳統的安養護機構愈來愈不受到歡迎，沒人想要搬進去住也導致經營成效不佳，「站在營運方的角度，我們有極大的營運壓力來處理這些老舊的安養院。」

當時一面倒的聲音是把這些安養院拆了重建，「一位我很尊敬的老師就是這方面的專家，他可以用爆破方式瞬間拆掉一棟建築。」這樣的做法幾乎無人質疑，但布若樊卻始終感到不安。

「有些建築物其實是社區裡的標竿建物，很有歷史意義，就這樣拆掉實在可惜，而且從永續的角度，拆除不一定是最佳做法。此外，拆房子也是需要成本的，再加上重建的經費，從財務的角度來說也不一定是最好的方案，只能說是最簡便的做法而已。」因此他決心要做些改變。

「所以我們邀請住民和社區居民一起來開會，想聽聽他們的心聲。」這番用心良苦，民眾並不領情，第一次會議只來了小貓兩三隻，是因為大家漠不關心嗎？也有可能是我們的方式不對，「於是第二次我們在安養院的大門口貼了一張大大的公告——『因為缺乏社區支持和興趣，這棟建築物即將於六個月後拆除。』」

「告示貼出來後，馬上就湧進來很多抱怨的電話，下次開會時來了400個人，400個憤怒的居民。」布若樊說，雖然他們是生氣地出現在會場，「但我們很高興，因為這表示他們關心，而且讓人出現就是我們的目的，那我們就用這個機會好好地和他們討論並說明。」接下來他們陸續舉辦了多場工作坊，讓社區居民暢所欲言。

值得注意的是，在工作坊中，身為房東的哈比昂並不是問居民同不同意拆房子，而是問他們三個問題：

一、你想要如何變老？

二、你需要什麼樣的支持來達到你理想中變老的生活樣貌？

三、你自己可以做什麼來達成這樣變老的想像？

「這是我們第一次用這種方式和住民和社區交流，儘管完全無法預期會發生什麼事情，但效果出奇得好！」布若樊說，他們收到了各式各樣的想法和點子，「有些真的很不錯，比我們長期在這個領域的人想的都要有創意和完善。」

　　而透過這樣的工作坊，哈比昂也得到了幾個意想不到的效果：1）真正有機會透過對話和討論，凝聚社區共識並建立信任；2）不但得到了許多寶貴意見，哈比昂也有了民意支持來停止拆除工作，進行下一階段的修建。「還有政府官員來跟我們說，叫你們拆，你們為什麼不拆？我就說，如果你要讓這400個人無家可歸，你去跟他們說，我可不願意！」

　　在討論過程中，許多居民都提到：他們老了不想一直搬家，希望可以盡可能住在同一個地方，頂多搬一次；也有人提到，他們不想要住在一個看起來像醫院的地方，他們想要活得像人，而不是病人，而且希望有尊嚴地離開；也有人提出一些創新方案，例如邀請青年進來共居等。

　　從住民的意見，哈比昂在他們所管理的數個銀髮住宅和安養院中，開始了「轉變計畫」，並導入許多先進的思維，例如：將空間進行模組化設計，隨著長者身體或健康情況的改變，可以很快變更房間內的空間設計或增添適當輔具，來協助長者達成自主生活的需求，這樣長者就可以一直住在他現在所住的單位中。

　　有些想法真的很有創意，例如有位老奶奶說她老了想住在圖書館裡，原本以為她是想要住在旁邊有圖書館的老人公寓裡，結果奶奶說不是，她就是想要住在圖書館裡，「門一開就是圖書館！」結果哈比昂還真的幫老奶奶達成心願，他們真的把老奶奶的住宅單位設在圖書館裡，「門一開就是圖書館！結果奶奶每天門一開就來當圖書館志工，開心得不得了！這位90歲的老奶奶也成了圖書館之寶！」這種打破傳統的做法，在哈比昂旗下的九個銀髮住宅中，處處可見。

荷蘭銀髮社會住宅「阿森朵夫之家」（Huis Assendorp）

　　我們參觀的茲沃勒「阿森朵夫之家」共有兩棟四層樓的建築，一棟給行動完全沒有不便的長者入住，一棟給稍微需要生活協助的長者入住，基本上

▲▼哈比昂內的風景

▲▼哈比昂內的居民

只要年滿55歲都可申請，但通常實際入住的住民平均年齡會大些。

一樓基本上是主要公共空間，有一個比較大的廚房和用餐的地方、多功能活動室和會議室等，還有一家小型的便利商店，除了販賣日用品，也販賣住民自己創作的手工藝品和卡片等；還有提供給照顧服務組織的辦公室，以及新創公司的辦公空間，「我們透過邀請新創團隊進駐，一起共創，他們可以從觀察住民的需求和回饋中持續優化服務模式或產品。」

二樓到四樓則是居住單位，他們把原本非常醫療導向的傳統安養院形式，重新設計成一個個完整的住宅單位，但又多了很多共同生活和互動的空間，例如閱覽室、黑膠唱片賞析室，視聽室等；每六到七個住房單位形成一個團體家屋，有自己的小型廚房，讓住民可以一起煮東西吃，增加家的氛圍，「常常有年輕人夜歸在這裡煮東西吃，然後有半夜睡不著的長者就加入他們。」

一樓多功能會議室也開放給社區居民使用，大片落地窗帶進來許多陽光，可以直接通到戶外的花園，旁邊緊鄰著一所幼稚園，有時候長輩和孩童們也會聚在一起老幼共樂。

另外，與其設計一個富麗堂皇的大門口，他們利用各式桌椅和盆栽，極力營造出歡迎友善和駐足停留的氣氛，果然大門口就成了住民和社區居民最喜歡坐在一起聊天和度過時光的所在，就像台灣鄉下的廟口一樣。

不過，這些改變在推動初期，都遇到了不少挑戰，像有長年合作的照顧提供單位就不願意配合，「所以我們甚至必須和一個合作了50年的夥伴分手！」

在布若樊開口進行簡報之前，歡迎我們的是阿森朵夫之家的住民委員會主席和幾位成員。布若樊強調，雖然哈比昂是房東，但真正的「擁有者」其實是住民，「我們也希望他們充分掌握自主權，對於自己想要的生活方式有主導權和話語權，住民委員會是一個重要的設置；在這裡，他們才是主人，

我們只是管理者而已。」

　　帶我們參觀的主席先生說，他退休前和家人住在一棟有五個房間的大房子裡，但孩子陸續離家後，「我就不想住在那麼大的房子裡。搬到阿森朵夫後我很快樂，這裡離我孩子不遠，常常可以看到家人，但我又有這麼多同年齡的朋友，有這麼多事情可以做，日子過得非常忙碌而有意義，一點也不無聊！」

住宅創新案例③ 戴文特人本基金會老人之家（Humanitas Deventer）

　　外表看起來，戴文特人本基金會老人之家和尋常的荷蘭安養院沒有兩樣，但它這幾年聲名大噪，原因就在他們2013年開始推動的「青銀共居」計畫，受到了廣泛的矚目。當時院方為了給暮氣沉沉的安養院帶來一些青春的氣息，決定大膽邀請青年學生入住，加入這個住了160位長者的安養空間，朱利恩・曼辛（Jurrien Mentink）是其中的一位。曼辛念的是都市設計，18歲時就獲選免費入住戴文特老人之家，一住就是四年。院方對入住學生的要求很簡單，每個月貢獻30個小時當個「好鄰居」即可。所謂的好鄰居，定義很廣泛，陪長輩用餐、逛街、聊天、早晚問候都行，院方還刻意不錄取醫療照顧或社工背景的學生，因為他們希望學生是來陪長輩生活的，不要覺得自己是來實習或照顧他們的。

　　這四年的經驗帶給曼辛很大的收穫與成長，「遠比我自己想像得多。」他多次應邀在TED等不同平臺暢談他與老人家共居的經驗，「這些經驗完全打破我對長者、生活、生命和我的所學『都市設計』原來的想像。因為和長者共同生活，我了解到都市設計的精髓不在設計一棟棟給人住的房子，而是想著要如何讓人可以好好地生活在這些空間之中。要關注的是人，不是空間，這是我在學校教育裡完全感受不到的。」

他不但和許多長輩成為好朋友，還為院方設計了一個有菜園和花園的中庭空間，邀請院內的年長住民和社區裡的弱勢人群一起來此處共同種植，「不管是長者還是社區居民，都從這個計畫中得到了賦能與更大的精神支持，他們開始有了信心，覺得自己還可以做更多，也有更開放的心胸去接納不同的人事物。對我來說，這就是都市設計的真義。」

院內的長輩因為有年輕人的陪伴而明顯地感到更積極快樂，讓老人機構裡的氛圍輕快活潑了不少。有人問，既然效果這麼好，怎麼不開放讓更多學生進駐，「我們只打算最多招六位學生。畢竟我們還是一個以照顧長者為主的安養機構，我們原來的住民有他們的生活方式要尊重，青年學生入住就像是很棒的調味劑，為機構帶來了不同的色彩與氛圍，但我們可不想把它搞成既不像安養中心，也不像學生宿舍的地方。」

青銀共居重要思考角度：生命教育的實踐和體會

青銀共居是台灣這幾年的熱門話題，甚至還成了 2019 年國中會考寫作測驗的命題，雖然有人為此命題喝采，但大部分人都覺得國中生對於這個話題相對陌生，恐怕難以發揮。其實青銀共居只是一種方式，我們的確應該鼓勵跨代之間多多交流。和歐美相比，台灣不同世代共居的情況其實相當普遍，有些孩子都是祖父母帶大的，在很多孫子眼中，和爺爺奶奶阿公阿嬤同住，並不是完全不能想像的事情，因此我們談青銀共居的角度肯定和國外不一樣。

也許就是太親了，我們反而比較不重視長輩在跨代中所扮演的角色，以及跨代共創所衍生出的生命教育與價值，這真的是比較可惜的地方。

以青銀共居為例，這幾年台北市、新北市陸續推出相關的計畫，都是以外國為師。例如台北市利用陽明山的老人公寓，以低於優惠的價格（每個月房租 3000 元和 20 小時的服務時數），開放旁邊文化大學的學生申請入住。

事實上，這個想法最早就是來自荷蘭的青銀共居概念。哈比昂執行長布若樊說，他們現在雖然還是邀請年輕人同住，但已經不會提供優惠房租了，免費更是不可能，「因為我們提供的是非常好的套房和生活環境，和外面的市場比，一點也不差；另外一方面不想給學生免費或特別優惠也是希望我們能找到真心在乎長輩，想要一起生活的人，而不是因為貪圖便宜。」所以現在學生想要住進哈比昂的老人住宅還要寫申請書，說明為什麼自己是適合住進來的人選，可以為長輩的生活帶來什麼樣正向的改變和影響等。

新北市利用三峽社會住宅所進行的青銀共居計畫，現在也進入了第二階段，這個計畫先進行三天兩夜的試辦，由市府和新創公司玖樓共同策畫，得到媒體廣泛的報導。新創團隊用重新營造空間的方式來實驗青銀共居可以如何創造出新的互動可能，讓這件事情多了許多想像空間，有了不少新意，也讓這個計畫初期就得到不少肯定，成功進入徵選長期住民的第二階段。

其實在青銀共居這件事情上，最重要的是生命教育的實踐和體會。23歲的荷蘭青年曼辛說，他在安養院住了四年，至少送走了50位長輩，有的只有一面之緣，有的則是認識較深的朋友，這樣的因緣，讓他對於生命有了更深刻的體會與認識。在台灣，有位參加新北市青銀共居實驗計畫的年輕人說，自己會來參加其實是因為和家中的長輩處不好，想看看換一個對象會不會比較好？「然後我發現，在共居公寓裡，我們比較可以平等地對待彼此，把對方當成一個成熟的個體來面對，很多應對和交談的方式都可以不一樣。這樣的觀察和體會，也讓我重新思考原來的家人關係，有時候太過親近，或是習於扮演某一種角色，反而會變成相處的壓力；和其他長者共居的經驗讓我有機會重新去調整，可以透過新家人關係去重建原來的家人關係。」

住宅創新案例 4　美國北加州矽谷帕洛阿圖的墨道居（Moldaw Residences）

雖說在宅安老是世界性的趨勢，但近年來台灣高端自費養老的市場也逐漸受到歡迎。有所謂的新一代銀髮族，已經想好晚年不麻煩子女，自己房子賣一賣就搬到銀髮住宅或老人公寓去住，三餐有人照顧，不用煩心家事，又有各式各樣的活動可以參加，有人甚至於說這是老年人的天堂。

能夠接受這樣觀念的長輩，許多是早年在海外生活過的人，比較不受台灣傳統養兒防老的孝道觀念制約，他們在海外生活了一輩子，但到了人生的晚期又想要落葉歸根，因為台灣無論是醫療資源、居住條件、生活品質等，和歐美先進國家相比一點也不差，價格又十分親民，再加上文化語言重新適應也挺容易，因此成了許多海外人士歸國「退休」的首選。

這種全自費的高端養老服務模式也是市場中的主流，台灣不少企業或醫療相關組織都磨刀霍霍想要延伸到高端養老公寓這一塊，做足養老一條龍的生意。

在這裡介紹一個我在矽谷參觀過的現代化CCRC墨道居（Moldaw Residences）。

墨道居最為人稱道的其實不是它五星級飯店般的設施，而是把混齡和跨代的設計融入園區的規畫中。整個園區占地8.5公頃，八棟四層樓的退休住宅圍繞著大型中庭，退休住宅共有193個一房、兩房和三房的住房單位，旁邊就是猶太家庭文化中心，裡面包含一個世界級的表演藝術中心和各式各樣的小型藝文表演空間、教室，另外一邊是一個包含兩個溫水游泳池——一個室內一個室外，以及其他各種頂級運動健身設施的健身中心、一所幼兒園；還有商店街和咖啡廳及輕食餐廳等。

整個園區的規畫完全擺脫過去把長者和社區其他人分開的設計，而是盡

可能讓他們自然地融合與互動，因為表演藝術中心、健身中心、咖啡廳和輕食餐廳等都是對外開放的，他們只要步出家門，就能自由自在地與社區裡不同背景和年齡層的人交流與互動。

例如健身中心的一樓就設有一間保育室和兒童遊戲室，長輩和幼兒在這裡自然互動的情景隨處可見。此外這樣的設計讓各種活動和社交生活都是步行可達，讓年長者出門不用開車是很大的便利，雖然很多人可能還是保有自己的車子，但大部分時間都停在停車場裡；園區設有交通車提供接送服務，例如有人需要到醫院看診……。

墨道居所在地帕洛阿圖，是矽谷的心臟地帶，史丹福大學近在咫尺，旁邊還有Google總部和數不清的大小科技公司，是美國門牌燙金地段之一，文風鼎盛，人文薈萃。這裡有點像台北市的大安區，有不少長輩在這裡住了一輩子，幾十年來房產增值的速度遠超過想像，所以他們手上也許現金不算多，但因為有房產，房屋淨值很高，等於是住在金礦上。

然而住在老房子裡，維修需要人力，也是很大的開支，再加上誰年紀大了想要一天到晚打掃房子和整理東西，因此有些人乾脆把房產賣掉或交付信託，東西清一清就搬到這裡來，日子過得清閒又自在。而且對很多住戶來說，他們還是住在原有的社區裡，因為對周遭環境很熟悉，隨時都可以去喜歡的餐廳，探望老朋友；同時，又可以結交新朋友；不需要放棄舊有的社交圈和生活圈，讓很多人覺得很有安全感。

因為是高端銀髮住宅，因此墨道居在內部裝潢和設計上都媲美五星級飯店，除了硬體取勝，最重要的是工作人員的素質和親和力；能夠住在這裡的長輩，可能都是退休教授、醫生、律師、民意代表、大企業的高級主管，工作人員要能和他們說得上話，也要受過良好的培訓，肚子裡不能沒有一點墨水；了解他們喜歡自己作主，所以這裡大小事情都讓他們自己做決定。住在這裡，每個人都要在住民委員會的某個分支擔任委員，目的就是讓大家有參

與感，從伙食、總務、活動等，都是住民說了算。

其實墨道居算是一個連續性照顧養老社區（CCRC），也就是說這裡提供連續性照顧，雖然大部分的住房單位是退休公寓，但也包含11間生活照顧輔助住宅（assisted living）和六間給失智症者居住的單位（memory units），並提供到宅服務的選項給有長照需求的人；另外，他們和舊金山的猶太之家安養院是密切合作的關係，也可以作為住民未來有需要時的選項之一。

翻轉長照，
首先要改變對高齡的固定思維

在台灣，過去我們雖然也聽到很多長者說他們現在最不希望的就是麻煩別人，或是聽到他們說，活到這把年紀能做到的就是不要給子女添麻煩，把自己照顧好就對了。但現實社會對這樣說法的回應是消極的。根據龍吟研論的調查，有高達八成五的50歲以上人士與子女同住，因此我們慣常的反應是把這樣的說法連結成親子關係的處理，卻沒有想到台灣的嬰兒潮世代也是這群「新新老人」，他們和全世界老人一樣，不管有沒有小孩，都希望可以生活自理，獨立到老。

所以我們該用什麼樣的想像和設計來回應這個需求呢？

首先，我們要正視這個論述的內涵，並用更積極的方式去回應。**時下台灣社會對於老化的想像就是直接跟長照連在一起，也因此回應的想法多是被動性的思維**，例如：當長輩說不想變成兒女的負擔，我們想著是怎麼樣引進更多照顧的人力來幫助兒女，減少照顧離職的需求，或是家人照顧的悲劇：也有可能是想著如何讓老人財務充足，可以有足夠的錢請人來照顧自己；或是建置更多的保險機制，透過長照險去布建這樣的安全網。

這些，都是「防禦性戰術」（defensive play），只想著因為一定會走到照顧這一步，所以一直想著最壞狀況下怎麼做就好了，卻忘了在走到那一步之前，還有許多其他的可能和機會。

面對高齡社會，想要翻轉長照，一定要把這種防禦性戰術（defensive play）的思維轉換成「進攻型戰術」思維（offensive play）。什麼是「進攻型

戰術」？就是不要一直想著怎麼不輸或是少輸？而是如何可以大勝或是逆轉？不管你現在是不是已經處在下風。建構這樣的心態非常重要，尤其是產業界或新創圈，如果只抱著少輸為贏的心態，是絕對無法在新的高齡時代取得致勝先機的，因為翻轉後看到的視野和想出來的對策往往完全不同。

如果只是把老人看成不要變成負擔，那我們想的就只是怎麼不讓他們倒下去而已，提供的是休閒式的活動與支援。如果我們看著他們，還覺得他們可以貢獻所長，是生產者，而且藉由生產的過程，讓他們可以達成自己照顧自己的想望，社會也可以因此減少醫療的支援，那我們就會努力朝怎麼讓他們成為生產者去設計，我們的勞動政策和思維針對中高齡者就會有更多不同的想像，也能提供更有彈性的設計和規畫。

說起友善高齡社會的指標，台灣在某些方面，例如醫療保健和家庭關係，可能在全世界名列前茅；但談到高齡就業，或是退休人力再運用，因為一直沒有宏觀的計畫和相關的配套與政策措施，完全是敬陪末座。 數據顯示：台灣許多人約50歲左右就離開職場，在亞太各國中算是早的，但退休人士再就業者非常之少，只有約8.8%，遠低於中國的36.4%、韓國的31.3%、新加坡的25.8%和日本的22.1%。

現在政府把推動長照2.0視為台灣進入高齡社會最重要的一帖藥，好像那是台灣面對人口巨變的唯一解方，這其實是非常危險的。因為以長照為主導的高齡政策，沒有顧慮到中高齡長者的積極性和潛力，再加上缺乏更宏觀的規畫，自然也沒有顧及跨部會的整合和計畫推動。

其實想要同時照顧老人又做到經濟成長很簡單，就是想著如何讓台灣這群閒置的中高齡者都成為生產者，讓他們有一份收入，或是讓他們有機會再投入社會，做自己想做的事，又可以回饋社會，也有機會為台灣的經濟成長找到新動能。

共居與共生社區正夯

退休後，
當個黃金女郎吧！

看過或聽過美國電視劇《黃金女郎》（The Golden Girls）嗎？這是一部風行於80年代的美國電視劇，敘述住在退休勝地邁阿密的富孀布蘭琪，因為經濟考量，決定把房子分租出去；兩個與她年齡相仿的女性：羅絲和桃樂西搬了進來；不久，桃樂西原本住在養老院，說話超辛辣的80歲媽媽蘇菲亞，因為機構發生火災也決定搬來跟女兒同住。四人共居的故事就此展開……

這部電視劇當年播出時，被視為「非常前衛」，不僅僅是她們四人共居的方式在當時還較少見，也因為編劇經常藉由四個「熟齡女性」百無禁忌的聊天，帶進了許多具爭議性的社會議題，諸如：種族關係、同性婚姻，或是高齡者的生活、就業、年齡歧視，甚至性生活等。這些嗆辣的話題，透過四人的閒話家常，赤裸裸地呈現在觀眾面前。

她們四人當時看起來很另類的共居方式，30幾年後已經不是那麼「非主流」，甚至是美國不少熟齡人士，尤其是女性的選擇。擁有2,300萬會員，其中多為55歲以上人士的美國AARP（樂齡會）調查就發現：全美約有49萬人（約13萬2000戶）屬於黃金女郎型的居住安排，而且數字還在快速增加中。

因應高齡者居住需求，長者同居網站應運而生

住在美國馬里蘭州的邦妮・摩爾（Bonnie Moore）是上述人士的代表。69歲的她是退休律師，住在華府近郊一棟有五房的豪宅中，六年前離婚，當時住在猶他州的兒子希望她搬去同住；但邦妮捨不得才剛整修過的大房子和自己獨立的生活，婉拒了兒子的好意。

但這樣的房子一個人住實在太大，再加上還沒付清的房貸，以及整修所花費的金錢，她決定藉房子來開源。於是，她仿效當年的布蘭琪，找年齡相仿的房客分租。對邦妮而言，她不想只是找付錢的房客，更想營造一個有趣的共居生活，就像60年代住在舊金山共居公寓一樣，房友來自不同階層和背景，大家各自獨立生活，需要時也可以互動；她希望大家像電視中的黃金女郎一樣，互相扶持，因此她對找到「氣味相投」的房友很挑剔。

歷經六年、15個房客之後，邦妮儼然成為尋找黃金女郎房友的專家，她寫了一本教大家怎麼成為「黃金女郎」的教戰手冊，還成立了一個全國性的網站和資料庫，就叫Golden Girls Network。

邦妮曾經嘗試找較為年輕的房友，但發現彼此的生活習慣和背景差太多，「女孩覺得好像是與自己的父母同住，沒多久就搬走了。」

也有其他人仿效邦妮的作法，卻不強調房友一定要是女性，邦尼的黃金女郎網站現在也開放男性申請，有人覺得熟齡男性房友的生活較單純，東西也比較少，此外還可以幫忙家裡一些粗重的工作。

在美國，教導退休族群如何尋找房客或同好共居的網站愈來愈多，邦妮的網站只是其中之一。隨著大家愈來愈長壽，以及養兒防老觀念的改變，很多有孩子的熟齡族不但不與孩子同住，老了也不指望由孩子來照顧，同時沒有子女的獨身長者的人數也逐漸增加，因此如何在晚年既可以自在養老，又可以讓自己獨立生活的支持體系正在歐美快速發展中。

　　共居的點子也愈來愈多，例如Nesterly 這家公司，是兩位麻省理工學院畢業生和波士頓市府共同開發的一個創新共居計畫，旨在媒合波士頓地區許多家有多餘房間的空巢族與有短期租屋需求的外國訪問學者或研究生等。這有點類似過去接待家庭的概念，讓這些來自國外的人士可以住在當地人的家裡，體驗到更多在地生活和文化，他們可以提供一些簡單的家務協助或技能交換來減少房租，例如有的人可以每個星期煮一頓異國風味料理，或是協助膝蓋不方便的房東奶奶整理她的花園或幫忙換燈泡等簡單家務；而將房子出租的空巢族們也可以藉此在生活中有個人作伴、互相照應，並得到一些收入。

　　SilverNest.com則是一個專門針對銀髮族進行住房媒合的網站，有人說這是熟齡版的「Airbnb」，因為這個網站也在媒合房東和房客，但是以熟齡族群為主，它會手把手地教你如何成為房東、如何找到適當的房客等等。因為網站上大部分都是熟齡人士，和一般的租屋網站不同，他們把家中多餘的房間出租，主要的考量並不是金錢，而是希望找到可以共居生活的人。

　　透過Encore.org的媒合，這個組織2019年在丹佛和邁阿密進行了兩個實驗計畫，由SilverNest的房東提供價格較優惠的住房給公立學校的老師，尤其是新進老師。根據《今日美國報》（*USA Today*）的分析報導指出：因為美國都會區的生活水平花費大幅上揚，對於很多學校老師是一筆沉重的負擔，大部分的人必須靠長時間通勤，或是兼差來賺取額外的收入；也有些老師甚至選擇不到大都會應聘，就是因為負擔不起昂貴的住房花費，這樣一來學校難有年輕新血進來，影響教學的多元和品質，受害的終究是孩子。

　　以邁阿密為例，在這裡就算是資深的老師，也要花薪資的37%在住房花費上，而新進教師就更不用說了，他們的平均年薪是33,150美元，住房的花費占比高達68.6%。在這種情況下，由Encore.org主導，媒合SliverNest和邁阿密地區的非營利組織City Year合作，提供新進教師在邁阿密地區平

價住房，大幅減少他們開始教書時的開銷。類似的計畫也同時在丹佛地區開始，由SilverNest和非營利組織「為美國而教」（Teach for America）合作。這幾個組織都希望透過這樣創新型的計畫，找出永續、回饋社會、打擊孤獨等多贏的計畫，並成為其他城市效法的典範。

共居太黏，那就試試共生

　　如果覺得同住在一個屋簷下的共居（Co-living）生活，對你來說還是太過緊密，你想要的，是「有點黏又不太黏」的關係，那也可以考慮「共生社區」（Co-housing Community）。

　　共生社區並不是新的概念，這樣的思維最早起源於丹麥，有些人把這樣的社區稱之為「有目的而集結在一起的社區」（intentional community），從字面上就可以理解，選擇住在一起的這一群人，對於過著某種生活方式有共同的想法，願意透過社區或生活公約來一起達成。共生社區中大家通常有自己獨立的房子，但社區裡一定會有幾種大型的公共空間，來達到社區成員交流的目的。共食通常是重要的一塊，所以一定會有一個可以共煮共食的大廚房加餐廳，另外就是一個大型的複合式空間，可以用來進行社區裡的各項活動。

　　除了硬體，**軟體更重要。住在共生社區裡的人，不能只是想要當個單純的房客，而是要認同共生社區的理念，投入時間和精力來支持。也就是要作為社區中的一分子，而不僅僅是把這裡當成一個過夜的地方，對於社區事務不聞不問。**

　　所以從外觀看起來，共生社區有時就像是一群公寓或房子，但談到鄰里間的關係和生活方式，就可以很明顯地看出這裡和一般集合式住宅的不同。

發展多年的共生社區在世界日漸高齡化的過程當中，又成為一個契機。尤其是有愈來愈多的長者，不想麻煩家人，也不想住進傳統的老人住宅或安養院中，他們想在一個自己熟悉的社區裡，和三五好友一起自在地終老。「遠親不如近鄰」，如果可以住在這樣的社區中，和鄰居彼此照應，比起靠遠方的家人，或是政府的資源，還來得有效率也溫暖得多。

英國第一個以中高齡人士為主的共生社區「新地」（New Ground）

英國有一個完全由中高齡女性組成的共生社區「新地」（New Ground）於2016年完成。這個社區包含25個獨立單位，11個單人房、11個兩人房和三個三人房。三分之二的單位為私人所擁有，其餘的八間則作為社會住宅，由一個稱為「housing for women」的組織負責租賃業務。

目前住在裡面的人年紀從51歲到85歲都有，除了一對夫婦，其他都是單身女性，她們可能從來沒有結過婚，也可能是離婚或是寡居，或甚至只是孩子已經離家的空巢婦人。

這個位在離倫敦車程約一個半小時的共生社區雖然才完成三年多，卻得到許多媒體關注與報導，最重要的就是因為他們提供了一個關於老年生活的想像新藍圖。在這個社區中，每個人有自己的住宅單位，但他們每個星期共餐一次，然後每一戶都面對一個大型的中庭花園，是最主要的共同生活空間，其他還有閱覽室、起居空間、洗衣房等，極力打造在社區中可以「不時地自然巧遇而聊上兩句」的共同生活模式。

這個位在高巴涅（High Barnet）的共生社區案堪稱英國第一個專為中高齡人士打造的共居住宅案而廣受矚目，但歷經幾十年的協商、討論、規畫，最後終能走到這一步相當不容易。「新地」社區的背後是一個稱為OWCH（Older Women's Co-Housing Community）的組織，她們是一群追求自己想要的獨

立自主老後生活的女性集結在一起而成的組織,她們多是英國社會中產階級的獨立女性,過去是公務員、老師等,她們並不擁有比別人多的財富或資源,只是對退休生活有所想望,覺得透過互助的力量,和姊妹淘一起度過老年生活是最理想的終老方式,因此想要一起達成這個願望。

但從她們發想,一直到房舍完工,英國的地方政府都沒有相應的法令來回應她們想過的這種生活方式,土地和建造資金的取得也是一大問題。還好她們遇到了幾個「貴人」,其中之一就是願意無息提供她們貸款以取得土地和建造資金的漢諾瓦房屋協會(Hanover Housing Association),一個在英國建造和提供可負擔房屋的非營利組織。從前期的土地取得到中期的規畫,到建造完成,總共提供了460萬英鎊(相當於台幣1億8,000萬台幣)的無息貸款,讓這個談了20幾年的計畫終於可以開始執行;另外OWCH也從Tudor Trust(都鐸慈善信託)得到了另一筆財務補助,才讓整個計畫在不斷延宕的情況下,終於還是可以完成。

另一個重要貴人是這個計畫的建築師事務所、位在倫敦的「Pollard Thomas Edwards」,他們和OWCH認識很久,也對OWCH的目標很理解並認同,所以他們願意花很長的時間和OWCH的成員不斷討論、溝通,嘗試針對每個遇到的狀況找到可行的解決方案。由於這是一個創新型計畫,很多都是第一次,對於建築師和客戶來說有很多摸索的過程,更遑論OWCH這個客戶不是一個人而是許多人一起的組織,所以要達成共識就更困難了,加上要應付來自中央和地方政府的法令規範與不同要求,其艱辛的過程絕非三言兩語可以說得完的。

從發想到具體行動花了20餘年的時間,而從資金到位、取得土地到建造完成又花了六年多的時間,其中不少組織的中堅分子甚至都已經過世,終於在2016年年底看到房子落成,大家陸續搬進去,開始實現共居生活的願景。

老實說，共生社區未必適合每一個人，因為居民對於社區要有一定的參與感和投入，對那些只想自己過日子的人來說並不一定適合；但在高齡社會中，共生社區對於許多長輩卻能達到一定的功效，尤其是在社交方面。就像住在新地裡的這些婆婆媽媽們，她們有的還在上班，有的已經退休，有的身體健康，有的需要一些幫忙，住在新地不僅為她們築起一個近在咫尺的互助網絡，也讓她們得以遠離孤獨，增加更多社交機會而保持身心靈的健康。

英國政府這幾年積極倡議孤獨對於健康的危害，希望可以減少孤獨的人群，其中尤以老年人居多。新地的案例不失為一個對抗孤獨、自主養老的重要指標，她們也希望得到更多英國政府的支持，成為其他社區仿效學習的對象，這也是她們當初排除萬難努力實踐成為英國第一個高齡共生社區的願景。

| 台灣經驗省思 |

台灣又是如何呢？
長者想要與兒女同住嗎？

傳統的印象都認為：父母老了希望與孩子同住，大部分人無論如何不願住到養老院，認為那是兒女不孝才會得到的下場，很沒面子。

其實，新一代的退休族群，早已不這麼想。

永慶房仲集團的數據顯示：約62%的民眾退休後會購買新房子來養老，比率遠高於願意住進民營養生村或公辦銀髮住宅的15%；選擇留在原居地者20%，逐兒女而居者不到3%。美國AARP（樂齡會）的調查：近九成的長

者，希望住在自己的房子裡安老；就算有醫療和照顧需求，也還是希望住在家裡，而非搬進養老院或安養中心；只有9%的人想要住進機構，4%的人選擇住進親戚或子女家中。

看來，「在地安老」是全世界長者的共識。就像《黃金女郎》所刻畫出來的，所謂的退休生活、銀髮族居住問題，早已不再只是房子本身，更重要的是和誰住、怎麼住，如何繼續保有社交生活、與人持續互動等。

台灣目前還沒出現像《黃金女郎》這樣的共居模式或是新地這樣的共生社區，但我知道有不少人心中醞釀著類似的想像或計畫，隨著台灣不婚女性或是老後單身的女性愈來愈多，對於以女性為主的共居或共生社區的需求未來應該會增加。我覺得以女性為主來考量和規畫的住宅或社區，其實在台灣也會有機會發展出自己的模式和市場。

或許國外的共居或共生模式不一定適合台灣，畢竟台灣人的家庭關係還是比較緊密，我看到身邊有不少單身的朋友，多與他們的父母同住。大家住在一起雖然不錯，但抱怨也不少，兩代其實希望可以擁有「有點黏又不太黏」的生活空間。這幾年也看到標榜青銀共居的退休住宅，或是建商打出的共生宅正在籌建當中，接下來陸續完成，我們能有更多真實的案例可參考。

大家身邊已看到類似案例了嗎？你理想的退休居住的方式又是如何？

/ 12　荷蘭 **MAX** 電視台

爲熟齡族群
打造專屬電視節目

18年前，當彥・史萊特（Jan Slaghter）決定要為荷蘭 50 歲以上人口製作專屬的電視節目，或甚至主張開辦一個專門針對他們的電視頻道時，許多人都笑他是傻瓜，「這一群人已經是最主要的看電視人口了！幹麼還替他們設計節目或頻道！」

他的企畫書被當成笑話，電視台不願意空出時段給他，廣播電視委員會跟他說頻道已滿，沒有申請空間；商業界的人士跟他說，中老年人雖然有錢，但他們不消費，動他們的腦筋沒用；連以中高齡族群為服務對象的非營利社會福利組織都跟他說，這群人需要的是實質的照顧或金錢的幫助，新的媒體幫不了他們；各式各樣的冷嘲熱諷接踵而來，連報紙上都出現不友善的批評與報導……

50⁺族群是今後的消費主力！
以他們的需要為訴求，他們就願意掏出錢來！

當時自己即將邁入 50 歲大關，史萊特面對這些批評，對照人口趨勢以及自己的觀察，始終不相信這些人講得有道理，「你看看，荷蘭 50 歲以上

的人口正在快速地增加，現在2019年有690萬人，到了2025 年將有740萬人；而且這些人的面貌和需求都不一樣，也許他們對某些議題有共同的興趣，例如健康養生、理財、休閒娛樂等，但他們大部分的需求都不一樣，也都還沒有得到滿足，市場上大部分的產品都還是針對20～49歲的族群。」

「其實這群50⁺是消費的主力，荷蘭三分之二的假日消費金額由這個族群貢獻；七成的新車購買者是50歲以上的人，他們和年輕的世代相比，有實力也願意花錢，但一般的行銷人員卻把他們當成老頑固，覺得他們是有錢不願意花的族群，卻沒有想到，也許是現在市面上的產品並不是他們想要的，所以他們不願掏錢出來！」

史萊特進一步指出，這樣的誤解來自於這群人對於品牌的忠誠度比較高，他們如果喜歡某個品牌，會傾向於持續購買這個品牌的產品，「例如他們的第一台電視機如果是新力（Sony）的，他們每次要換電視時，都會先考慮Sony。儘管現在市面上同樣東西不同品牌已經比以前多很多，但他們不是會一直比價或換牌子的人，所以建立品牌的識別和忠誠度對他們格外重要。」

「除了他們擁有強大的消費能力，其實我更想成為他們發聲的管道！」荷蘭的頻道隸屬各式各樣的組織和單位，有以宗教信仰為訴求的，有以政黨或意識型態為訴求的，有為兒童或青少年開設的專屬頻道，就是沒有專屬於50⁺的頻道，「這不是很奇怪嗎？」

「以小搏大」＋「反其道而行」
荷蘭專屬50⁺頻道利用冷門時段炒出熱門話題

史萊特獨排眾議，終於讓荷蘭專屬50⁺的頻道「Omroep MAX」（文後簡

稱MAX），在2005年9月3日播出了它的第一個節目。

從一開始，MAX的策略就非常不一樣，先是「以小搏大」，「我們先推出幾個短節目，或是利用晨間的時段播50⁺人群有興趣的簡短內容。例如我們有一個晨間節目是教大家一早起來進行腦部和身體體操，時間不長但頗受歡迎。當晨間節目常常因為重大新聞被取消或調時段，觀眾就打電話去電視台抗議：『你們怎麼可以亂調動節目！我運動衣都穿好了，要來運動卻發現節目停播了，你說氣不氣人！』讓電視台也開始重視我們的節目。」

另一方面，在那個時候，中高齡者不但未被廣告商視為需要吸引的主要消費群，在電視上的角色也都是可有可無，史萊特用一段義大利的脫口秀節目來強調這樣的狀況，只見螢幕上女主持人說要採訪一位銀髮老先生，雖然麥克風從頭到尾都是對著這位先生，但都是女主持人一個人在說話，老先生一句話也插不進去，「這就是當時呈現在電視上的現況，銀髮族是無關緊要的！」

因此史萊特將既有的節目型態重新設計，針對50⁺人士的需求並凸顯他們的重要性。例如烹飪節目，以往都是六七位主持人一起，七嘴八舌，示範的菜肴都是給一大家子人吃的大菜，雖然也邀請了中高齡的廚師，但他們講的話無足輕重，「我們就將烹飪節目重新設計，讓一兩位廚師很專注地示範如何煮出簡單、健康、美味的50⁺食譜給我們的觀眾，果然大受歡迎！」

「反其道而行」就是史萊特突圍的第二個策略。他說，以前沒有電視台會在夏天推出新節目，因為夏天是歐洲人出去度假的時候，沒人看電視，所以電視上都是重播再重播的老節目、老電影。「但中高齡者其實不會在這段時間出去度假，因為比較貴，但他們的家人都出去度假了，所以待在家裡的他們反而格外的孤單。因此我們就趁夏天推出新節目，果然收視開出了紅盤。」

MAX陸續製作了幾檔廣受歡迎的節目，例如邀請英國知名烘焙師製作

烘焙節目、由熟齡族當主持人介紹大自然的戶外旅遊節目，以及改編自知名小說講敘84歲老先生住在安養院故事的影集，不但吸引了廣大的收視人口，也為MAX打響了知名度。

除了謹記不犯義大利脫口秀女主持人的錯，重視中高齡者的MAX在製播節目時，都針對收視人群做了細膩的設計，「例如講話時絕不放背景音樂，因為聽力隨著年齡逐漸退化，這樣做其實是一種干擾；節目裡絕不講髒話；剪輯的節奏也特別注意，不會太慢，也不會太快。」

「我們不是在做老人節目，我們做的是熟齡族群關注和有興趣議題的節目，這兩者之間有很大的差別。」史萊特強調，**MAX盡力形塑出當前50⁺人群的真實樣貌，他們活躍、對世界有廣泛的興趣，是想要對現代社會關心和有所連結的一分子**；「在有MAX之前，電視上只要出現老人形象，都是和疾病有關，是灰暗的；但現在，他們是正向的、健康陽光的、是關心並想要與各項社會議題有連結的人群。」

MAX當然也會碰觸老化、孤獨等議題，「但與其只談問題，我們更在意如何提供解決之道，所以我們的取材角度也是想著我們可以做什麼，即使是從一個非常小的地方開始。而且透過電視的影響力，通常就能擴散成很大的影響力。」

從電視台到發行紙本雜誌，再到付費社群，「如何把錢花得有意義」讓MAX成為最知名的50⁺品牌

他舉了一個例子。荷蘭最大的連鎖超市Albert Heijn（簡稱AH）有一個服務是提供咖啡給來購物的客人，他們發現：來取免費咖啡的人多是長者，而且通常會駐足在一旁順便聊上兩句，所以超市就決定在旁邊擺上幾張桌子和椅子，讓這些長者可以舒適地坐下來聊天，這些人可能一坐就是兩個鐘頭，

但AH並不特別在意，「因為他們覺得能夠透過這點小小的改變對社會上想要打擊孤獨這件事情盡一份心力，是件很有意義的事。」

史萊特提到，大家都以為孤獨是長者才有的問題，「根據統計，50歲以上人群有四成的人感到孤獨，85歲以上甚至高達六成，這的確是很高的數字，但如果你看到19～34歲的人也有三成四，35～49歲有三成七的人經常感到孤獨，你就知道這不是一個只有長輩面對的問題，而是一個更大的社會問題，不同世代都深受影響。為什麼在高度連結的現代社會中我們卻益發感到孤獨？如何提供協助，真的很重要。」

他說MAX並不只幫助50⁺的人群，其實也很在意年輕人，因此像孤獨這樣跨世代的議題就是他們持續報導和關注的焦點，「我們不只透過電視節目討論和倡議，也努力建構線下的連結並提供協助。」

因為鮮明的品牌定位與清晰的收視人口，MAX在短時間內就成了接觸到最多50⁺人群的品牌，而且在2007年被選為「最知名的媒體品牌」、2009年獲選「年度媒體公司」、2010年拿到正式的頻道開播許可。

2013年發行《MAX週刊》，當所有紙本雜誌都面臨賠錢命運而改成數位版本的時候，MAX又再度反其道而行推出紙本雜誌，並以一歐元（約35元新台幣）的價格在超市販售，讓這本週刊成為市場上發行量增長最快的雜誌。

史萊特本人在2015年被選為「年度廣播電視人物」，之後由MAX製播的節目陸陸續續得到獎項，和創辦初期的篳路藍縷比起來，總算是揚眉吐氣、苦盡甘來。

如今MAX不但代表著一個擁有深厚實力和影響力人群的獨立頻道，也代表一個可以吸引廣告商注意的利基（niche）市場。但史萊特並未以此為滿足，他想要繼續擴大經營這群人的深度和廣度。

所以MAX推出會員制，一年年費只要7.5歐元（約263元新台幣），他們

為會員提供各式免費服務，加強他們對於品牌的認同和黏著度，同時注重線下社群的經營，希望把他們組成一個互動緊密的社群，MAX每年九月舉辦的「50⁺的嘉年華聚會」（50Plus Beurs），已是荷蘭熟齡族群年度必參加的大活動。目前約有38萬5,000名會員，還在持續快速增長中。

在經營會員上，我們看到大部分的熟齡品牌還是把會員當成消費者，就算是提供服務，也是希望他們花錢，大多和實際的商品有關，或是提供折扣服務等，這方面史萊特又再度具備獨到見解，MAX的做法相當與眾不同，他們看準了這群人在意的並不是省錢，而是怎麼把錢花得有意義，所以提供的服務大不相同。

成立MAX基金會，成為推動社會正向發展的力量

其中我認為最有意義的就是MAX基金會做的事情。MAX電視台有一檔節目叫做「MAX 想辦法」（MAX Makes Possible），是由史萊特本人身兼製作人和主持人，他們會到歐洲比較貧困的地方去尋找需要幫助的長者案例，然後透過節目募集資源來幫助這些長者，所以人人都可以透過節目進行捐款，然後MAX會利用這些捐款去進行實際的協助，例如：他們剛剛替西南歐一個十分落後的山區小鎮建造了一座醫院，讓居民可以享受到現代化的醫療設施；或是他們看到一位照顧兩個孫子的奶奶因為患病即將不久於人世，於是發起捐款幫這兩個孩子設立教育基金，讓奶奶放心，知道她走了以後兩個孩子還是可以受到良好教育，並透過教育來翻轉自己的命運。

他們也替長輩做些圓夢的事，例如讓原本是英勇消防員，但現在罹癌的老先生重新坐上最讓他這輩子感到驕傲的消防車等。

「我們把這些感人的故事拍成電視節目，透過節目的播出，讓捐款人知道他們捐的錢幫助了誰，發揮了什麼影響力，也讓捐款人覺得自己正在回饋

社會，對社會發揮影響力，而且比一個人的力量大多了。」

此外，MAX也設立免費的會員電話服務專線。如果你是MAX的會員，你可以打電話進去詢問任何問題，MAX集結了一群律師、醫師、心理諮商師等各式各樣的專業人員為會員提供解答或接受抱怨，「我們從這些電話裡有時候也會找到不錯的點子，我們會派記者去了解和採訪，甚至製作成新聞內容或節目。」其實這個專線開放給任何人，所以也會有非會員打進來，有時候也包括一些需要幫助的人，「我們會幫忙轉介給相關單位，請他們協助，如果因此看到值得正視的社會議題，我們就會請記者去深度進行調查採訪，做成節目，引起更多人的重視。」

史萊特說，MAX是公共電視頻道，因此對社會有一份責任，「我們並不要說教，但我們的確希望做有意義的事，並且協助我們的收視大眾發揮影響力。」

13

美國的村落運動

用一個村子的力量對抗
21世紀新黑死病 ──孤獨

亞瑟蓮‧尼克森（Atheline Nixon）居住在美國東岸波士頓的燈塔山區（Beacon Hill Village），這裡是波士頓最古老的街區，建築物多是以石頭砌成的聯邦式連排住宅，非常有歷史特色，還有煤氣燈照明的狹窄街道和磚砌人行道，麻薩諸塞州州議會矗立在山頂上，擁有環視波士頓美景的絕佳視野。1962年，燈塔山被列入美國國家史蹟名錄，今日則是波士頓最好、最貴的一區。

1999年，就在這裡，一群居民開始了一個後來席捲全美國的草根性運動──村落運動（Village Movement）。這群長年居住在波士頓燈塔山的退休居民，因為熱愛這裡的一切，老了也想繼續在此生活，不願意因為身體狀況改變而必須搬家，尤其是搬進養老院裡，他們想要真正「在地安老」，那他們該如何辦到呢？

他們了解到，除了自己要持續維持獨立自主的生活方式，他們還要有一個支持網絡，網絡裡除了家人朋友，其實最重要的是左鄰右舍。就像住在傳統村子裡，前後左右鄰居大家互通有無，互相照看，一定可以有辦法的。

許多長輩就算獨居，身體有些不便，但精神奕奕，並不需要全天候的照顧，可能只是需要偶爾有人進來幫忙一下，而且大部分都是非醫療性質，不是只有醫生護士才能做到，有時候就是鄰居的舉手之勞，例如只是家中燈泡

壞了，但無法爬高，所以燈就一直沒有修，反而造成室內照明不足而增加跌倒的風險；或是奶奶的女兒住在外州，剛生了寶寶，她想去陪女兒一段時間，也看看新生的外孫，但又放心不下家裡的寵物狗，「如果有人可以每天來餵牠，帶牠出去遛遛就好了！」奶奶忍不住這樣想。

的確，要讓長輩安心在宅安老，身邊有可互相照看的鄰居好友，有個可信任、可以隨時出現的handyman（雜活工），比起兒孫和醫生護士有時候來得有用多了！

這就是燈塔山村落創辦人發現的事情。

戰後嬰兒潮的覺醒，催生美國的「村落運動」

這群創辦人不願走上父母老了住進安養院中養老的老路，想要自力救濟，也了解其實日常生活中，遠方的兒女、醫院裡的醫師，對於他們需要的協助，很多時候都是遠水救不了近火；他們也發現，退休以後的日子，並不是每天都在想著環遊世界，只是想要有一群可以一起生活、一起到附近爬爬山、逛逛博物館、吃吃飯、聊聊天的對象，很多其實是生活瑣事，那誰能幫忙？或是我能幫誰？

尼克森雖然不是燈塔山村落的創辦人，但她一退休時就聽說了「燈塔山村落」這個鄰里網絡，透過會員制，以自助、互助的方式，讓大家彼此互相協助、照看，以達到安心在家養老的心願，他們由一群在地的中高齡人士組成，很多是附近大學的退休教授或是公務員。

「但我那時候並沒有參加，因為覺得自己不需要。」幾年後，她動了髖部手術，一時之間發現自己不但出入不方便，連下床都有困難，「我的女兒住得很遠，我也不想麻煩她，就試著打電話到這個組織，看看他們能不能幫

我！就這樣我和燈塔山村落結下了不解之緣。」

美國因為是移民大國，再加上政治人物沒有興趣，所以表面上看起來高齡化不是一個問題，但事實上，美國的高齡化腳步並沒有因此緩慢下來。每天有一萬人慶祝65歲生日，每兩秒鐘就有一個人成為60歲。老人不但愈來愈多，也愈來愈健康，活得愈來愈久，**在2050年，全球60歲以上人口會從現在的1000萬人不到激增為20億人**，屆時美國100歲的人瑞會從45萬人達到320萬人；相對來說，孩童和年輕人卻沒有跟著增加，所以2050年，65歲以上老人會遠多於15歲以下的孩童和青少年人口。

「在這樣的現實下，如果還等著下一輩來照顧我們，那簡直是緣木求魚！所以一定要自己想辦法。」這群以戰後嬰兒潮為主的人群，他們對老年的看法也大不相同，他們想要掌握並設計自己的未來，對於如何安老終老有自己的想法並希望自己做決定，也認為當時市面上沒有他們想要的解決方案，所以他們決定自己創造解決方案。

他們想出的解決方案就是一個以自助互助為主的「村落」，一個新型、虛擬的養老社區。透過這個虛擬養老社區，每個人都能在自己熟悉的家或社區裡，安全、安心、安適地獨立生活和終老，不分年齡、收入和能力。

他們定出了組織的願景和架構：

- **願景**：這是一個「由長者自己設計、組織以支持長者」的組織，他們是願意付出承諾、投資時間和精力、彼此信任的一群人；
- **內容和服務目標**：以每個人的需求為核心，進行身心靈全人化的關注，並提供多元的服務和計畫，加強其社會參與，並重視意義和價值；
- **和現有的社區資源、組織和服務進行連結與整合。**

他們明定組織的宗旨為「幫助50歲以上人士建立一個活躍、獨立和健康的生活方式，並成功地學習如何變老，提供他們各種社區和社會參與的活動、計畫、服務和機會，必要時也協助取得照顧服務。」

顯然，燈塔山村落的宗旨和願景得到許多人的認同，有許多戰後嬰兒潮的長輩也在自己所住的鄉鎮城市發起類似的村落，就這樣，美國的「村落運動」在過去20年間如火如荼地展開。如今美國有超過230個城市有這樣的村落，另外有約150個正在規畫籌設當中。

燈塔山村落的經驗：活躍老化&在地安老

燈塔山村落的前執行董事蘿拉・康諾斯（Laura Connors）曾於2014年到台灣分享燈塔山村落的經驗。她指出，雖然她是燈塔山村落的「主任」，但「村落」裡的長輩才是真正的「老闆」，「我們透過深入社區進行訪談，了解社區裡有什麼資源，大家最需要什麼樣的服務，以此作為根據來提供服務。」

會員服務主要分成三大類：

- **協助取得或協調醫療相關照顧**：安排就診的車輛接送、協助拿取處方藥、幫忙採購日用品、居家環境清潔或維修等，或建立可信任或優惠廠商名錄等。
- **舉辦支持全人身心靈的各式活動**：藝術文化類，一起去逛博物館；知識類，如何規畫未來、準備遺囑和信託等；健康類，提供健身房優惠、建立小型健走和健行俱樂部等；社交類活動，一群人吃吃喝喝玩玩聊聊等。

・**透過會員參與和志工服務，強化彼此之間與社區的連結**：會員同儕間以各自的專業或經驗來互相提供協助，例如生病經驗或喪偶陪伴等，也可以到組織登記擔任志工，透過組織提供不同服務，目的在強化大家對社區的參與感和認同感。

透過研究，村落組織確實達到了活躍老化和在地安老的效果。燈塔山村落曾針對平均年紀77歲的會員進行問卷調查，他們發現參與了這個組織之後，大部分的會員都說他們更了解社區裡有什麼服務，也比較願意去使用；超過八成的受訪者說，他們更清楚知道社區裡有什麼資源並表示有需要的時候會去使用，有四成的人則增加使用了社區裡的服務。

對健康的幫助就更明顯了。將近四成的受訪會員表示自己比以前更健康，34%的人回答自己比以前更快樂，28%的人認為他們在需要醫療協助時有信心比過往更容易得到相對應的幫助與服務，而得以安心在家養老。

村落模式的**3**大成功要素

康諾斯說，從他們的經驗可以總結出村落模式的兩大成功要素：

成功要素**1** 人力資源

從管理層到會員到志工，大家都要認同在地安老的願景，願意花時間和精力投入，還要有創業家的精神，不墨守成規，有實驗精神，在尋找解決方案過程中容許失敗。

成功要素**2** 財務穩定

每個村落的財務來源都不一樣，有的靠會員費，有的拿政府補助，也有

的靠私人的捐款或基金會的支持，無論是那一種，都要有良好的規畫和營運目標。

她提到，因為會員畢竟會逐漸年老和過世，因此要一直招收新的會員進來，必須持續進行會員招募和行銷相關業務，但其實會員費只占營運費用的四分之一，只靠會員費很難維持穩定的運作模式，同時也要不斷招收新會員，因此在美國有愈來愈多的村落模式是和地方政府合作，拿地方政府的社區安老預算來執行業務。例如舊金山村落，就是全美第一個和市政府建立緊密合作關係，並建立專業團隊的組織。

成功要素3 建立社區裡重要的策略聯盟

這包括社區或醫療組織、大小企業或非營利組織。「最後，就是要有耐心，通常要花個兩三年時間才會看到比較大的進展。」但她坦言，在推動的力度上還可以更大些，畢竟高齡議題都還未被列入任何總統候選人的施政議題上，因此「我們還有很多宣廣和努力的空間。」

目前，大部分的村落都是靠募款所得和志工人力來維持，小部分有機會拿到地方政府經費支持，成立10年的舊金山村落是其中之一，他們和舊金山市府安老自助處密切合作，讓「村落網路」成為市府在地安老政策的一環，藉此拿到政府補助來僱用全職人員，舊金山村落執行主任凱特・哈布琪（Kate Hoepke）在社區營造方面有30年豐富的經驗。自從她2012年接掌現職之後，成功改造舊金山村落的架構，意在使其成為一個影響力更大的組織。

在哈布琪的領導下，舊金山村落的會員在六年內增加了三倍，志工人數增加了四倍，預算和工作人員也都跟著呈倍數增加，「我相信村落模式對於社區安老養老的重要性，但在執行的同時我們更要能影響政策，因此我們需要更專業的組織和社區動員來建立並發揮影響力。」因此她身兼「加州村落運動」主席，希望透過舊金山村落與市府合作的經驗，將村落模式以更具組

織力的方式，積極向全加州推廣並和州政府建立起合作關係，也希望透過不同村落間的連結，讓村落模式可以「團結力量大」，為中高齡者政策代言，更大程度地發揮其影響力。

PART3
幸福長照

最高明的醫術是治病於未病；
最好的照顧，是讓被照顧者自己照顧自己，
重新找到幸福感，不靠藥物，也不靠醫生。

荷蘭居家服務組織 Buurtzorg

再忙，
也要和你喝杯咖啡

台灣和荷蘭，因為土地面積類似而經常被相提並論。一個在東，位在亞洲太平洋上；一個在西，位在歐洲大陸的出口。2006年，這兩個國家都察覺了國內日益增加的老年人口，並預測國家將在20年後邁入超高齡國家之列（總人口中每五人就有一人超過65歲），因此必須立刻針對這個人口改變的現實進行照護政策和產業發展的全面關照。

台灣，2007年由政府開始，由上而下地推動了長照十年；緊接著又於2017年開始實施「長期照顧十年計畫2.0」，簡稱「長照2.0」，強調建立「優質、平價、普及的長照系統」，然而「長照2.0」上路兩年多，在政府期望找出最佳模式的努力下不斷進行「滾動式修正」，卻也讓執行單位增加了許多壓力而顯得苦不堪言。其實，任何大船要轉向，本來就是不容易的，更何況是在驚濤駭浪之中，台灣所處的快速高齡化社會，就是這鋪天蓋地的大浪，此時此刻想要做大的反轉，會更費心費力，而這正是台灣目前推動相關政策所面對的挑戰和現實。

資源分散、人力重疊、重複累贅的架構、有問題不知可以找誰，台灣的長照體系過去未曾好好地建構起來。相較於長照體系的難用，民眾習慣透過親民好用的健保體系來解決長照需求，要轉變這個行為談何容易？政府期待建立新型態的社區整合照顧模式，有效連結民眾從醫療到長照的需求，而

這不只需要傳統衛生和社會福利兩大部門的密切合作,更需要政府其他部門,從內政到教育都加進來一起協調討論。

在執行層面上也在轉型中,例如:以往專業過度分工,因此有跨專業團隊的建置;以往給付制度用小時和工作細項來劃分,因此2018年年初開始以「包裹式給付概念」,用「論人計酬」方式取代「論件計酬」;以往,服務提供者以人力派遣的概念來提供照顧服務,是「任務導向」(Task oriented),因而未能從「一個人的整體需求」來看到需求全貌並提供整合服務,現在則需要轉為「以人為本」的照顧概念⋯⋯凡此種種,都是台灣從政策制定端到一線服務提供端想要轉型所面臨的種種挑戰。

台灣所面臨的挑戰,也是十幾年前的荷蘭的寫照。2006年的荷蘭,從一個組織開始,進行了一場從下而上、草根性的寧靜革命,翻轉了護理人員的命運和整個居家照顧產業。

荷蘭創新居家服務組織Buurtzorg的理念: 「以更低的成本達到更好的照護」

90年代荷蘭政府進行了居家照護的改革,為了企業化經營,將許多小型機構整併,裁撤社區護士,導入產品,希望提供更多服務並降低成本。此舉卻將居家照護產業弄得十分複雜,服務支離破碎,而且照護成本日益增加。照護組織愈來愈龐雜、申請名目愈來愈多、工作分類愈來愈細、多頭馬車的情況愈來愈嚴重⋯⋯往往一個組織裡,光是照護相關人員就分成好多種職別和等級,但每個人做的事情其實差不多;民眾需要服務,光是想著電話要打到那裡來取得服務就得費好一番工夫,等到政府終於派人來了,評估的細項又瑣碎、又分散,有的是居家服務員不能做,要醫療護理人員才能做,

有的是連護理師都不能做，還得回到醫院去做⋯⋯就這麼窮折騰，大家都累翻了！照護成本日益增加，但受照護的「客戶」和提供照顧的「照服員」，幸福感卻沒有跟著增加。

Buurtzorg創辦人兼執行長德勃洛克（Jos de Blok）大學時主修經濟，卻因為喜歡照顧工作而改行當護士，他最懷念的就是80年代擔任社區護士的時光，因為他看到了照顧者和受照顧者間彼此建立的情感和信任，照顧工作的意義和榮譽感因此而生。

護理師的背景和訓練，以及在長照服務產業工作多年，曾經推動一些小型的創新照顧計畫，都為他日後創立Buurtzorg奠定了基礎。德勃洛克看到太多疊床架屋的長照組織，太多一切以績效為導向的服務機構，因為引進所謂的現代化管理而失去了服務人群的初衷，就像一個醫療人員失去了靈魂，只是不斷地看病、開藥單，而忘了醫護人員要看的不是病、而是人；而當位於後方的行政管理者為一線服務人員制定太多不切實際的規定和準則時，不但會讓一線實務工作者做起事來綁手綁腳，最終失去服務的熱情，也會讓組織陷入無法運作、完全癱瘓的災難，結果是失能的組織想要照顧失能的病人，其結果可想而知。

德勃洛克當時正擔任荷蘭某養護機構創新主任，2007年，他再也不能忍受這樣的惡性循環，終於決定放手一搏，抱持著「以更低的成本達到更好的照護」（Lower Costs for Better Care）的理想，在47歲那一年創立了Buurtzorg（荷蘭文，意為「鄰里照護」，發音近似中文的「博祖客」），一個以鄰里照顧模式為主的居家服務組織。這個創新居家服務組織以社區為基礎，以顧客為中心，連結高品質且專業的護理人員及顧客，正面且主動地創造有效、綜合、永續的解決方案，開創了居家護理服務的新模式。

德勃洛克的初衷很簡單，80年代擔任「社區護士」是他最懷念的時光，那時候大家彼此信任、互相照顧，因此Buurtzorg模式，就是把這樣簡單的

價值重新帶回荷蘭失焦的照顧體系裡，同時也把他多年對產業的理解與觀察，落實到創業理念中，建立扁平化組織，信任專業人員的判斷。Buurtzorg以非營利組織的方式成立，自2007年創辦以來，從一開始只有四個人，截至2018年為止，已成長為一個擁有近萬名員工、900個團隊，每年向7萬名病患提供居家照護服務的組織。

接下來我們就從 Buurtzorg 照顧員愛麗絲的一天，看看這個組織內的照護員與團隊如何運作。

先從一杯咖啡開始的Buurtzorg居家照護

今天是愛麗絲的團隊拜訪南茜奶奶進行居家照護的日子。按下電鈴，門一打開馬上看到南茜迫不及待的笑臉：「我一直在等你們呢！來，外面很冷吧。快進來喝杯咖啡暖暖身子。」

愛麗絲和92歲南茜奶奶的每日會面總是從坐下來喝一杯咖啡開始。其實南茜雖然一個人獨居在兩層樓的大房子，但她一直維持著許多興趣和愛好，也把自己打理得很好，所以並不太需要身體照顧服務。但前一陣子她左手肘開刀，因此連穿衣和沐浴等簡單動作都沒辦法自己來，因此在南茜術後復原的這段時間，愛麗絲的團隊每天會到南茜家兩次協助她。

早上的這一次主要是協助南茜沐浴和更衣，讓她可以用充滿朝氣的方式迎接一天的生活。雖然南茜受傷了，但她不覺得自己就應該用病人的方式生活著，即使她沒有在期待訪客，也不急著出門，但為了讓自己過得開心，她堅持用適當的衣著打扮和維持每日的生活型態來進行復原期間的每日生活，這讓她覺得活著很有尊嚴。

愛麗絲的團隊就是協助南茜即使在身體不方便的情況下，依然能盡可能

保有原來的生活樣態和品質。早上的沐浴主要是用擦澡的方式進行，在過程中，愛麗絲並不是讓奶奶坐著，自己替她進行全身擦澡，而是幫奶奶擰毛巾、擠上沐浴乳，但讓南茜自己擦洗，只有在南茜擦不到的地方，或是有不方便的姿勢時，愛麗絲才提供協助，過程中兩人始終維持著對話、一直聊天，談談南茜昨天晚上有沒有睡好或今天的計畫等，愛麗絲也可以藉此機會好好觀察和了解南茜的身體和心理狀況。

擦澡結束後，愛麗絲幫南茜換上她自己挑選的衣服並戴上她喜歡的項鍊和耳環，確定南茜需要的一切都打理妥當後，才準備離開到下一個客戶家中。

愛麗絲在南茜家前後待了約30分鐘，接下來她跳上停在南茜家院子的腳踏車，騎車來到下一個客戶家中，這次的客戶是一對夫妻，先生88歲，太太89歲，一進門就聞到濃濃的咖啡香，愛麗絲解釋說先生以前是一名廚師，即使現在已經不能像以前那樣大展廚藝，但她每天到訪時老夫婦一定會衣著整齊地邀請她坐下來喝一杯咖啡，愛麗絲的到訪不僅僅是為他們提供照護服務，也讓他們可以持續維持社會連結，「因此這一杯咖啡意義非凡！」

當天早上愛麗絲還陸續走訪了其他三個客戶，一位是新案開發：獨居的96歲琳達奶奶一個月前中風了，現在是女兒在照顧她，但女兒也必須回家了，所以希望請Buurtzorg團隊接手照顧服務，愛麗絲坐下來和琳達奶奶及女兒有一段完整的對話，好好聊聊奶奶的狀況、需求和期望。

另一位客戶彼得是退休軍官，說著一口流利的英文，聲如洪鐘，看似十分健康，但其實他已病入膏肓，身上有幾個器官如果不靠機器和藥物的話隨時都會衰竭，雖然結過五次婚，但現在身邊沒有伴侶，有一個女兒卻不聯繫，原來的主要照顧者是妹妹，沒想到妹妹不久前被診斷得了乳癌，必須開始進行治療，無法再繼續照顧哥哥，因此彼得決定住進安寧機構，希望有尊嚴地走完人生最後的旅程。隔天彼得就要搬進安寧機構了，他特別希望臨走

前可以和每日為他提供照顧的愛麗絲見一面，除了謝謝她，也是因為信任愛麗絲而向她吐露心事，「我這一生過得精采，老實說沒有遺憾；如果真要說，就是希望臨走前至少可以再見女兒一面吧！」

在兩個客戶之間，愛麗絲還停了一個點，去替蘇菲女士檢查傷口和換藥，蘇菲女士有一隻可愛的小狗，住在簡單的一房公寓裡，愛麗絲一邊熟練地換藥，一邊也確認蘇菲的備品都很齊全並整齊地擺放在她的床頭櫃上，這樣不管團隊中是誰過來，都能很快地找到需要的物品。

結束了早上的居家照護行程，愛麗絲回到社區的 Buurtzorg 辦公室，她拿出平板，把早上的訪視和進度都輸進電腦中，一方面也和團隊的其他人進行討論，包括可能的新案，目前團隊有沒有能力接？或是目前進行中的案子有沒有需要幫忙或協調的地方，整個討論過程非常不拘形式。

愛麗絲的團隊目前有 12 個人，這也是 Buurtzorg 認為居家照護團隊最理想的人數上限，從招募新成員、接新案、制定客戶照顧計畫或辦公室怎麼布置、教育訓練課程如何安排等……，所有事情都是大家一起討論，取得共識後進行。

扁平化的組織、不超過 12 人的自主團隊是 Buurtzorg 鄰里照護的兩個特色，接下來我們來看看他們如何透過與眾不同的照顧哲學，翻轉荷蘭的居家照護產業。

Buurtzorg翻轉荷蘭居家護理產業的**3**個照顧哲學

照顧哲學**1** 「再忙，也要跟你喝杯咖啡。」
照顧，從建立雙方的信任關係開始

　　呂郁芳在臺中開設專業居家護理所，從事護理工作 30 年，投入長照 13 年。過去，她自詡是一位相當專業的居家護理師，「因為我每次一進到個案家中，一定很快詢問他們的狀況，迅速確實地把工作做完，連他們請我喝杯水我都拒絕，也絕對不會坐下來和他們閒話家常，感覺這樣太不專業了！」

　　呂郁芳原本以為的「專業」卻在荷蘭創新居家服務組織 Buurtzorg 研修兩個星期後，完全改觀。

　　呂郁芳因為參加了名為「翻轉長照──長照人才培育計畫」[1]而有機會在 2017 年 9 月時到荷蘭研修兩週，「雖然之前也在台灣參加了研習課程和工作坊，但因為 Buurtzorg 強調的是進到客戶家中實做，因此能到荷蘭實地學習還是受益良多。這兩個星期讓我能夠親自觀察、了解他們怎麼和客戶互動、怎麼落實照顧目標、怎麼達到多贏的服務模式，真的太重要！」

　　「這兩個星期我至少跟了五位 Buurtzorg 護理師到超過 30 個客戶家中拜訪，幾乎每一個人都是一進門就請我們坐下來喝杯咖啡。一開始我都禮貌性地拒絕，到了第三家，負責帶領我的護士終於忍不住了，她說：『**對很多客戶來說，我們可能是他這一天中唯一的訪客，能請妳坐下來喝杯咖啡對他們來說是件大事，會讓他們很有尊嚴和成就感，請妳欣然接受！**』」

1　「翻轉長照─長照人才培育計畫」由 J.P.Morgan 美商摩根大通集團以社會企業責任（Corporate Social Responsibility，簡稱 CSR）的方式提供贊助，由弘道老人福利基金會和社會企業銀享全球負責策畫，透過導入兩個國際標竿模式──荷蘭 Buurtzorg 以及英國 Age UK，進行一個長達 18 個月的長照人才培育計畫。

　　這也讓呂郁芳回想起當初在台灣上工作坊時，兩名來自 Buurtzorg 的教練和護理師不斷強調「坐下來喝一杯咖啡」的重要。「但那時候真的沒辦法體會，直到我人到了荷蘭，走進客戶家中，我才真正懂得這句話的含義。**不單指喝咖啡這個動作，而是喝咖啡所創造出來的氛圍，照顧者與被照顧者間的互動和彼此之間的信任，有了這個關係，才有辦法落實自主照顧和全人照顧的理念。**」

　　從 Buurtzorg「坐下來喝一杯咖啡」的照顧哲學中，呂郁芳看到了和服務對象建立信任關係的重要性。

　　身為居家護理師，呂郁芳最不喜歡被人認為自己只是換管護士，因為工作的成就感來自於個案問題獲得改善，以及家屬的感謝。「透過兩星期的研修，我了解到 Buurtzorg 的服務模式及精神，面對未來，我可以確定的是，我正在努力的照護模式是對的，期待未來在長照的領域中，能有更好的發揮。」

　　Buurtzorg 的研修經驗和洗禮，也逐漸在呂郁芳的工作中發酵。回台後她創立了台中市居家護理聯盟，擔任協會理事長，希望透過協會串聯更多有相同理念的居家護理師，共同翻轉台灣的居家照護現況；另外受到丹麥關於足部護理照顧的影響，她也將原來的居家護理所擴大為「足護理照顧生活館」，希望結合自己的居家護理專業和海外研修的經驗，落實社區型居家整合照顧服務。

　　她也仿效 Buurtzorg 的組織架構，將目前團隊人數控制在 12 人左右，並集中在台中市北屯區進行社區型的照顧；員工的管理上則採用「自主管理」的精神，強調化繁為簡，希望能夠在地落實 Buurtzorg 的照顧哲學，幫助在地鄉親。

照顧哲學 2 「Keep it small, keep it simple.」
回歸簡單，放手與信任專業，讓團隊自主運作

弘道老人福利基金會高雄服務處（現已改為屏東服務處）組長曾詩婷是另一位到荷蘭 Buurtzorg 研修的學員。談到自己的學習心得，她說：「Buurtzorg 說：“Keep it small, keep it simple.” 我說：『無論人、事、物，保持簡單就看得見目標。』」

任職於弘道基金會 10 餘年，曾詩婷之前負責帶領屏東服務團隊執行走動式（All-in-one）照顧服務及社區預防照護等相關業務。過程中發現了多年來專業分工造成服務提供的碎片化，例如居服督導多以訪視、行政與核銷為主，照顧祕書著重於現場服務，過去雖時常透過個案討論、探討需求，但似乎不夠貼近需求的根本，客戶（台灣通常稱為「個案」）不一定在照顧的討論之中，反而成為旁觀者。

Buurtzorg 讓專業護理人員自行組織成最多 12 名的小型團隊，針對他們所在的社區提供全方位且多元的照護服務，利用他們本身的專業知識，以及對客戶的了解，來設計並提供客戶需要的服務內容，充分建立照顧者和客戶之間高度互信的合作關係，創造客戶和服務提供者雙贏的成果。

所有決定都是透過討論、取得共識來達成，從接新客戶、招募新成員，都平等對待，團隊沒有層級、沒有上對下、沒有誰比較厲害、沒有誰聽誰的，就是根據客戶需求，大家透過各自的專長和背景，找出最佳解決方案後一起去執行。

Buurtzorg 的創辦人德勃洛克認為：會想要從事醫生、護士工作的人通常都是非常具有使命感的人，他們本身也受過相當高的專業訓練。像這樣的人，不需要太多的管理，只要信任他們，放手讓他們去做，他們就可以做得很好，這是他堅持扁平化組織的原因。如今組織有上萬人，包括 900 個小型

團隊，但真正負責後勤支援的只有45人，其中包括15位教練，負責管理的經理則是一個也沒有。甚至包括德勃洛克自己，都沒把自己當成是發號施令的管理者，身為CEO的他，把自己定位為Buurtzorg理念的推動者和觀念倡議者，不論是對內和對外，他都是負責讓大家更了解Buurtzorg基本價值和理念的人，團隊管理的事就讓團隊自己來。

因為在組織內擔任組長角色，曾詩婷對於 Buurtzorg 自主團隊的特性相當有感，「看到他們團隊如何自主運作對我的確是很大衝擊，也或多或少改變了我帶領團隊，以及和同事的溝通方式。」

她說台灣的照顧管理方式通常還是強調上對下，依循著傳統「官大學問大」的職場倫理，而忽略了一線照顧服務人員在現場所能蒐集和觀察到的訊息，還有他們能更有力量地扮演協助客戶自主管理的關鍵角色，以及對其他團隊中專業成員工作進行有效輔佐的貢獻。

例如一個正在進行復健的長者雖然有專業治療師一個星期來一次，但是誰用正確的方式協助他們？是誰在旁邊鼓勵他們每日不間斷地練習？是誰協助他們找出誘因，或結合他們喜歡做的事情，來讓長者的復健成果更直接而有效？「沒錯！正是居家照顧服務員。」

台灣社會近年來一直在談長照人力不足的問題，所提出的解決方案不外乎引進更多的外勞，或是讓更多人參加90小時的照服員基礎訓練課程，「但其實這些都不能解決真正的問題。」

因為人力不足，除了人口快速高齡化導致看似需要照顧的人口增加之外，其實是許多受過培訓的人不願留在照顧現場，尤其是需求最甚的居服員，長期面臨三低處境：薪資低、社會地位低、成就感低，因此導致留任率低，許多大學相關科系畢業的年輕人也不願投入。

荷蘭的研修之旅，讓曾詩婷看到：當每個人了解並充分扮演好自己角色時，所發揮的力量其實勝過線性式管理，這也是台灣許多傳統照顧服務組織

所採用的方式，透過經理等階層來管理現場工作人員，甚至導致有些一線服務人員要向沒有實務工作經驗的「經理」報告或解釋他們的工作現況，並取得批准等，這讓許多能夠獨立作業的專業人員感到不被信任，甚至造成工作上的困擾，若有不同意見，還得花大量的時間和「上級」溝通。

Buurtzorg扁平化的組織架構完全打破了這種方式，「Keep it small, Keep it simple」的理念充分落實。實務上，透過設計精巧且與實務工作和現場充分結合的IT系統，將行政作業簡化到最低；架構上，只有教練，沒有經理，由身在照顧現場的專業人員自己進行最佳判斷，也培養了Buurtzorg員工的責任感，他們都知道自己除了是照顧人員，也是客戶的個案管理員、資源協調者，而回到團隊中，他們也要共同分擔庶務工作。這樣高度自治的方式也許不適合每個人，但的確吸引了不少認同這樣理念的護理專業人員，因為他們覺得自己的專業受到尊重，沒有了管理階層的干擾，更能夠花時間在最重要的事情上——就是建立和經營與客戶之間的信任關係，並為他們尋求最佳照顧方案。

此外，除了管理模式高度自治，財務也相當自主，沒有階級之分，所有員工彼此之間是夥伴，每個人也都是老闆，針對客戶的分配和排程，可以由資深人員負責，也可以輪流負責。比起單純只是受僱於某單位，Buurtzorg的團隊成員就像創業者，擁有更大的成就動機。總部並給每個團隊固定預算來進行教育訓練，訓練內容則根據團隊各自的需求而決定，不同團隊間則可透過公司內網進行學習和討論，也藉此凝聚組織的向心力和共識。

Buurtzorg的人員離職率只有8%，業界平均值則為25%，此外Buurtzorg的團隊平均年齡較低，請假率也較低，四成以上擁有大學程度。這樣的工作氛圍近年來吸引年輕人加入，一個不斷有新血加入的組織，才能永續發展。

Buurtzorg從2010年到2016年（除2013年外），屢次獲頒荷蘭年度「最佳雇主獎」，員工的滿意度在總分10分中高達9.1。根據這份調查顯示：員

▲ Buurtzorg 辦公室

工最欣賞Buurtzorg模式的原因包括：小而美且有效率的團隊；工作和團隊擁有高度自主性；重視團隊精神；簡單易用的Buurtzorg Web。

照顧哲學❸ 「客戶自主管理」
強調洋蔥模型，找回被照顧者的自我生活照護能力

在 Buurtzorg 的學習，也讓曾詩婷體認到：**服務來自使用者的需求。**透過「洋蔥模型」，使用者、照顧提供者們共同發展出服務內容，滿足期待，人員間的溝通與自主，更能夠提升服務的價值感和真實性。

Buurtzorg的「洋蔥模型」，核心為客戶，由內而外分別是「客戶自主管理」→「非正式網絡」→「Buurtzorg團隊」→「正式網絡」。以客戶為中心的資源連結模式，由內而外再出外而內，無縫接軌非正式與正式資源，給予客戶最完善的「全人」照護，強調**透過整合資源來提升幸福感（Well-being），才是照護的精髓。**

洋蔥模型的最內層，也就是其核心精神是「客戶自主管理」，這個觀念近年來日益受到重視，例如從日本引進台灣的「自立支援」，也是鼓勵個案「用進」，避免「廢退」——多多利用殘存的能力，延緩失能與老化。提供照顧者的角色則從「執行者」轉為「陪伴者」或「協助者」，例如穿彈性襪時，居家護理師不會直接幫客戶穿，而是在旁邊觀察，讓客戶自己來，必要時再介入協助；或是遇到需要施打胰島素的客戶，居家護理師會幫忙核對藥物，但施打藥物這個動作還是由客戶自己來。

從核心的客戶自主管理逐漸向外輻射出三層，分別是：「非正式網絡」、「Buurtzorg團隊」與「正式網絡」。「非正式網絡」是指家人、鄰居和志工等群體，主要提供客戶的生活支持，如陪伴、關懷等非正式資源。歐美社會較沒有養兒防老的觀念，因此子女並沒有奉養父母的義務，但親人

的支持還是照顧體系中重要的力量，因此歸在第二層的非正式網絡中；第三層才是「Buurtzorg團隊」，他們通常會擔任客戶的個案管理員，負責連結、協調、整合客戶身邊的所有資源，例如：探詢兒孫能否提供簡單協助，找尋可能的鄰里支持體系，或連結需要的專業服務等；第四層的「正式網絡」則是由家庭醫師（General Physician 簡稱GP，指的是家庭醫師）、職能治療師（Occupational Therapist，簡稱OT）與物理治療師（Physical Therapist，簡稱PT）、營養師、牙醫師、語言治療師等專業人員組成。三個層次之間各有所長，但又密不可分，可以相互連結與流通。

　　Buurtzorg的居家護理師，由於也扮演「個案管理員」的角色，可以在最佳時機進行最適當的介入（intervention），知道去那裡找專業資源，即時協助引進等，因此客戶在像「洋蔥」一樣層層包裹的四層資源支援之下，就有機會在最有效率、最貼近自身需求的情況下，學會自立照顧，實現在家安老的可能。

　　台灣目前致力推動的社區整合服務，也是透過洋蔥模型的精神，希望逐

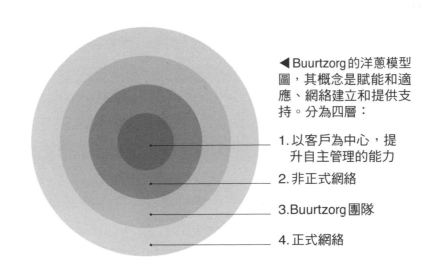

◀Buurtzorg 的洋蔥模型圖，其概念是賦能和適應、網絡建立和提供支持。分為四層：

1. 以客戶為中心，提升自主管理的能力
2. 非正式網絡
3. Buurtzorg團隊
4. 正式網絡

步提高社區整合服務的量能，來實現在地安老的願景。

　　呂郁芳目前正在服務的一個案例：躺在床上多年，什麼事情都需要人家伺候的老奶奶，其實身體並無太大病痛，純粹就只是缺乏再站起來的誘因而已。再加上外籍看護照顧周到，什麼都不需要自己動手，更讓老奶奶長期缺乏運動，無法起身。去過荷蘭之後，呂郁芳決定在老奶奶身上試用她的Buurtzorg經驗。透過聊天和探詢，呂郁芳了解到老奶奶複雜的心情，「她一方面非常期待可以參加年底的同學會，一方面又覺得自己坐輪椅，生活起居都要外勞幫忙，沒有自信去參加同學會，去了會覺得好丟臉！」讓呂郁芳決定就用「不要坐輪椅可以自主參加同學會」作為奶奶的照顧目標，一步步「讓她願意自己起身，從床上坐起來開始，然後下樓到飯廳和我喝下午茶，最後可以出門。」

| 台灣經驗省思 |

荷蘭 Buurtzorg 照顧模式，
讓被判終身臥床的獨居阿嬤
再「站起來」!

　　獨居的寶玉阿嬤不小心被倒塌的傢俱壓到，躺在地上兩天才被發現緊急送醫。被壓到的下肢有骨折和壞死的現象，所幸經過緊急處理與細心的傷口護理，並無生命危險，但阿嬤畢竟年紀大了，下肢受傷嚴重，又經過這樣的驚嚇與折騰，醫師的判斷並不樂觀，當時研判阿嬤有可能要臥床一輩子了。

　　這樣的病例，這樣的醫囑，並不少見；很多家屬和病人會默默接受這個事實；經濟情況許可的話，請個外籍看護來協助照顧。然後寶玉阿嬤就會成為我們看到的那些由外籍看護推著，每天群聚在廟口或公園，看著天空發呆的長者中的一員；要不然就是被送到養護機構中，被集體式地照顧著……

　　然後阿嬤因為身體長期缺乏運動，肌肉流失快速，真的就只能長期臥床，需要24小時的照顧，甚至插管，然後我們就以為，人老了就是這樣。

　　也曾經到荷蘭 Buurtzorg 見學過的陳如珊，目前任職於台中市美家樂齡居家長照機構，她是負責寶玉阿嬤的個案管理員。透過台中市推動的「陪出院計畫」，她從寶玉阿嬤情況穩定、準備出院時，就接手這個案子，開始想著阿嬤從醫院離開回到家以後，生活要如何重新開始。

　　儘管醫生說阿嬤有可能要一輩子臥床；儘管過去沒有什麼例子證明阿嬤可以再站起來，但去過荷蘭，看過真實案例的陳如珊並沒有就這麼相信醫生的話。她知道，已經習慣自己獨立生活的阿嬤，如果就此失去行動力，生活

將有多麼無趣與悲慘。所以她以讓阿嬤「可以站起來走路、恢復獨立自主的生活」作為整個照顧計畫的目標,從醫院到社區、從專業人員到家人鄰居、從生理需求到心理支持,為阿嬤連結不同資源,一步步建構和執行阿嬤的照顧計畫。

透過評估和觀察,陳如珊發現獨居的寶玉阿嬤其實不是只有下肢的損傷問題需要解決,也需要營養攝取、個人清潔與排泄、肢體活動功能障礙、預防不動症候群合併症等照顧,其他還有非醫療的需要,例如:文書和家務協助、交通接送來陪同外出(看診)、增加社會參與;此外,用藥、特殊照護、認知功能缺損/安全維護等方面都需要幫忙。因此陳如珊為寶玉阿嬤所訂定的照顧計畫,就從最核心的傷口護理開始,還順便處理了「灰指甲」的長期足部問題;另外又安排就醫回診的交通接送;藥師到府將藥品重新標示排放,並教導正確用藥。

要讓阿嬤再站起來自己行動,一定要制定「復能計畫」,計畫分三階段進行:初期因傷口還在,因此復健師主要指導上肢關節運動、日常生活正確姿勢與技巧、轉位技巧及注意事項、居家無障礙環境評估改善及建議;中期則開始教導正確坐姿及站姿,以及姿勢矯正、坐姿及站姿平衡訓練、下肢承重功能訓練;後期則練習使用助行器走路。

陳如珊一邊結合包括護理師、藥師、居家復健師等專業人員提供整合服務,並事先安排交通接送陪伴阿嬤就醫,一邊耐心地陪伴阿嬤給予心理支持、有效執行照顧計畫。

就這樣,一度被評估可能要一輩子坐輪椅的寶玉阿嬤,在出院 17 天之後,就可以在有人陪同的情況下,做自己最喜歡的事情——走路到傳統市場買菜!

Buurtzorg的6大成功要素

關於Buurtzorg的成功，創辦人德勃洛克從自身的經驗和多年的觀察，總結六大要素：

要素1 有效率的小團體

以社區為基礎的照護系統是最有效率的，Buurtzorg讓專業護士自行組織成最多12名護理人員的小型團隊，針對他們所在的社區（通常是一萬人上下）提供全方位且多元的照護服務，利用他們本身的專業知識，以及對客戶的了解，來設計和提供客戶需要的服務內容，充分建立照顧者和客戶之間高度互信的合作關係，創造客戶和服務提供者雙贏的成果。

要素2 自主性強

德勃洛克多次提到，會想要從事醫生、護士、警察、消防員這類服務工作的人通常都是非常具有使命感的人，他們本身也受過相當高的專業訓練。因此不需要太多的管理，只要信任他們，放手讓他們去做，他們就可以做得很好。他在Buurtzorg中充分貫徹這個理念，讓護理人員覺得受到尊重和禮遇，也使他們有機會和客戶建立互信且長期的關係，並讓他們的專業能力發揮到最大。

要素3 回歸簡單

所有事情都該化繁為簡，舉凡行政組織、管理流程、服務項目等，一切都該回歸到人與人之間互相照顧的本質，愈簡單愈好。德勃洛克雖是執行

長，但他不以最高管理者自居發號施令，而是著重在資源整合和理念的推動，希望創造一個自主學習、有機成長的環境，讓護理人員成為彼此最佳的學習夥伴、顧問和導師。「我們利用公司的內網（intranet）進行各項討論，從事服務工作時，沒有階級和身分的差別，因為彼此有不同的專業背景，任何人有問題，只要透過這個平臺，就可得到許多人的專業意見。」

要素4 重視結果而非過程

政府考核和評量照顧體系與人員的方式必須改變。必須從計時制轉向結果制，強調及注重「成果」（outcome）。不是看一個人一個小時做了多少事，或是看客戶有多少小時可以用，然後找項目來花這些錢；相反地，應該是確認客戶的照護目標後，量身訂做可以幫助他達到目標的各式醫療和居家相關服務，然後一個階段一個階段地觀察他進步的情況，並隨時修正。

要素5 為簡化行政作業和流程，搭配先進的IT科技平臺

為了簡化行政作業和流程，Buurtzorg在照顧現場採用「奧瑪哈護理分類體系」（Omaha System）[2]，讓不同的護理人員對於照護情況可以有一致的認定和理解，然後把這樣的思維灌注在先進的IT科技平臺Buurtzorg Web上。護理人員很容易透過平板進行照顧工作項目管理、客戶資訊管理，也有社群分享的功能，大大減少他們的行政和文書工作負擔，讓各種專業照顧知識和案例分享更流暢，也讓客戶直接受益。這套IT系統由護理專業人員主導，而非IT人員，因此非常符合現場工作人員的使用習慣和思維，多年來不斷透過回饋進行修正，已經成為一套強大的數據分析和管理工具，還可以

2　「奧瑪哈護理分類體系」英文為Omaha System，是美國訪視護士協會發展的一個以社區護理實踐為對象的新型護理實踐分類系統，其有助於護理人員促進臨床實踐、語言記錄和信息管理，被應用於社區護理、延續護理、臨床護理、護理教育和護理研究等多個領域。

時時反映出團隊目前的工作狀況和效率，協助團隊進行更好的時間分配和客戶管理。

要素⑥ 落實個案管理，「洋蔥模型」得以實踐

照顧的終極目標其實是不要照顧。如果被照顧者不覺得這是自己想要做的事情，那無論周遭的人再怎麼努力都沒有用。洋蔥模式把客戶自主管理擺在「全人照顧」的核心位置就是要凸顯這一點，第一圈是家人、鄰居、志工所組成的非正式網絡，第二圈是根據需求到家中服務的Buurtzorg團隊，最外圈才是醫護、職能治療等由專業人員所組成的正式網絡，但這些其實都只是幫助客戶步向成功的夥伴和一路相伴的啦啦隊，他們要做的是替客戶找到努力的誘因和方式、激發其潛能，或透過專業知識協助客戶達成目標，但無法取代客戶自己的努力。換言之，再好的照顧方案，都無法由照顧人員用「推」的方式加到客戶身上，來達成「客戶自主管理」。

成功翻轉居家照顧產業，
Buurtzorg讓迷失的企業組織重新找到靈魂

Buurtzorg的成功讓荷蘭政府積極導入其模式，他們曾屢次獲選荷蘭年度最佳雇主，並列的都是像KLM荷蘭航空或飛利浦這樣的大企業。對此德勃洛克並不居功，他說：「這項殊榮來自於我們選擇什麼都不做，我們放手讓專業的人自己管理，他們知道怎麼做最好。」

德勃洛克以非營利組織的方式成立Buurtzorg，並強調創立Buurtzorg的初衷就是相信「我們可以用更少的花費來提供更高品質的照顧（Lower cost for better care）」。所謂更少的花費並不是指更低的服務單價，根據KPMG所公布的一份調查報告顯示，使用Buurtzorg的服務，雖然每小時服務單價較高，但是因為服務更有效率，使用的總時數較少，長者的花費反而下降。

透過組織架構的改變，以及重新定義以鄰里為基礎的居家照護模式，德勃洛克有效驅動了專業服務人員的熱情，一方面提高服務人員的工時給付，但因為受照顧者健康狀況的提升和滿意度的提高，反而降低了國家最終總體醫療的花費。這種對於居家護理的突破性創新，讓他於2014年獲得英國皇家藝術學會的肯定，獲頒亞伯特勳章，這是對於新創者最重要的獎項之一。

　　Buurtzorg創新的商業模式，近年來在歐美國家引起極大迴響，盛讚其「終於讓迷失於終日斤斤計較營收的組織和企業，重新找到靈魂。」落實以人為本的Buurtzorg，不但成功翻轉居家照護產業，更被視為21世紀企業創新的典範，目前已在瑞典、美國、日本及中國等地開設子公司。

　　德勃洛克本人曾於2015年受社會企業銀享全球之邀，首度來台在銀浪新創力國際論壇中分享Buurtzorg的照顧理念，讓許多人印象深刻，接下來透過參訪團、工作坊等不同形式在台灣持續推廣其理念，成為居家護理產業的金字招牌，得到許多人的認同與追隨。

降低孤獨感，提升幸福感，就能減少照顧

聽過春秋時期名醫扁鵲的故事嗎？有一次，魏文王向扁鵲求教：「你們家兄弟三人，都精於醫術，誰的醫術最好？」扁鵲回答說：「大哥最好，二哥次之，我是三人中最差的一個。」魏王不解地說：「願聞其詳。」

扁鵲解釋說：「大哥治病，都是在病情發作之前，那時候病人自己還不覺得有病，但大哥就剷除了病根，使他的醫術難以被看見，所以沒有名氣，只是在我們家中被推崇備至。二哥治病，是在病初起之時，症狀尚不十分明顯，病人也沒有覺得痛苦，二哥就能藥到病除，使鄉里人都認為二哥只是治小病很靈。我治病，都是在病情十分嚴重之時，病人痛苦萬分，病人家屬心急如焚。此時，他們看到我在經脈上穿刺，用針放血，或在患處敷以毒藥以毒攻毒，或動大手術直指病灶，使重病人病情得到緩解，所以我名聞天下。」魏文王大悟。

治病於未病，是最高明的醫術。這樣的觀念促成了預防醫學的發展、公衛觀念的普及和疫苗的發明，也造成了嬰兒死亡率大減和人類平均壽命大增的「奇蹟」。但不知為什麼，同樣的觀念在台灣，面對高齡社會或長照問題時，卻被遺忘或捨棄，而選擇用最難最貴的方式去解決問題，也就是等到問題變大了再處理。就像扁鵲一樣，雖然看起來很厲害，但充其量只是把命救回來而已，還是會留下後患。

這樣的照顧和處理思維，到底能給誰帶來幸福？

最高明的醫術：治病於未病；最好的照顧：讓客戶自立，帶給他們幸福感。

1960年代，台灣正處於經濟即將起飛的時期，當時65歲以上的「高齡人口」只占總人口的2.47%；而西歐許多已開發國家，卻已經在面對人口高齡化的問題，當時的英國65歲以上人口為11.72%。不到60年後，台灣在2018年3月正式邁入高齡國家之列，表示超過65歲的人口占總人口比率的14%；而早在1970年代就正式進入高齡社會的英國，即使在50年後的今日，還保持在這個階段。

為什麼英國的Age UK整合服務模式對台灣具有極高的參考價值？儘管國情和文化不同，英國的公醫制度（NHS）和台灣的全民健保確實有諸多相似之處，也為台灣許多醫療界和學術界的專業人員所熟悉，兩者在提供平價醫療保險的同時也面臨了資源遭到濫用和經費不足的問題。尤其是英國NHS，不但預算遭到大幅縮減，高齡人口的快速增加，更讓原本就不是設計來提供長期照顧的NHS承受極大的財務壓力。

兩者所面對的醫療和長照無法有效整合的狀況也類似：就醫與醫療利用高、長者孤獨、資源網絡零碎為英國重要的長照問題；英國健保局年年赤字，資金缺口來到了414.4億（英鎊），嚴重到醫生都要上街罷工。英國的醫療利用率過高肇因於過去在英國的一個特殊現象：老年人呼叫救護車的比率高得嚇人，因為英國家庭結構有很多長者獨居，親人也不住在附近，所以當自己有醫療需求，甚至只是覺得身體好像哪裡怪怪的，就會直接呼叫救護車，以便到醫院做確認。因此造成醫療成本的消耗快速，英國政府在面對長照政策時也綁手綁腳，無從紓困。

這些現象在台灣看來都很熟悉，也是中央政府透過新政策努力想要轉變的現況。

當台灣面對高齡化社會的到來，因應方式仍圍繞著傳統的照顧思維，認為照顧就是提供無微不至的照顧，認為照顧就是把對方保護得好好的，認為長者需要的是更多人手和更多照顧，認為長照2.0是面對高齡社會的唯一解方……

英國用半世紀的高齡化歷程告訴我們：上述做法終將失敗。

面對席捲全球的銀髮海嘯，有深厚歷史文化的英國人如何面對？英國最大的長者服務組織Age UK以「提升幸福感」為依歸所提出的「整合服務」（Integrated Care Service）就是他們透過創新思維提出的解決之道。

我們就來看看，透過Age UK的整合服務，英國在過去八年促成了什麼樣的轉變？

Age UK整合服務的核心理念：提升幸福感勝過藥物治療

Age UK成立於2009年，前身是Age Concern以及Help the Aged兩個英國主要的慈善組織，數十年來累積了相當的實務經驗以及網絡。兩個組織的整併是英國史上規模最大的慈善機構合併案，也使得Age UK成為英國照護領域最大的機構。

身為英國最大長者服務組織，Age UK 的座右銘是Love Later Life（熱愛晚年生活）。他們的定位非常清楚，既不是一個醫療單位，也不是一個純粹的社福組織，他們最大的資源就是長期在社區中深耕，提供長者除了醫療和社福以外的服務，還有廣大的志工群。

Age UK的整合服務計畫的原名是Personalized Integrated Care（個人化整合照顧計畫），其目標是嘗試在原本的健康照顧和社會照顧中走出一條新路，「整合服務」就是針對資源減少、需求卻快速增加的前提所提出的創新方

案。透過非醫療資源的介入，以提升長輩幸福感為目標，著重前期的預防來減輕後端醫療成本的支出。

整合服務是他們自2012年開始推動的專案，其雛形是原來在康沃爾（Cornwall）地區推行的Living Well計畫，康沃爾地區在執行這個計畫一年內就減少了三分之一的急診就診率。經過2014～2017年的第二階段，2018年開始的第三階段，目前全英共有14個地區，167個社區加入這個計畫。

Age UK 整合服務的核心理念是：以社區為中心，透過小規模的試行，具針對性的資料蒐集與分析，先找出社區中需要幫助的亞健康長者，然後以每名長者為中心，透過 Age UK 工作人員和志工，串聯他們的需要，包括醫療、社福和生活服務等各項需求，以讓這名長者能夠以自己照顧自己為目標進行質的提升，目標涵蓋身心靈三方面的全人照顧。

Age UK在進行服務時，強調**「早期介入與預防」**，相較於後端用治療的方式去延緩失能，還不如在前端就做好防禦的準備。怎麼落實「早期介入與預防」呢？早在Age UK的社區小型單位成立之初，曾有一年的試辦期進行小規模的試營運，這一年當中會透過資料的蒐集與分析，找出社區中具潛在失能危險的亞健康長者，針對他們進行早期的健康促進與疾病預防。

計畫試辦初期將參與者設定為醫療體系的「高風險群」，也就是醫療體系利用率最高的一群人，他們可能是身體有兩個以上的慢性病，並且在過去一段時間中較頻繁地進出急診室等；因為英國的公醫制度下設有所謂的「GP」（General Practitioner，類似台灣的家醫師），因此從GP轉介來的參與者是重要的來源。另外，參與者必須是自願加入這個計畫。

資金方面，就像台灣，長照的需求要靠健保的支持才能順利運作，英國也是一樣，整合計畫的初期經費有一部分來自英國的NHS的補助，所以Age UK的首要任務是說服英國健保局NHS解決資金問題。於是在整合服務體系草創之初，就透過三年的「實證研究」，進行成效分析，結果顯示使用者的

▲英國最大長者服務組織 Age UK 的地方分支機構

滿意度提高、孤獨感下降，最關鍵的醫療利用率也明顯下降了三分之一。

　　Age UK用數字說話，讓政府健保官員了解社群整合照顧模式有其存在的必要。NHS與長照因此相互搭起了橋梁，衛政端的許多問題獲得解決之餘，原本靠募款的Age UK也同時獲得一筆能有效利用的財源，雙方互利共生。

　　比起強調照顧服務，Age UK更強調如何**「提升幸福感」**，並以此作為其整合服務的核心價值和目標。Age UK整合服務的概念很簡單：因為傳統醫政、社政、衛政在經費持續削減的情況下，只能愈來愈著重在提供「最緊急的照顧、滿足最基本的需求」（basic and urgent care and needs），但**對病人和醫院的主要使用者——長者來說，生命中不單單只有「需要（Needs），其實還有許多的「想望」（Wants）**，誰能夠協助他們達成這些想望呢？

這個看法的出發點非常重要,因為這樣在設計提供給長者的服務時,就不會一味地專注在「治療」生理及身體症狀,而是能夠從他們的社會需求出發,建立連結。Age UK 的計畫自推動以來取得多項實際成果,其經驗充分顯示:長者需要的,不是更多的醫療、藥物,而是「幸福感」,這來自於用心陪伴、更多的社會參與和連結,更多能夠幫助他找到生命意義,燃起「想要為自己而活」之想望的照顧夥伴。這類照顧夥伴不是高學歷的各式醫療專業人員,而是懂得同理的個人獨立協調員(Personal Independent Coordinator)和充滿熱情、願意付出時間和精力的志工。

Age UK 有一句著名的口號是「No one should have no one.」(每個人都該擁有另一個人的陪伴),他們以降低孤獨感、增加幸福感為己任,在英國堅持不懈地掀起一場革命,讓長照界見證了他們在逆境中求生存的能力。

現在,就讓我們用一個例子看看整合服務如何透過幸福感的提升來達到長者服務的目標。

以人為本的服務設計,新角色PIC幫長者找回對生命的熱情

迪爾(Deal)是英國多佛海峽附近一個退休人員群聚的小鎮,喬治・貝利和太太一起住在靠近海邊的一棟兩層樓小屋中,從1972年一直住到現在,前面有個小小的庭院,花木扶疏,主屋外觀雖然舊了些,但裡面卻打理得窗明几淨,放了多年來累積的紀念品和家人照片。

82歲的喬治身上有多種慢性病,又有心臟方面的問題,經常走幾步就很喘,因此大部分時間都坐在椅子上。嬌小的太太是喬治的主要照顧者,但太太年紀其實也大了,要照顧體型壯碩的先生格外吃力,太太前一陣子跌倒摔傷了右腳,實在需要外援,因此在家庭醫生的轉介下,決定參與 Age UK

的整合服務計畫。

Age UK將這個案子分配到社區所屬的個人獨立協調員（Personal Independent Coordinator，簡稱PIC）派蒂的手上，派蒂在接到案子的當天就打電話給貝利夫婦約時間見面。

九月上旬，一個晴朗的秋天早晨，派蒂依約來到貝利家，身為整合服務的靈魂人物PIC，派蒂扮演的角色非常關鍵，她是蒐集整合服務計畫參與者（貝利夫婦）所有需求並協調相關整合服務的主要窗口，從安排接送的司機、到聯絡家庭醫師確定用藥，到社區其他服務，她都要去認識與連結。但首先，她必須透過「引導式對話」（guided conversation）將喬治‧貝利的訊息和需求完整地蒐集下來，親自到他們家拜訪則有助於她親眼觀察和體驗參與者的生活需求，並察覺他們可能都沒有注意到的細節。

「引導式對話」有既定目標，也有建議的題目，印出來就像是一份平常的問卷，但需經過專業訓練才能進行。派蒂並沒有拿著問卷問問題，而是閒話家常似地開始和貝利夫婦倆聊天，從兩人的出生成長背景到家庭關係等等，無話不談，貝利夫婦感覺上很開心，分享了許多家人的小故事，談興甚濃。

走路都拄著拐杖的貝利夫婦談到了兩人的健康狀況，先生有心臟問題，卻不願戒菸，再加上聽力也不太行，因此都是太太應答較多；在學校教了32年書的太太退休後除了照顧先生，就是整理花園。兒子住在不遠處，經常會來探望，財務上因為太太有年金，兩人也有些積蓄，因此生活上還過得去。

但太太最近跌倒，右腳不能伸直，連上樓都很困難，因此要照顧先生就更吃力了。派蒂也要求能否看看他們的居家環境，看硬體和動線方面有沒有什麼可以立即改善的地方。

第一次的會面不一定馬上就會得到結果，但派蒂從引導式對話中隱約感

到對喬治最有意義的照顧目標應該是戒菸，但這件事要他本人提出而且願意做才行，因為整合服務的最大目標是希望找到方法來驅動參與者自主管理自己的健康。

第一次會面大概一個鐘頭，約好下次會面的時間，派蒂就離開了。她會將今天蒐集到的資訊和團隊裡的其他人討論，一起找出最能提升喬治幸福感的方法。

當天離開貝利家後，因為還有一點時間，派蒂決定帶我去另一個地方。到了現場是一個小型咖啡廳，看起來似乎正要開始一場講座，聽的人不多，加起來就十幾個，派蒂領我走向前方一位頭髮花白的男士，他看起來精神很好、神采飛揚，他一看到派蒂走過來，馬上給她一個大大的擁抱，並向大家介紹派蒂是他的好朋友。稍後，派蒂向我解釋，這位先生是彼得，他之前參與過整合服務，現在已經結案，但和派蒂還是保持聯繫。

彼得原本是個珠寶商，愛妻10年前過世後，他一直無法從悲傷中走出來，因此身心方面出現了一些毛病，看醫生也沒什麼用。彼得有帕金森氏症，在沒人協助的情況下他根本不敢出門，所以經常一個人關在家裡。家人雖然關心他，但他們都住在很遠的地方，所以彼得固定會見到的人就只有每個星期來打掃的清潔阿姨。彼得以前很喜歡畫畫，也曾是扶輪社活躍的一員，但太太走後，他就不太從事這些活動，因為這些都會讓他想起逝去的太太，徒增傷心罷了。

獨居、心情低落讓他開始有了憂鬱的傾向，吃了醫生給的藥不但沒有改善，還讓他常常覺得頭暈，因此有幾次在家跌到，被送到了急診室。

透過家庭醫生（GP）的引介，彼得參與了 Age UK 的整合服務計畫，派蒂是他的PIC。當派蒂第一次看到彼得時，他的狀況非常不好，喪偶的憂傷和寂寞其實是影響彼得健康的主要障礙與問題，那應該怎麼辦呢？送他去醫院再多次，有用嗎？

　　派蒂先和彼得進行了幾次深入的引導式對話，目的在挖掘彼得的真實需求和心之所愛，而不僅僅是了解表面上看到的病情或狀況。從言談中派蒂發現：彼得希望可以多認識新朋友，也還想覺得「自己有用」，談到他之前的珠寶貿易工作時，他說得眉飛色舞，看起來十分開心。所以派蒂就想，如果可以安排一些機會讓彼得分享他有興趣的事情，應該不錯。不久他們指派了一位志工來和彼得合作，先讓他到附近的日間照顧中心和晨間咖啡小組進行小型分享會，發現觀眾很喜歡彼得的故事，而彼得也慢慢從這樣的活動中重新尋回自信與對生命的熱愛。

　　如今彼得重拾畫筆，參加藝術小組，並因此有了新的社交圈。朋友不時來造訪他，和他共進午餐，或約他外出走走。他還定期參與晨間咖啡小組，並當起「前輩」，特別關照新來的人，幫助他們融入群體中，還有愈來愈多的團體邀請他去談談珠寶交易的知識和趣聞！

　　對此，彼得開心地說：「Age UK 應該改名叫 Age OK，只要看看我就知道了！」（You should name Age UK, Age OK, as I now feel all OK!）

　　對彼得來說，他能從低谷中走出來，靠的不是藥、不是醫生，而是Age UK 針對他的狀況所開的「個人處方」，由PIC整合不同服務，運用的成本極低，效果卻很大，最重要的是，彼得真的重新找到了生命中的幸福感。

　　Age UK 整合服務以「提升幸福感」為依歸，相信長者照護的終極目標不在於解決病症，而是在增加幸福感，透過整合服務，他們一步一步朝這個目標前進中。

從醫療和長照的斷鏈，找到新突破口：
Age UK整合照顧服務的**3**大特色

　　身為英國最大的長者服務機構，Age UK有三大目標——對抗孤獨（We combat loneliness）、提供諮詢（We provide advice）和驅動自主（We enable independence），因此整合照顧服務的目標也以符合組織的三大目標為依歸來設計，並透過增加新的職種「個人獨立協調員」（PIC）來達成。整合服務主要有以下幾個特色：

服務特色**1** 創造PIC新職種，有效補足長照人才缺口，還增加就業機會

　　「PIC」（Personal Independence Coordinator），中文譯為「個人獨立協調員」，是Age UK整合服務的關鍵角色，因為整合服務計畫是圍繞著參與者來連結不同的專業和服務，因此需要有一個負責內部整合和外部溝通的窗口，PIC所扮演的正是這樣的角色，他是連結正式與非正式服務的人，為Age UK發展社區整合照顧服務的核心。

　　在Age UK的設定中，**PIC的職責特質是能夠很快與參與者建立關係及信任感，並擅長溝通，所以不必由傳統照顧體系中的醫護或社工背景來擔任，有時候非專業的人士甚至更好，只要他願意和人親近、懂得察言觀色、擅長聆聽都很適合**，有人說演員就非常適合擔任這個角色，因為他們非常懂得揣摩和理解別人的情緒。

　　一般來說，PIC會先與計畫參與者透過「引導式對話」，充分了解他們的需求，然後以非醫療導向的「提升幸福感」作為主要照護目標，列出照顧計畫，然後導入相應的資源，並和志工搭配來執行計畫。

　　在台灣，我們習慣把照顧當成一個專業，甚至凡事以醫生護士之言馬首

是瞻。讓不具備醫療照護專業知識的人來擔任PIC，是出於什麼樣的考量呢？這時就要更深刻的了解Age UK的背景和定位。

身為全英最大的長者照顧機構，Age UK雖然擁有許多資源和照顧長者的經驗與知識，但另一方面，他們了解自己是一個民間單位，既非衛政、也非社政，而是一個獨立的支持體系，因此在整合服務的提供上，它也必須扮演**關鍵第三方**的角色。從了解到提供長者全方位的服務，需要不同的專業和資源介入，例如醫師的診斷、護理師等專業技術的導入、居家服務員在必要時提供日常身體照顧等，所以PIC的工作就是聚焦在長者的「生活支持」，以「增加幸福感」為使命。他們居中協調，聯繫親屬、照護工作者與其他單位，並且協助長者與社區建立連結。

PIC正式進入服務之前仍需經過一連串的培訓，以建立基礎的專業素養。就像案例中的派蒂一樣，PIC不穿制服，以增加親和力，他們進到服務對象家中，會先透過聊天等無壓力的方式和服務對象互動，了解家庭歷史、挖掘其興趣，並融入適當的生活照顧，不像台灣家訪時常會帶著一堆表單跟長輩一問一答，顯得制式，也缺乏人情味。

PIC也會根據長輩的喜好開啟相關話題，例如有位長輩年輕時愛騎馬，PIC就會跟他聊聊這方面的經驗；另一方面，PIC會根據長輩的個人興趣建立提升生活品質的短期目標，這個目標不會太過遠或太過艱難，例如「我只想像過去一樣，帶著小狗到海灘上散步」、「重溫跟姊妹一起喝茶聊天的時光」、「希望能夠有人幫我燙美美的頭髮」，或是因跌倒而骨折的爺爺只是想要「有個人能幫他遛狗……」

設定好目標後，PIC的功能就是讓長輩們藉由在家良好的「自主健康管理」達到目標。與此同時，PIC會緊密協調居家服務與醫護單位溝通照護計畫的合適性，確保這些單位提供的是長者喜歡的服務。所以我們能輕易看出PIC的特質是親切、會聊天與傾聽，而且對於「人」抱有極大的熱情，透過

謹慎且細膩的觀察提供身心靈三方面的全人照顧。也因此平均一位PIC每個月在一位個案身上花的時間長達11小時，手上最多接20位個案，但也因為這樣細膩的服務，平均每位個案的服務時間通常限定在12週之內完成目標。

透過一點一滴小小的量能累積，Age UK期待利用一點一滴幸福感的累積讓長者活出生命的最大值。

服務特色 2 小兵立大功，志工是整合服務成功的關鍵

除了設立新職種PIC，Age UK整合服務部門在人員配置上的另一個神來之筆是善用志工。透過引進訓練有素的「志工」成為整合政府和社區不同單位之間的串聯者，在為期12週的整合服務期間和PIC配搭，進行一對一服務，有些在服務期滿後，因為和參與者已經建立像朋友一樣的關係，依然會持續到訪，維持和參與者的聯繫，也因此大幅提高了計畫參與者的滿意度。

前文提過，因為傳統醫政、社政、衛政經費持續削減，不管是醫療單位，或是拿政府資源的社福單位，都只能處理最緊急、最基本的需求。但Age UK觀察到，許多身體有問題的長者其實是心理因素導致的，也許因為長期缺乏社會連結讓他們感到寂寞而導致身體健康狀況下降；也或許是因為突然遭受大的打擊，突然患病、失去配偶等，讓他們失去了「活著」的目標，而導致身體健康出狀況。這樣的案例送到醫院能做的事情其實有限，但又沒有嚴重到可以得到社福機構的介入，這群人成了現行體系中的「隱形人」，或稱為「不定時炸彈」，誰能更有效地針對這樣的需求提供服務呢？誰能夠協助他們達成生命中不僅僅是生存的「需求」，而是「好好活著」的想望呢？

這就是志工發揮專長的時候了！他們花時間和長者聊天、進行各式活

動，幫助他們設計自己的健身計畫，達成各種小小的想望，提供給他們包括身心靈的各項服務，而這一點一滴的努力看似微小，卻在長輩身上展現了大大的效果！以提升幸福感為前提，他們幫助長輩重新找到生活目標，也改變了他們的身體狀況，讓他們不再因為一點點不舒服就叫救護車上醫院，大幅減少了醫療資源的浪費。

擔任整合服務的志工需要什麼樣的條件？原則上沒有太多限制，他們的主要任務是擔任PIC的搭檔，在三個月期間，在特定地區，和參與者建立一對一的夥伴關係，為參與者，甚至是他的家人，進行支持服務，其實就是啦啦隊的概念。

◆志工的工作內容包括：

- ‧鼓勵和支持參與者邁向獨立和建立自信；
- ‧陪同參與者前往共餐地點或其他社交俱樂部或參與活動；
- ‧開車載參與者去他們需要去的地方，幫忙攜帶輔具或輪椅等；
- ‧幫助參與者填寫表單或完成需要的行政或註冊手續等；
- ‧有時候要幫忙進行簡單的家事清潔、購物或居家服務等事項；
- ‧鼓勵長輩從事他們喜歡的活動並盡可能陪他們進行，例如散步、玩拼字遊戲等。

◆志工需要什麼樣的技能？

- ‧以不任意評斷（non-judgmental）的態度和方式，當一個好的傾聽者，並具有良好的溝通技能；
- ‧具有關懷別人和體察微小需求的能力與態度；
- ‧對高齡者的需求可以理解並同理；
- ‧定時並樂於參與志工會議；

· 擁有正向積極的學習態度；

· 遵守「健康安全」、「隱私保護」和「平等多元」等政策與原則的指示；

· 需要接受志工訓練；

· 無犯罪紀錄；

· 服務時數每週最少兩個鐘頭。

公共服務和擔任志工是歐美國家的優良傳統，英國人從小就開始花時間參與志工服務，因此長期在社區經營的 Age UK 多年來也積累了一個頗大的志工資料庫。因此在推動整合服務時，龐大的志工人力成了他們最強勁的後援，他們也順利將其轉化成計畫成功不可或缺的關鍵因素。

服務特色③ 以提升幸福感為依歸，跨專業團隊共同執行以參與者為中心的照顧方案

傳統對於老年人的照顧，都是以醫療為導向的照顧，因此只看到他們身上的病症，並認為長者的不快樂來自身體的不健康；但長輩身上或多或少都有些慢性病，如果只是一味追求無病才是健康，才能快樂，那恐怕很少長輩可以過上健康快樂的老年生活。很多長者的身體健康出現狀況其實是因為生活環境、生活方式、心理因素，甚至外在的家人和社交關係有壓力而導致身體的疾病。**Age UK 的「整合服務」想要從另外一個角度——提升幸福感來作為形塑老年快樂生活的依歸，並透過找出幸福感來幫助長者重建生活秩序，讓長者願意自己管理自己的健康和生活樣態，為自己的生活訂出目標和優先順序。**

Age UK 整合服務的核心理念：以社區為中心，透過小規模的試行，和

具有針對性的資料蒐集與分析，先找出社區中需要幫助的亞健康長者，然後以每名長者為中心，透過 Age UK 工作人員和志工，串聯他的需要，包括醫療、社福和生活服務等各項需求，讓這名長者能夠以「自己照顧自己」為目標來進行質的提升，目標涵蓋身心靈三方面的全人照顧。

針對每一個參與者，都有一整組跨專業團隊，從家庭醫師、護理師、社區護理師、復健師、居家服務員，到里長、家屬、志工和PIC，只要是對這名客戶有幫助的個人和組織都可以連結起來，藉由結合醫療和非醫療的資源、正式與非正式的網絡，建構一個打造客戶幸福感的支持體系。

跨專業團隊成員固定聚會、共享資訊、密切協作、提供不同的觀點和專長，透過討論達成共識，一起創造出一份最能夠提升參與者幸福感的照顧計畫。

因為每個客戶的需求不同，他所屬的跨專業團隊組成也會不一樣，甚至因為客戶在每個階段的目標不同，跨專業成員的工作分量也會不同。PIC 在團隊中扮演連接和催化的角色，志工則提供持續性的陪伴，讓客戶不會在PIC 結案退出後就失去進行的動力。

|台灣經驗省思|

翻轉照顧的金字塔，
脫離制式的想像

英國和台灣面臨的長者情況其實很類似，我們先來看兩個案例：

案例1：

還記得前文中提到的彼得嗎？職業是珠寶商的他在愛妻10年前過世後，一直無法從悲傷中走出來，看醫生也沒什麼用，再加上有帕金森氏症，他變得極度沒有自信，在沒人協助的情況下根本不敢出門。家人都住在遠方，身邊沒有親近的人，孤獨成了他要對抗的另一個病症。他做什麼都提不起勁，連最喜歡的畫畫都放棄了！

案例2：

吉娜有狹心症、失智症和其他一些慢性病，過去這一年她在家跌倒過數次，有幾次還被送到急診室，因此她都不太敢出門。但一直待在家裡讓她的性情變得十分抑鬱暴躁，也讓長期擔任她主要照顧者的先生壓力很大，先生常常覺得自己快受不了了，希望有喘息的空間和自己的時間。

以上這兩個英國的案例，如果把名字改成李先生或張太太，其實也不突兀，不是嗎？面對這兩個案例，台灣可能的處理情況是什麼呢？

針對彼得的狀況，台灣的做法是教他去看身心科，給他治療帕金森氏症的藥物，但也要他自己願意去醫院，至於狀況是否會因此改善？不確定。

　　喪偶所帶來的憂傷和寂寞，只能靠彼得身邊原有的人際網絡嘗試提供協助，除非他變得更嚴重，被送到醫院或者出現危害社會的行為，否則彼得的案例目前應該就只是被擱置在那裡，沒有什麼資源會用來幫助他。也許在相關人員的眼裡，他根本還不算是個案例，因為還有其他更嚴重的案例需要被處理，資源需要被放在那些人身上……

　　吉娜的例子在台灣就更常見了，隨便問問身邊的人都可以聽到類似的狀況。社會新聞裡不堪長期承擔照顧壓力而導致殺妻、殺夫或殺父、殺母的新聞時有所聞。但這種情況通常必須嚴重到爆發極端後果，才會有資源介入，但經常是為時已晚。

　　讓我們看看在Age UK整合服務介入之後，吉娜和彼得發生什麼樣的變化。

　　在和吉娜進行深度訪談之後，Age UK的人員發現吉娜的心願其實很簡單：帶著愛犬到沙灘上遛遛而已。但她很害怕自己出門，怕會跌倒，怕沒有人照應，尤其是這麼久沒有出門，她更沒有信心。所以工作人員先替吉娜安排了一位可以到家裡來一起活動的「運動夥伴」，幫助她在家進行復健與練習，逐步恢復了她的行動力。接下來要恢復她的信心，所以就帶她出門去參與一些社交活動，也讓她的先生藉機喘口氣。如今，吉娜不但能帶愛犬去沙灘散步，甚至還可以和狗狗玩丟球遊戲，這是她之前身體極度虛弱時，想都不敢想的情況，而且她再也沒有去醫院急診室報到。

　　彼得呢？Age UK的人員也是先和彼得進行了長時間深入的引導式對話，目的在挖掘彼得的真實需求和心之所愛，而不僅僅只是了解表面上看到的病情或情況。從言談中發現，彼得希望可以多認識新朋友，也還想覺得「自己有用」，談到他之前的珠寶貿易工作時，他說得眉飛色舞，看起來十分開心。所以工作人員就想，如果可以安排一些機會讓彼得分享他有興趣的事情，應該不錯。他們指派了一位志工來和彼得合作，先讓他到附近的日間

照顧中心和晨間咖啡小組進行小型分享會，發現觀眾很喜歡彼得的故事，而彼得也從這樣的活動中重新尋回自信與對生命的熱愛。

對吉娜和彼得來說，他們能從低谷中走出，靠的不是藥、不是醫生，而是Age UK針對他們的狀況所開的「個人處方」。整合不同服務，運用的成本極低，效果卻很大，最重要的是，結果真的讓他們有幸福的感覺。

最高明的醫術是治病於未病；最好的照顧，是讓被照顧者自己照顧自己，重新找到幸福感，不靠藥物，也不靠醫生。這就是整合照顧服務的精髓。

積極連結在地資源，重新賦予志工更大的力量

高醫護理系畢業的陳美妃是護理師，也是糖尿病衛教講師，因為先生在高雄大寮地區開設診所，她也是個「醫師娘」，除此之外，她還是弘道老人福利基金會大寮志工站的站長，從事志工服務已20年，因為志工時數破一萬小時而獲頒「終身志工」榮譽。

透過志工站長的角色和長期在地服務所培養的廣闊人脈，再加上她古道熱腸的個性，在還沒有接觸到英國Age UK整合服務模式之前，陳美妃多年來已經在大寮、小港地區建構了一個以社區為基礎的保健和長者服務網絡，「2017年9月我在英國Age UK研修整整兩星期，感覺是把我之前在高醫、基層醫療及社區所學習的長照和社區實務經驗，重新內化、整理過一遍！」

陳美妃是「翻轉長照——長照人才培育計畫」選派到英國Age UK研修的兩位學員之一。有機會透過計畫實地到英國的Age UK總部和地方分部訪視學習，親自看看Age UK的整合服務模式如何從總部的策略規畫一路到地方分會進行執行和串聯，看到每個角色如何圍繞著長者的需求運作，最後又整合在一起。

「能夠實地了解這個服務中最關鍵的角色『個人獨立協調員』如何運

作，和他們一起進到客戶家中，觀察他們如何進行引導式對話，為長者訂立照顧目標，是此行最大的收穫！」陳美妃說。

陳美妃本來就有社區廣大的網絡和超強的行動力，到英國看了Age UK的整合服務模式及PIC如何提供長輩以幸福感為核心價值的照顧後，更讓她信心大增，確認自己走在正確的道路上，更要大步往前。以她在社區裡的多重身分（醫師娘、弘道志工站站長），搭配她的專業背景（專業護理師、糖尿病衛教講師），和耕耘多年對社區的了解，她把自己當成Age UK整合服務中的PIC，以在英國現場研修時的所見所聞，按照她對台灣照顧架構的理解，一步步地在地落實。

海外研修一結束回到台灣，陳美妃立即聯繫相關單位如高雄市政府長照科等，積極串聯在地衛政與社政資源，促成更多圍繞長者需求的跨專業合作，共同打造延緩使用長照資源的新可能。尤其他們本身就有一個能量強大的志工站，有機會提供各種衛教資訊和長者支持服務，因此她就從志工服務以及和長者的應對開始，希望慢慢轉化服務的本質與內容，脫離制式的想像。

志工人才培育是另一個重點，陳美妃看到Age UK的志工在長者服務中能夠積極扮演的角色及所帶來的價值，決定重新設計志工站的架構和培訓課程，目的在賦予志工更多的意義和角色，讓他們能擁有更大的自主權，更理解志工工作的價值意義，讓每個參與志工都能對自己的工作產生更大的榮譽感，了解他們的工作是在為長輩的生活帶來更大的幸福感和改變，而不僅僅只是個人用來消磨時間的方法而已。「例如我將志工分成許多小組，並設組長，以往所有志工都對我一個人，現在這樣做其實比較有效率，而且他們也更樂意承擔責任和提出解決方案。」藉此提高志工站的服務能量和品質，成為長者服務的新動能。

陳美妃在Age UK的服務模式上體會到：台灣若要翻轉長照，一定要讓

社政與衛政更完美地結合，透過社區志工建立的網絡，幫助長者學習預防與健康促進的觀念，充分發揮PIC串聯資源的特質，才能用更少的照顧成本，為社區的長輩創造更多的支持與更大的幸福。

陳美妃做的事情看起來雖然微小，但就像細水長流的教育，一定要從某處開始，並不斷地繼續下去，就有機會看到效果。

人才培育的終極目標：服務價值的傳遞有助建立永續模式

另一位受訓學員張淑婷則談到，「我在AgeUK學習時，從PIC到志工的培訓和養成，以及他們和客戶的互動，體會最深刻的是他們所傳遞的『服務價值』，無論是為長者創造幸福感，還是建立整合服務的資源，他們都是發自內心地認同服務的價值並身體力行地執行。」

張淑婷是住在花蓮的資深社工。她強調，社會工作尤其需要著重價值的傳遞，「**不管是在社福體系或教育體系，台灣都太著重在技術而非價值的建立，這在人才的培育和養成上是很大的致命傷，因此難以建立永續的模式。**如果一個人無法或不知道該如何認同自己的工作，而是隨著社會上的價值人云亦云，那就很難找到繼續努力的動力和目標。」

她看見Age UK跳脫專業視野的框架，專注於支持系統的建立，充分溝通協調不同的服務，把時間花費在個案服務，挖掘出客戶真正的需要。「在台灣我們有105萬的志工，但絕大多數做的是關懷，而Age UK有目標性的陪伴能讓長輩的需要更有效率地被看見與解決。」

Age UK的見習經驗成了張淑婷繼續在社區裡努力的養分，她充滿熱情地表示：「我覺得社區工作與長照服務最開心的是獲得的永遠比付出的多，尤其可貴的是那一張張的笑臉。我堅持做自己認為對的工作，也期許自己成為他人生命中最美的祝福。」

美國 PACE 服務模式

長照也能提供
全包式服務?

旅居舊金山灣區多年,我有時會帶朋友到中國城走走,行程亮點是到中國餐廳嶺南小館吃吃這裡有名的椒鹽螃蟹。身處21世紀,又是科技重鎮矽谷,舊金山中國城所呈現的景象,總讓我以為走入了時光隧道,時間倒退了50年。舊式招牌上寫的是用廣東話發音的中文,陰暗狹小又有些殘破的街道,專門賣東西給觀光客的小店,擺放的各式商品一定要占用人行道或騎樓,就好像回到亞洲一樣;賣著生鮮漁獲的商家,讓我想起有一陣子因為有人想立法禁止華人販賣現宰的雞鴨魚,而被這裡的居民和僑社人士大肆反對……

舊金山的中國城是美國最大最早的中國城,第一批中國移民在1848年首次踏上這塊土地。19世紀到20世紀的淘金潮也曾帶來大量的中國移民,主要是住在中國沿海地區的男性,他們隻身來新大陸討生活,把錢寄回家後蓋起一棟棟獨特的「碉樓」,現已被聯合國列為世界文化遺產,大陸旅美作家張翎的小說《金山》就是以這群人為背景所寫的大時代故事。

到中國城的主要標誌花園角公園走一圈,可以看到很多年長的男性圍在一起下棋,或坐在公園座椅上晒太陽、讀著華文報紙,時間和空間在這裡是靜止的,讓人覺得好像瞬間回到60年代的亞洲。沒想到這群人獨特的生活方式和文化背景,竟造就出一個獨一無二的照顧服務模式,最終影響了全美

國，甚至全世界。這就是本章要介紹的PACE長者全包式服務。

中國城的長者日間照護中心翻轉美國養老觀念：
在家養老不再遙不可及

　　PACE英文全名為「Program of All-inclusive Care for the Elderly」，中文譯為「長者護理全包計畫」。服務模式最早於1970年代由「安樂居」（On Lok）所獨創。安樂居原來是舊金山中國城裡的一間長者日間照護中心，由瑞士裔社工安薩克女士（Marie-Louise Ansak）和華裔牙醫紀威廉（William Gee）共同發起。設立的構想是因為他們注意到社區裡有很多身體日漸殘弱的華裔獨居老人，因為語言、文化、飲食等種種隔閡，無法適應美國一般的安養服務，因此一群華裔醫師和社區人士就決定發起一個計畫，希望成立一所提供全華語服務的安養機構。

　　然而在籌建過程中，他們卻發現：住在中國城裡的華裔長者對這份心意並不領情。這些長者有的貧病交迫，住在狹小空間裡；有的想吃中國菜，想和朋友在廣場上用自己熟悉的方言聚會聊天；有的身體日漸羸弱，生活上確實有需要幫忙的地方。但有著美麗宏偉大廳、蓋得漂漂亮亮的西式養護中心卻一點也不吸引他們，這些人死活不願意住進安養中心，說就算蓋好了也不打算搬進去，他們無論如何都希望住在自己家中，直到最終。

　　這和當時美國流行的養老觀念是完全背道而馳的，70年代的美國流行集合式養老，許多人從中年開始就不斷為老年生活「搬家」——退休後先搬進獨立生活的退休社區，隨著身體機能逐漸退化或照顧需求不斷增加，再搬到提供不同程度照顧的居所。先從輔助式照顧（assisted living）開始，這裡是提供基本照顧服務的安養中心，例如他們會提醒你什麼時間吃藥、什麼時間

去看醫生⋯⋯等，但本身並不配備專業醫護人員或設施；程度嚴重了，再搬進有專業護理人員，號稱提供24小時照顧的養護中心。發展到後來，逐漸走向把不同照顧單位放在同一個園區裡，這樣就算搬家，也不用搬太遠，這也就是美國人所謂的CCRC（Continuous Care Retirement Communities，連續性照顧退休社區）的由來。

然而不管是住在提供輔助式照顧的安養中心還是有24小時專業看護的養護中心，都是集合式的養老方式，基本上是以提供照顧者，也就是機構營運者的方便，作為建設和運作的核心。所以住的單位大小各異，從單人房到四人房都有；每天的活動就是照表操課，幾點起床、幾點吃飯、幾點熄燈等，都訂得嚴實，目的在方便而有效率地管理，說得好聽一點像是學生宿舍，難聽一點就像監牢。

反正，這樣的養老模式完全不受中國城華裔長者的青睞，所以最後這所安養機構並沒有建成。但在不斷和社區討論的過程中，大家卻逐漸找出一個新的服務模式和精神——以英國的日間醫院（Day Hospital）為典範，透過連結把各種醫療服務和社會支持，帶給需要的人。

英國從1950年代開始發展所謂的「日間醫院」，全名為「長者日間醫院」（Geriatric day hospital），因為它的設置主要是用來照顧需要復健但不需急性照護的老人，提供他們一個短期的居所，或是讓長者白天來這裡接受醫療或復健服務，晚上則回到家中過夜，不住在醫院裡。這樣的做法是希望讓他們在急性醫療需求解決後有緩衝可以慢慢適應回家後的生活。舉例來說，剛中風的病人在生命徵象穩定後，因為大腦損傷所導致的功能喪失，心理和生活都受到嚴重影響，病人和家屬需要時間學習與準備，重新建立新的生活方式，這時如果有「中期照護」，病人和家屬的壓力就不會這麼人，「日間醫院」就是中期照護的一種。

與其蓋一間讓人可以住進去的安養中心，安樂居則是借用了英國日間醫

院的概念，蓋了PACE中心，中心把長者的醫療照護需求和社會照顧需求整合在一處，有診所，也有用來提供各式活動的日照中心，還有復健室、沐浴間、共餐廚房、接送車輛等，當然還包括醫師和社工等工作人員的辦公室。中心讓長者可以白天到一個地方就能得到各式各樣的醫療和照護服務，晚上又可回到自己家中，這樣就可以達成既讓他們得到專業照護，但又可以讓他們住在家裡，兩全其美的目的。

　　這個做法在當時是創舉，因此安薩克等人擬了一個試行計畫和聯邦老人健保局談，他們認為：透過這個新的概念，他們可以有效地降低老人的醫療費用，無形中等於是幫聯邦的老人保險省錢，希望以此增加政府提供經費的誘因。

　　安樂居建議聯邦政府和州政府把原本要撥來照顧這些老人的經費，直接撥給他們，由他們統籌負責。為了爭取聯邦的認同，安樂居還打了折扣，例如本來一個人的照顧預算是50,000美元，交由安樂居負責的話自動少一成，也就是一個人45,000美元。安樂居的任務就是好好地照顧這些長輩，避免讓他們需要緊急送醫或住進安養機構，因為這兩項花費通常是最高的，所以安樂居特別著重在預防照顧，並善用經費來進行最有效率的長者健康管理。

　　安樂居據此創設的PACE服務模式，其中心思想相信：**對有長期照護需要的長者和其家屬來說，令長者感到幸福，同時也較好的照護方法是盡可能讓長者住在自己熟悉的環境和社區中持續地接受服務**。因此PACE的核心概念就是讓長者在他們的家中接受所需的個人護理，並有專車接送往返PACE中心接受基本醫療照顧、復健、社交和康樂活動以及其他成人日間照顧服務。

　　他們深知體弱長者、家屬及其他照顧人員要面對許多問題，包括前往約診的交通、藥物管理、與不同的專科醫師協調醫療護理、缺少社交互動，以及獨居等。因此於透過PACE的社區型整合照顧計畫，可以有效結合醫療照

顧和社會照顧以解決體弱長者所面臨的許多問題。

接下來我們從易婆婆的故事，來看看這個模式到底如何運作。

安樂居的PACE中心，
滿足老人家在宅老化的心願並減輕兒女的負擔

上午8點不到，住在舊金山的易婆婆就把自己打理好，準備等著車子來接她出門。她坐在門口翹首盼望安樂居派來的接送車，來載著她去離住家約10分鐘車程的PACE中心。

易婆婆的家位在舊金山典型的住宅區裡，街道狹小又有上下坡，房子前面還有許多階梯。她看到司機荷西先把車停在巷口，再走進來接她，荷西一邊攙扶易婆婆走下無障礙坡道和街道，一邊和她閒聊。易婆婆一個星期去中心三次，雖然也會遇到別的司機，但幾乎每次都是荷西來接，所以易婆婆對他感覺很熟悉，也很放心。而易婆婆的精神和身體情況，荷西和其他司機也會是第一個看到的人，遇到有什麼不尋常的狀況，他們可以在第一時間照會中心其他的工作人員。

車一到中心，馬上有工作人員熱情地迎接易婆婆下車，她也忙著和其他參與者打招呼，中心的長者來自四面八方、不同的文化背景，其中有幾位也會說中文。接下來她可以自由決定是否參加中心準備的各項活動，還是和其他老朋友們聊天，也可以選擇一個人靜靜地讀中文報紙。

剛好有些個人雜務需要請中心的人員幫忙，她趕緊把文書拿出來，主要是最近她收到銀行寄來的一些法律文件，但她實在是看不太懂，所以希望中心的主任幫忙她看看要如何處理。易婆婆中午在中心用餐後，下午有工作人員幫她沐浴更衣，大約4點，荷西又開車把她送回家。

　　85歲獨居的她，原本自己過著簡單又有規律的生活，但有一天不慎在家中浴室摔倒，導致髖關節骨折。住在東岸的女兒趕來照顧和陪伴，從手術後到復健所有事情都得張羅，但住在東岸的女兒也有自己的家庭要照顧，無法長期住下來，因此她對術後坐著輪椅的媽媽很不放心。

　　其實就算不是因為媽媽出了意外需要幫忙，女兒對於年紀愈來愈大卻獨居的媽媽一直不太放心，這次意外在家中跌倒，更是讓她嚇出一身冷汗。然而，已經在舊金山灣區住了一輩子、十分獨立的媽媽，說什麼也不願意搬到東岸與她同住；而就算現在受了傷，生活中有諸多不便，她也堅決不願意搬進24小時有人照看的養護機構中，因為想要維持自己生活的獨立和自由。

　　原本易婆婆的女兒想先找個可以短期居住的養護中心（skilled nursing facility）讓媽媽住一陣子再說，結果在查訪能夠幫助媽媽的社區資源時，意外發現原來在媽媽所住的地區，有由安樂居經營的PACE中心，他們提供的長者全包式服務，目的就是要支持像易婆婆這樣的長者可以在家安老，一方面讓他們繼續住在家中，一方面又可以得到需要的照顧和建立社交網絡。

　　易婆婆回憶說，剛參加時她還坐著輪椅，所以每天到中心後的第一件事就是到所屬的復健室，由治療師和工作人員陪她進行復健，靠自己的毅力和工作人員的用心陪伴，她一步步從離開輪椅改用助行器，到現在只要靠一根拐杖就可以自己到處走路了！在中心除了午餐，也有沐浴服務，如果需要，他們也會準備晚餐讓她帶回家吃，最重要的是有專人專車接送，所以她很放心，再加上在中心也認識了不少朋友，每星期都很期待一週三天到中心的行程。

　　女兒則非常感謝能找到PACE這樣的長者服務，「媽媽想持續住在家裡，我則希望能夠找到可靠的服務來照顧媽媽，安樂居的PACE服務完全滿足了我們雙方的需求！」

讓易婆婆和女兒都稱讚的PACE服務到底有什麼特別的地方呢？我們接下來就透過三個特色來了解。

美國PACE長者照顧全包式服務模式的**3**大特色

根據美國PACE 協會（National PACE Association）的介紹，能夠獲准參與PACE計畫的長者需要符合以下條件：55歲以上、住在PACE服務的區域裡，而且是體弱長者，通常具有多重疾病（慢性病等），日常生活需要協助（例如：飲食、沐浴、穿衣等），平均每週三天定期到PACE中心。約有一半（49%）的PACE參與者為失智症者。儘管他們需要相當高的照護需求，90%的PACE參與者仍能持續住在家中或熟悉的社區裡，而不是被迫搬到方便照顧的護理之家等養護機構中。

PACE中心是一個多功能的空間，它通常包含幾類照顧體弱長者最重要的功能。一個是綜合型診所，除了一般的看診間，也會設置眼科和牙科的看診間，多是預防性的檢查居多，畢竟PACE的特色就是透過預防性的照顧減少讓長輩上急診室或住進安養中心的機會，因此預防勝於治療，在這裡絕不是口號而已；然後會有一個復健室，畢竟大部分的長者會開始需要PACE服務，就是像易婆婆這樣因為身體情況改變，而需要照顧，但要讓他們回到獨立自主的生活，結合復能的復健十分重要；中心也一定會包含一個多功能的活動中心，由老師帶領長輩進行各種文康活動；有一個廚房，但不一定是在現場自己煮，而是從中央廚房送過來，但在這裡進行分裝等；其他還包含小型的活動空間、會議室、工作人員的辦公室等。而且一定都會配備接送車輛，車輛外寫著中文、越南文、日文、西班牙文等多國語言，也顯示了他們服務社區和對象的多元。

▲ PACE 接送車，車輛上有多國語言

PACE的服務特色可歸納為以下三大點：

特色**1** 加強前期預防，減少住院比例及護理之家入住率

在安樂居所經營的PACE計畫中，他們非常強調絕對不稱呼參與者為「個案」（case），更不會用代號或個案號碼等來稱呼參與計畫的人。他們要求工作人員記得每個參與者的姓名和喜好，計畫不是從他們來到中心才開始，而是從司機上門接他的那一刻就開始，司機要能叫得出長者的名字，和善地和他打招呼進行問候，也藉此看看長者有沒有什麼異常的地方。交通接送服務是整個PACE運作不可或缺的一環，因為司機是接觸到這些長者的第一線，可以進行當天第一手的觀察，如果有任何異樣可以即時回報。除了接送個案往返住家及PACE中心之外，也提供參加者到各個場所的接送，有效

地減輕家屬照護者的負擔。

　　PACE中心內的綜合型診所，除了有家庭醫師和護理師固定駐診之外，還有牙科、眼科診所，提供專科醫師聽力、視力及足部診療等醫療服務；其他醫療服務還包括處方用藥、檢驗、放射檢查、醫療輔具、門診手術、急診及就醫交通服務等。希望透過定期檢查、持續關注和更多前期預防，來維持這些體弱長者的身體健康，盡可能不要發生突發或必須緊急送醫急救的狀況。

特色2 提供個人化的跨專業整合服務，維持長輩生活自理的能力

　　PACE 中心除了診所，另一個最大的場地就是台灣稱為「日間照顧中心」的日間托老所，在這裡會進行包括體適能、健康促進和有益身心的各項康樂活動。活動並不是按表操課，長者也不是被迫一定要參加，例如有些人可能會在大家做運動時，在旁邊看書報，但工作人員通常會透過設計多元且有趣的活動來鼓勵長者積極參與。

　　中心另一個重要設施是復健室，如果要讓這些體弱長者可以持續住在家裡，維持他們身體的行動力以求生活可以自理非常重要，因此這裡也有專業物理治療師和職能治療師介入協助他們進行復健。中心還和不同專業人員建立合作關係，例如：語言治療、遊戲治療、營養諮詢之外，也在適當的時候提供長輩個人生活協助、雜務處理、交通接送、餐食等服務。

　　由醫療人員和不同專業背景的跨專業照護團隊會固定開會，持續整合並更新參與者的狀況，透過交換訊息和即時討論，擬定或修改照護計畫，以求更適切地提供個人化的照護服務。根據協會所進行的研究也顯示：**參與PACE 計畫的長者在團隊的照護下，確實減少住院比例及護理之家的入住率；參與者也自覺健康和身體功能愈來愈好。**

USA

特色3 論人計酬制（Capitation）達到醫療和照護資源有效率使用

　　美國不像台灣有方便便宜的全民健保，醫療費用十分高昂，其中最龐大的就是長者需要入住養護機構的花費。PACE計畫的目標就是盡可能透過預防性的措施，讓這件事情不要發生，並透過「論人計酬」（Capitation）的方式支付服務提供者來控制經費。也就是把每個長者從初級、急性及長期照護服務所需的花費，打包成一個費用交由服務提供者來統籌運用，費用中三分之一來自聯邦老年健康保險（Medicare），三分之二來自州政府主導的貧民健康保險（Medicaid），長者沒有用到的部分就是機構經營的收入，因此服務的提供者有更高的誘因將長者照顧好並留在社區中，避免長者必須入住長照機構或進入醫院接受照護，甚至減少讓臨終前的長者接受侵入性救治等無效醫療。

　　美國的貧民健康保險自1979年開始將PACE模式列入給付項目；1997年美國聯邦政府也將PACE納入聯邦老年健康保險的給付項目。截至2017年3月，全美已有122個PACE組織，涵蓋31個州，運作多達230個PACE中心，照護超過40,000名體弱長者。從2007年至2013年間，PACE計畫的參與者已成長超過一倍以上。

　　在各國都面臨資源緊縮、照護花費大幅提升的情況下，像PACE這樣透過論人計酬制有效地控制營運經費並提供更好照顧的模式，的確有吸引人的地方，尤其是對服務提供單位而言。以往PACE模式在美國只限非營利組織來營運，而且只提供給符合資格的中低收入長者；但自2016年起，美國開放讓營利組織也可以經營PACE模式，吸引了不少投資者的興趣，在創投雲集的矽谷，也有幾家以提供PACE服務模式為號召而成立的新創公司，並得到資金的挹注。

　　例如位於門羅公園的WelbeHealth就在2018年6月宣布他們取得了1,500

萬美元的B輪投資，將用來籌建設在舊金山東灣史塔頓（Stockton）的PACE中心。這個新創團隊由多位醫生和投資人共同組成，他們相信PACE的社區型整合服務模式不但符合當代的需求，而且在科技創新下，例如遠距醫療、大數據分析、人工智慧、陪伴機器人等新科技的出現和導入，都可以讓這個服務不但更有效率也更有溫度。

| 台灣經驗省思 |

台灣有可能推行PACE計畫嗎？

　　PACE長者全包式服務模式自1973年在舊金山中國城開始發展，已經遍及全美，再加上是美國聯邦老年健康保險指定給付的項目，因此多年來在台灣專業領域相當有名，學界的研究也不少。衛生福利部2005年推動長照十年，希望加強社區型整合計畫時，選擇了部立台中醫院作為PACE計畫試辦醫院，將其定名為「老人醫療社福全責式統包照護計畫」。台中醫院副院長賴仲亮指出，他們將院內的PACE模式定義為「醫療型日照中心」，應該是PACE的台灣版，「有PACE的概念，但服務內容必須因地制宜，所以不太一樣。」

　　美國的PACE有兩個特色，一個是服務的整合，PACE＝醫療照顧（例如：診所、復健中心、牙醫、眼科等＋長期照顧如沐浴、更衣、備餐……）＋社會照顧（例如：日照中心），統統整合在　處，長者只要到一個地方就能接受所有服務；另一個特色是財務的來源固定，主要是聯邦老人保險及各州的貧民或中低收入保險。

但台灣目前有全民健保，長照保險則還沒有實行，財源不穩定，難以整合；再加上所有服務和給付制度並不是從一個人的需求去設計，因此很難做到PACE的論人計酬方式。同時在美國如果參加PACE，就必須放棄自己習慣的醫師或日照中心，完全使用PACE中心的所有服務。而台灣因為就醫方便，換醫院或換醫師恐怕反而帶來不便，因此民眾是否能感受到參加PACE的優點，也是考驗。

台中醫院的PACE中心目前固定有20幾位長者參與活動，「其中有些人主要是因為有醫療服務的需求，但以他們的狀況來說，一般社區型的日照中心不敢收他們，所以他們就到醫院附設的日照中心來。」賴仲亮坦言因為法規的關係，再加上制度不一樣，要把醫療需求和長期照顧整合在一起，在台灣推展原汁原味的PACE模式，現階段的確有難度。

PACE的原意是在社區照護的形式下讓長者可以得到醫療等級的預防照護，最重要的是它讓參加者可以持續住在熟悉的家中或社區裡。台灣的長輩大部分不願意住進安養機構，PACE不是一個非常合理的選擇嗎？但它在台灣的推展也不如預期順利。

台灣推行PACE計畫的兩大挑戰

長榮大學高齡產業研究中心暨副教授林文德在《全民健康保險雙月刊》（104年5月）中受訪談到，提到台灣推行PACE計畫所面臨的兩個重大挑戰：

挑戰1 健保與長照帳目需劃分清楚

首先，美國的PACE之所以得到聯邦及州政府的支持而大力推動，主要是其急性醫療及長期照護的財務可以加以整合，不會有費用轉移的情形。台灣的全民健保本應僅涵蓋急性及急性後醫療，但與長期照護有時亦難以完全

劃分清楚，未來如果長照保險實施，抑或長照保險未實施，但仍以病人為中心進行全人的照護，若以論人計酬的方式支付的話，兩者的財務需事先劃分清楚，以避免日後出現帳目不清、互踢皮球的情況。

挑戰2 大型醫院和基層醫師必須先合作

另一個亟需解決的問題是，醫療院所如何與基層醫師彼此合作。林文德說，PACE須有一個全方位的醫療照護團隊，但目前台灣的醫學中心不可能派一個團隊進駐社區，原本在社區扮演民眾健康守護神的基層醫師可以扮演關鍵的角色，提供社區民眾保健照護服務，讓老人可以安心在地老化。

林文德曾針對社區基層醫療醫師進行調查，發現有高達五成的醫師願意做居家訪視及照護服務。他們也擔心，未來政府推動長期照護後，將被大型醫院取代，讓他們沒有生存空間。林文德認為，不管台灣是要仿照美國實行PACE計畫，或是推行長期照護，基層醫療醫師的角色絕對不可少。

他分析指出，醫院應扮演處理急、重症的角色，而基層醫師則是擔任基層照護的守門員，長期照護需要充足的關懷與耐心，兩者相互合作，才能為長者提供更全面的醫療照護。美國的PACE亦有由醫院設立者，但主要還是以社區的日照中心及基層醫師為主體，只有在長者有急性醫療的需求時，才會後送至醫院，如果PACE的醫療及照護服務仍要由醫院的醫事人員支援，恐會加重其工作負擔。

安樂居PACE計畫的3大經營特色

從舊金山中國城的長者服務創新計畫，變成美國聯邦核可的長者照顧計畫，甚至近年來開始受到矽谷創投界的青睞，憑的是什麼？ PACE在經營上有什麼特色呢？

特色1 全包式＆一站式＆社區型，最能回應在地安老趨勢的整合照顧

根據AARP（樂齡會）的調查，超過九成的人希望能夠在自己熟悉的家中或環境終老；以往這樣的想望對於身上有多重慢性病的體弱長者幾乎是不可能，一旦身體狀況需要一定程度的照顧，他們除了住進長照機構接受24小時的服務，幾乎沒別的選擇，但PACE提供他們和家人一個可以持續住在家中的選項。

特色2 全包式服務＋論人計酬，營運方便

全包式服務搭配論人計酬的給付方式，讓經營者可以有效地掌握每個人的照顧需求和財務，並從預防照顧的角度進行人力和資源最有效率的運用，對於營運方來說，誘因很大。

特色3 營利組織也可經營PACE

美國在2016年開放營利組織也可經營PACE，成為新型態健康中心的一種設置方式，許多營利組織都躍躍欲試。社區型整合照顧是趨勢，再加上可以導入新科技和輔助工具，進行更客製化、更有效率但兼具溫度的服務方式，因此逐漸受到重視。

PACE今後方向：
「到宅醫療」服務的強化＋活用醫療科技的照護整合

　　從1970年代擔任實習醫生、歷經董事、志工到2011年正式接掌安樂居醫務長，統籌PACE計畫下所有醫療服務，杰‧羅森伯格醫師（Jay Luxenburg）看著PACE一路走來，直到今天，他仍然相信，PACE計畫是「美國現行醫療體制下，體弱長者所能得到的最佳服務。」（The best you can get for those who are nursing home eligible.）

　　羅森伯格負責安樂居下所有PACE中心的診所營運，是照顧體弱長輩的最重要關卡，也占了花費中最大的一塊，他表示：「因為透過診所的例行檢查和防治，我們可以一方面讓參加的長者繼續住在家裡或現在所屬的生活空間裡，但又有效地觀察他們的健康狀況，目的是盡量延緩他們住進需24小時照顧的護理之家，或是因為發生緊急狀況而需要住進急診室的時間。」

　　提到他最希望可以改進的服務項目，羅森伯格醫師說是提供更多更及時的「到宅醫療」服務。不管是過去自己開業，還是擔任大型安養機構的醫務長，他都認為到宅醫療對於長者來說有很多的好處，但他說這件事是「知易行難」。例如，在都會區，醫生花非常多時間在解決交通和停車等問題，「你都不知道我行醫數十年，拿了多少張罰單！」而在偏遠的鄉間，醫生得花大量的時間在交通上，因為一個醫生負責的範圍實在太廣。醫療科技的進步讓遠距醫療有很大的進步空間，並創造出許多可能，今後如何善用這些科技來達成整合照護目標，也讓人十分期待。

讓照顧就像
在家一樣自然

「我不是什麼了不起的人物，只是一個在長照領域工作的歐吉桑罷了！」
晒得黝黑的加藤忠相先生這樣說著，但當你看到他所經營的 AOI Care
（葵照護）時，你就知道他做的事情一點都不平凡。

不凡之處不在這個機構有多麼出色的外觀，或是華麗的建築或壯觀的擺
設，也不是因為裡面居住的人身分有多高貴，有要價有多麼昂貴。實際上這
個坐落在東京南部神奈川縣藤澤市的照顧機構非常不顯眼，由數個不同的建
築物共同組成，中間的通道是社區居民出入的主要通道，沒有明顯的告示和
招牌，儘管就在大路旁，但隱身在花叢之後，我們認真地找了一會兒，才找
到入口。

外觀看起來毫不起眼，成立近20年的葵照護可是名震海內外，不但得
過日本神奈川縣照顧大獎，也成為日本國內和海外許多人走訪參考的對象，
台灣到此處參訪過的個人和團體只能用不計其數來形容，加藤先生自己也多
次來台灣演講，分享葵照護的模式。

台灣社會快速高齡化，政府和民間都積極向外學習，尋找經驗和解方。
因為地理位置、文化語言的相近，再加上台灣許多現年80歲以上的長者都
經過日據時代，因此同樣高齡化的日本，是台灣許多長照組織和機構爭相參
訪學習的國家。

　　日本是世界知名的長壽國，也有很多先行者的經驗值得分享。日本厚生勞動省稱，日本65歲以上人口比率為 28.1%，居世界首位，其次是義大利的 23.3%，葡萄牙為 21.9%，德國為 21.7%。日本的高齡少子化進程是許多亞洲國家的縮影，其老化進程走在許多開發國家的前面。高齡政策一直是日本歷任首相關注的焦點。

　　台灣2018年正式成為高齡社會，並預計2026年成為超高齡社會；日本則早在2006年就成為超高齡社會國家，並預計2040年時65歲以上人口將達到4,000萬人的高峰，占國內總人口的三分之一。

　　日本雖然提早台灣12年成為超高齡化社會，並於2000年開始推動介護保險，也就是台灣熟知的「長照保險」。因此有很多照顧觀念的確走在台灣前面，但在這個過程中，他們其實也沒有少走彎路。台灣長照界近年來積極以日本為師，但除了學習好的、創新的觀念與模式，更重要的其實是看到日本的失敗案例，看到當社會中有這麼多高齡者會對社會產生什麼樣的影響，有什麼挑戰與機會？除了參考日本的解決模式，更要積極尋思在台灣可能的解決之道，才是針對日本經驗最重要的學習。

　　葵照護就是一個創新案例。它是典型的「小規機」，台灣稱為「小規模、多機能」照顧中心。為什麼一個位在神奈川縣的小型照顧機構可以得到這麼多人的重視，它如何回應日本的高齡化？其創新和獨到之處何在？

以「小規模、多機能」的團體家屋為主體，打造安全感和幸福感的氛圍

　　19年前，也就是2000年，日本開始實施介護保險，當時25歲的加藤忠相原本受僱於橫濱的一處長照機構，但實在無法認同機構的照顧方式，又看

到介護保險開辦所帶來的機會，憑著一股憨膽和傻勁，他決定創辦符合自己理念的照顧機構。

回家說服了父母，第一件大事就是把老家改建成失智症團體家屋，因為初期經費有限，所以那時候蓋出來的團體家屋只能住7個人，「如果可以重來，我會把這個地方規畫得大一點，讓更多的人入住，以便照顧更多的人。」團體家屋就像一般住宅，屋外有個小庭院，讓住民種菜，然後自己料理來吃。

在老家的這塊地上，原本叫做「青田照護」的這個機構慢慢擴張，之後改名為「AOI Care」（葵照護），陸續增建了兩個日間照顧中心，還有社區人士也可以進來點餐享用美食的共餐廚房，加藤忠相一家人也住在其中一棟建築的樓上。

談到 AOI Care 的命名由來，創辦人加藤忠相提到「AOI」是日文「葵」，其實是日本知名幕府大將軍德川家康的家徽，加藤的先人是德川的家臣，隨著大將軍南征北討，後來落腳藤澤，為了紀念這段歷史，他才決定選用「葵照護」（AOI Care）這個名字。

從投身照護現場的第一天開始，加藤忠相最在意的就不是硬體，而是打造一個可以讓住民生活，並感到舒適的居家氛圍，因此不管是入住型的失智團體家屋，還是參加者每天晚上各自回家的日照中心，他都極力打造一個讓來到這裡的人感到放鬆、自在、像家一樣的環境與氛圍。

就像家一樣，房裡也會堆放東西，但整理得很整齊，並不顯得雜亂；雖說是照顧中心，每天有這麼多長者來來去去，卻完全沒有藥水味或過度噴灑芳香劑的味道。也許室內空間有些狹小，但在裡面的人都很自在，「你看看他們的表情就知道了！」沒有人感到不舒服或看起來很無聊，每個人都做著自己想做的事情。

葵照護因為 NHK 等媒體的大幅報導而為人所知，十幾年來持續透過不

▲葵照護設施內的風景

同媒體的分享，不但出版成書（有文字版和漫畫版），2019年上映的劇情片
《照護人，有你真好》也是以葵照護為樣本來拍攝，都讓這個奠基於社區的
照顧典範有機會不斷用實證宣揚其理念。

　　葵照護用將近20年的時間打造並實踐了一種愈來愈受到推崇和追隨的
照顧方式：以小規模多機能的團體家屋為主體，打造充滿安全感和幸福感的
氛圍，結合居家服務讓長者以自立支援的方式生活，同時也和周邊社區緊密
結合。

滿足老人家「無論何時，都想待在感覺像家的地方」的心願

　　還記得第一次造訪葵照護的情景。我看到門口雖然貼著「葵照護」三個字，但站在入口，我很猶豫是否該走進去，門口擺放著不少鞋子，應該有人在裡面，外面停了幾輛寫著「AOI Care」（葵照護）的車輛，想來應該是這裡沒錯，但怎麼看都像個尋常百姓家啊？這裡真的是一個照護機構嗎？

　　還好創辦人加藤忠相適時出現，他領著我們走進屋去，映入眼簾的是一個家的樣子，有小狗在旁邊跑來跑去，有小孩的笑聲，入口處擺了幾台輪椅，向右轉進一個有開放式廚房，兼具餐廳和客廳功能的空間，一位奶奶正認真地摺著衣服，一位奶奶正奮力地切著洋蔥，協助準備午餐，兩位奶奶和工作人員玩著丟球遊戲，還有一位奶奶坐在躺椅上，欣賞著屋外庭院裡的風景，正享受著一月裡難得的太陽……

　　這是葵照護經營的失智者團體家屋的一景，換言之，住在裡面的這幾位奶奶都是失智症患者，而且程度應該算嚴重的。葵照護並不分照顧等級，其照顧理念就是讓住民盡可能地保持他們還可以維持的生活樣態並參與活動。

　　此時，一位奶奶招手要我過去跟她玩丟球遊戲，我本來有些遲疑，但加藤忠相說沒有問題！我就坐下來和奶奶玩接球遊戲。剛開始也許太過緊張漏接了好幾個，逗得奶奶開心大笑，一直對我說別緊張！慢慢來！後來還和工作人員一起認真地數著我接球的數目，然後到第五十下時開心地把球接住，大喊「50！」

　　稍後加藤忠相跟我說，這位奶奶一年前從醫院被轉介過來，當時不但瘦得不成人形，而且相當無精打采，事實上醫院之所以將她送到葵照護，是因為葵照護有讓被照顧者在此善終的經驗，「他們覺得奶奶應該剩不到一個月了，所以把她送到我們這裡，希望我們接手直到奶奶往生。」

　　一年過去了，奶奶不但健在，而且活得很開心，她的身體變壯了，精神

也很好，玩丟球遊戲時，腦筋清楚地數著數，並且手腳靈活地把球接住，怎樣都無法想像這是一個一年前被宣判活不過一個月的人。

接著，加藤忠相又領我們看了另外兩棟房子，都是團體家屋型的日照中心，其中有一位奶奶認真地在做織品，精美的手機袋令人愛不釋手，旁邊掛了好幾個她們做的成品，販售後賺的錢讓奶奶們很有成就感，我也買了一個。

一棟團體家屋的入口處擺放了幾檯遊戲機，看起來像小型的雜貨店。加藤提到，許多長輩以前都是做小生意的，因此他們特別在日照中心前面設計了一個小型雜貨店，結果很受社區小朋友的歡迎，下午經常擠滿了剛放學的小學生來買糖果餅乾，讓奶奶們忙得不亦樂乎；另一棟日照家屋裡有一位先生聽到我們從台灣來，開始講到他當年來過台灣的種種往事，顯得相當開心健談；這裡也是中央廚房的所在地，工作人員正在忙碌地準備午餐。

加藤忠相領我到廚房，指出廚房和餐廳目前直接外包給業者來經營，主廚兼餐廳負責人片倉希輔和副廚北川內藏太雖然忙著準備午餐，還是回答了我們幾個問題。主廚片倉先生說自己本來在北鎌倉開餐廳，但其實經營並不容易，後來經人介紹，認識了加藤，也來到葵照護參觀，了解了這個機構的設立目標和理念後十分認同，就決定和加藤合作，承包葵照護的餐廳業務。他每天負責供應日照中心所有參加者和工作人員，大約60人的午餐，但因為葵照護的所在地是社區居民通勤時必經的道路，因此餐廳有時也開放給社區裡的人來用餐。

「我滿喜歡這樣的安排，因為客源很固定，在食材的採買上更可以精確掌握，當然因為客戶多是比較年長的人，有些可能還有特殊的營養需求，因此在食物的處理上要更注意調理，怎麼讓他們吃起來既美味又營養。」片倉希輔坦言最棒的是，「在這裡我叫得出每一位客人的名字，他們也可以隨時告訴我喜不喜歡我的料理，這種像家人的感覺很棒！」

　　從餐廳出來後，我們沿著階梯步上二樓，加藤忠相指著一個布置雅緻的小房間說，這裡是向社區開放的一個空間，任何人都可以來使用，歡迎社區人士來這裡開會，平時也讓工作人員休息，旁邊的一個空間則租給人開設咖啡館。看到我們來了，年輕的咖啡店長笑盈盈地出來和我們打招呼，並立刻沖煮了美味的咖啡給我們喝。二樓還有一個空間則有點像打工換宿的民宿，「如果有人想要來我們社區當志工，可以住在這裡，我們給他打折。注意喔！不是到葵照護擔任志工，而是到這個社區裡擔任志工就可以。」

　　在我們坐下來喝咖啡閒聊時，三個年約1～3歲的小朋友一直在旁邊跑來跑去，十分可愛，一問之下，才知道有對母女都在葵照護擔任工作人員，女兒也把小孩帶來一起照顧，等於祖孫三代都在葵照護工作和生活著，「這裡的長者都非常疼愛小朋友！」小朋友的笑聲讓向來沉悶的老人照護中心多了居家輕鬆的氣氛，甚至增添了幾許歡愉，不但讓當工作人員的媽媽沒有後顧之憂，也讓長輩有事可做，更讓葵照護成了老幼共托的典範。

「自立支援」：幫助長輩持續發展和保持為自己作主的能力

　　看似輕鬆舒適的居家氛圍，其實是花了很大的力氣和共識才能打造出來的，加藤忠相強調，基本上他不怎麼管理員工，而是充分地信任與授權，「我們的工作人員和爺爺奶奶之間也是這種關係，如果他們對你沒有信任感，是什麼都不會聽的。」

　　此外，就算面對的是失智的長輩，加藤忠相還是強調他們為自己作主的能力，「自立支援」是很重要的一塊，「我們的工作是幫助長輩持續發展並保持這樣的自覺與能力，而不是接管他的生活，告訴他要怎麼過日子。」因此工作人員和被照顧者的關係很和諧，葵照護已經有超過一名員工在機構裡

舉辦婚禮了，甚至還有一名女性工作人員是由她照顧的爺爺帶領走過紅毯的，每一次都讓長輩們非常開心，「就像自己家裡辦喜事一樣！」

在葵照護，沒有穿制服的員工，因為這樣看起來就不像在家裡了。下午3點到了，如果想要喝下午茶，大家就一起動起來，每個人都做自己能做的事情，有的人幫忙排桌椅，有的人整理茶包茶具，有的人燒熱水，有的人分裝甜點，根本看不出來誰是工作人員，誰是被照顧者。

這樣的工作氛圍和管理哲學，給了員工很大的自主權，也是她們喜歡在葵照護工作的主因，因此員工留任率很高，甚至還有前述那對母女一起在此工作的狀況。

不管是在歐美或是日本，我們都看到愈來愈多的失智照顧機構是屬於「小規機」型態，這類型的機構提供各類型服務所以稱之為「多機能」，而又與養護機構和保健機構不同，以「小規模」經營型態深入社區，主要目的是希望個案能夠繼續待在熟悉的社區裡生活。日本的小規機規定照顧人數的上限不能超過30人，對於員工比也有一定的規範。

建構合理支持體系回應「自理到善終」的需求，才是當下要務

日本從2000年開始推動介護保險，也就是台灣熟知的「長照保險」，但在經歷了20年的推動，社會中有了這麼多的老人之後，日本政府終於承認：一直以來我們無微不至的照顧觀念是錯的，用現在這樣的照顧方式即使有再多的保險、培訓再多的人力、蓋再多的機構都是不夠的。

怎麼樣讓人可以盡可能地維持生活自理到善終，如何建構合理的支持體系來回應這樣的需求，才是我們應該要做的事，所以近年來日本大力推動高齡就業，就是導因於這樣的認知。

根據日本總務省2018年9月發布的國情統計顯示，2017年65歲以上就

業人數已從770萬增加為807萬人,逾全部老年人口的22%,根據《日經新聞》報導指出,這已是老年就業人口連續14年增加,創下歷史新高;而老年工作人口占日本總就業人口數高達12.4%,同樣是歷史之最。

　　儘管外界對於葵照護的掌聲不斷,甚至希望他們擴大經營,但加藤忠相對自己的初衷和理念很清楚,也很堅持,「我就是一個做長照服務的歐吉桑(大叔),不是生意人。」他並沒有特意去想怎麼從葵照護的模式發展至國內外授權以獲取更大的利益,而是專注於葵照護在藤澤現址的規模與經營,並打造和社區間更好的共生關係。「但如果有人認同我們的理念或任何做法,希望可以把它帶回自己的社區中實踐,我非常歡迎!需要我去演講或提供任何協助與支持,只要時間許可,我也很樂意。」

　　他透露,葵照護的照顧哲學和模式也得到守谷市的青睞,當地市府提供了一個完整的空間,邀請他和好友佐佐木淳醫師帶著葵照護模式,一起去那裡打造一個也可以裨益當地居民的「葵照護2.0」,「目前正在努力實踐中,希望2021年完成時可以成為全日本最先進又溫暖的照顧典範。」且讓我們拭目以待!

葵照護的「小規模、多機能」模式
可以複製到台灣嗎？

　　台灣在政府大力推動長照2.0之際，「小規機」也成了選項之一，尤其是小規機在日本的發展理念，主要是針對失智長輩，希望「由同一群照顧提供者，一直陪伴和關懷照顧者到最後」的理念，更讓許多人心響往之。從中央衛福部到縣市政府都十分鼓勵設置，甚至提供補助興辦。

　　但台灣的小規機因為照顧條件和發展背景的不同，卻沒有走出像日本這樣的特色。首先，日本的長輩鮮少由外籍看護照顧，雖然近年來日本因為照顧人力嚴重短缺，也開始尋求引進外籍看護的可能，但他們不但要求這些外籍看護要通過日語檢定考試，對於照顧手法和觀念的前期培訓亦十分嚴格，因此大部分的日本長者都不像台灣是由外籍看護照看著，所以與社區緊密結合的小規機可以很大程度地解決社區中老老照顧或是家人照顧的狀況。但在台灣，許多長輩已經由外籍看護照看著，先不論其照顧品質，對很多家屬來說，這樣的照顧就已經達到「有人看著」的目的，因此他們就不另外尋求資源。

　　而台灣的外籍看護沒有經過特別培訓就進入居家照顧現場的情況，其實也產生了其他的照顧問題，這樣的照顧讓很多長輩「愈照顧愈失能或失智」的情況並不少見。有些是因為和外籍看護語言無法溝通常常雞同鴨講，許多外籍看護事事幫長輩做周全，反而剝奪了長輩自己做的機會，結果不但無法達成自立支援的照顧目標，甚至導致失能失智的情況惡化得更厲害。

　　另外，就是政府把小規機的發展建置在日照中心上，和日本是以團體家

屋開始的方向背道而馳。甚至為了讓小規機的服務盡快長出來，利用補助方式，要求各地的日照中心增設夜間休息空間並提供居家服務。

　　但這樣的做法和原來日照中心所提供的服務相去甚遠，也和原來那些來日照中心參加服務者的需求不一樣，有些日照中心為了拿補助或是達標，甚至要求原來到日照中心來參加活動者減少到日照中心來的時間，以增加居家服務時間，或是硬要他們到機構來住幾個晚上……就算他們來過夜，因為不習慣在外面過夜，也要家人陪同，所以並無法達到夜間照顧其實是為了給家人喘息機會的用意。

　　看似一番美意，反而造成原來樂於來日照中心參加者的困擾，凡此種種，都證明了如果對於日本小規機的推動理念和照顧哲學沒有充分的理解，只是想在空間和形式上做移植和仿效，是斷然無法達到效果的！

比利時長照新標準

以尊嚴照顧爲中心的「23+1」照顧理念

如果你看過《我要爲你呼吸》（*Breathe*）這部電影，不知是否和我一樣對其中的這一幕印象深刻——眾多肢障人士被整齊地排列在純白潔淨的「照護單元」中，只有一顆頭露出來，穿著制服、看起來十分專業的醫生和護士在一旁認真記錄每個人的狀況，而帶領參觀的醫生則驕傲地展示著這樣「既符合衛生規範又有效率的照護方式」；然而一旁坐在輪椅上、靠呼吸器維生的男主角看了這情景，打從心底感到「不寒而慄」。

「這些人是活著嗎？他們這樣活著到底有什麼意義？」男主角羅賓‧凱文迪許忍不住想著，他決定以自身的故事戳破這看起來是最佳照顧後面的謊言。

「就算只剩三個月，我也要過我想要的生活！」
社會大眾開始重視被照顧者的尊嚴與需求

《我要爲你呼吸》改編自真人實事，羅賓‧凱文迪許28歲因小兒麻痺導致全身脖子以下癱瘓，他被醫生宣判不但只能靠呼吸器才能存活，而且僅剩三個月的生命；原本就是優秀運動員、又具有冒險性格的他，有自己的想

法：「就算只剩三個月，我也要過我想要的生活！」因為愛妻的支持和朋友幫忙設計的特製輪椅，他不顧醫生反對，堅持從醫療院所出院回家；之後，甚至走出家門，遊歷各國，到處為身障者發聲。前文那一幕就是他到德國參加身障者照顧大會，被安排去當時最先進的照顧機構參觀的情節。

他在國際研討會上對著當時所謂「最懂得照顧的一群專家學者」，用親身故事大聲疾呼並勇敢捍衛「生而為人」的尊嚴與權利，努力彰顯身障者的價值和被照顧者的尊嚴！

那是1970年代，不過是50年前，當時號稱最先進的照顧單位，完全是以醫療專業為導向所設計出來的照顧機構。

因為凱文迪許的努力，社會大眾開始意識到：**原來完全以醫療院所為中心、從照顧提供者角度所發展出來的照顧方式，看起來有正當性，但真正執行起來有多麼地荒謬！對於被照顧者有多麼不人道！**

如何落實「尊嚴照顧」，
英法比荷四國合創實驗室進行研究計畫

鏡頭轉回台灣，這樣的情景卻不令人陌生。多少人去照顧機構參觀，看到一個個長輩是以「集體」、「輪流」的方式被照顧著……看過機構裡的長輩「集體洗澡」的畫面嗎？赤身裸體的他們被放在洗澡椅上排排坐，水龍頭從一邊沖過來又從另一邊沖過去，他們只能坐著，默默接受這樣的安排……

不但被照顧者面對這樣的情況無力改變，家人甚至會認為，自己的親人在這種情況下至少有人看著，已是老天保佑，雖不滿意但可以接受……

21世紀的台灣，此時此刻，還有許多人被呼吸器或其他維生器材禁錮

著；或有人因為失智，怕其走失發生危險而被軟禁在家中或機構裡；或是安養院裡的長者，被約束、被監控、包著尿布、被限制行動……凡此種種，都被「以愛為名而行之」，在我們的周遭持續上演著。

　　早台灣好幾年進入高齡社會的歐洲國家，近年來十分重視「尊嚴照顧」議題，許多跨歐盟的計畫都針對這個議題進行實驗和深入探討，希望可以找到更具人性和尊嚴的照顧方式。歐洲因為文藝復興的影響，向來對人權問題極為重視，因此照顧的手法和理念，已經從原來的身體照顧，延伸出更多關於身心靈全人照顧的創新做法。

　　但概念抽象的「尊嚴照顧」如何體現和落實？2012年英國、法國、比利時和荷蘭透過跨國的創新計畫，共同創設「尊嚴照顧實驗室」，希望藉「同理心」這個重要元素，讓參與者重新反思照顧的定義與價值；透過新的服務設計，讓一線照顧提供者和學生，更深切了解「被照顧」到底是什麼樣的感覺。

　　瑪蒂‧范登堡（Maddy Van de Bergh）是比利時聖伊莉莎白居民照顧中心主任，她是率先參與「尊嚴照顧實驗室」計畫的機構之一。這個位在安特沃普區的居民照顧中心的母單位為「河地照顧公司」，提供居家、日照、短期住宿等多元服務給在地長者。

　　瑪蒂高中畢業時因為性向測驗說她「喜歡幫助人，也喜歡動手做」，建議她可從事職能治療師而踏入長照領域。在擔任職能治療師的過程中，她也看到了機構管理上的一些限制並希望有所作為，因此靠著在職進修念了更高的學位，擔任機構管理職。

　　「我擔任中心主任已經19年，從一開始我就希望照顧文化可以更加人性化，但一直到最近才看到契機。這幾年我們看到政府開始正視病人的尊嚴照顧問題並用政策支持，我們才有機會推展新的實驗方案。」

　　無論在哪一個國家，機構照顧一直都在營運需求和病人需求中努力取得

平衡，如果沒有外在政策的支持，要向員工、病人和家屬等不同人群溝通新的照顧觀念，甚至推動新的做法並不容易。

「照顧不僅僅是技巧，也不是對人好就好。」尤其是針對已經無法用一般方式（言語、肢體）進行溝通和表達思想的人，要怎麼提供有尊嚴而適切的照顧？如何同理他們的想法？尤其是在機構裡，當法規繁複、照顧人員有限時，受照顧者的尊嚴、快樂、希望，真的有機會被擺在經營效率之前嗎？

該專注在照顧還是生活上？
「23+1」長照新標準——23小時生活 + 1小時照顧

瑪蒂積極推動從尊嚴照顧衍生出來的「23+1」照顧理念，代表著「一天24小時，23小時是生活，只有一小時是照顧。」「23+1」的概念是怎麼來的呢？為了更了解如何提供有尊嚴又適切的照顧給住民，瑪蒂的機構曾針對所有臥床的住民進行深度研究分析，他們發現：每個人的失能狀況不同，需要照顧的情況也不同，即使都是臥床者，也都還能分成四級：「能夠的長者」（able elderly）、「還算能夠的長者」（semi-able elderly）、「需要稍微加強照顧的長者」（Elderly needing semi-intense care）和「需要特別加強照顧的長者」（Elderly needing intense care）」。在這樣的分類之下，每個等級接受照顧的平均時間為「一天10.5分鐘」、「一天20.9分鐘」、「一天38.2分鐘」和「一天77.1分鐘」。也就是說，即使是需要最多照顧的人，一天所需專業照顧的時間也不過就是一小時20分鐘。若是把所有人平均起來，他們需要照顧的時間都遠低於一小時，那另外23小時要做什麼呢？

過往機構的思維都是把時間和人力投資在照顧上，但從實際的研究卻發現這樣的做法並不是住民最需要的，也讓他們開始反思：我們到底該專注在

照顧還是生活上？是花的時間重要還是品質重要？如此才有了「23+1」的倡議，就是一天24小時是「23小時的生活＋1小時的照顧」，提醒每個人重新翻轉原來的照顧思維。

他們的研究也進一步發現：雖然近年來因為科技的進步，我們在照顧工具和科技上有了長足的進步，同時某些照顧工具的確能夠協助提供較佳的照顧品質，進而提高生活品質，但透過最高級和最新型工具所提供的照顧，不代表就能讓住民因此擁有最令人滿意的生活品質。這兩者之間的關係並不是絕對的。也就是一味追求照顧工具的提升，並不等於照顧品質的提升。

但要翻轉以往的照顧觀念，落實「23+1」，也代表所有人員的思想和行為要跟著翻轉，「這其實是最困難的。」要成功，需要天時地利人和。

天時、地利、人和，促成比利時長照政策「23+1」的誕生

「23+1」成了比利時長照政策的一個指導方針，有政策的支持是天時。

「過於落伍的空間規畫就算你有再好的照顧思維也無法實踐；過往的空間是由一間醫療院改建的，無論再怎麼改裝和設計還是很難有家的氛圍；2018年年底我們遷入一個全新的空間，在這個新的空間，我們完全以居家的角度去設計，讓我們有機會充分落實23+1的照顧理念。」瑪蒂開心地說，這是地利。

人和呢？則是從重新調整團隊的編制做起。瑪蒂強調，傳統的人員編制方式，每一個職種（護理師、物理治療師、照顧服務員等）分屬不同部門，各自報告給各自的上司，就算有跨團隊的討論也無法做到照顧的無縫接軌和有效溝通，「因此我認為要能進行照顧轉化，第一步是團隊的重組。」因此她打破原來的部門概念，把所有人糅合在一起，根據專長和能力分成幾個跨專業的自主團隊，每個團隊負責照顧16名客戶，「由他們自己根據客戶的需

求訂出照顧目標、排工作時間表,因此做到照顧內容高度客製化。」她補充說,其實更好的照顧人數是八人,但目前還無法達到這樣的目標。

同理心訓練——易地而處、換位思考,更注重與被照顧者的溝通

為了讓92位住民能真正享有被照顧的尊嚴,瑪蒂帶領團隊,讓一線照顧服務員、護理師到營養師、清潔人員,參與了「尊嚴照顧實驗室」所推動的同理心體驗式照顧課程和訓練,透過易地而處、換位思考,讓他們更注重與被照顧者的溝通,並從被照顧者的正向反饋中,清楚看到從事照顧服務的目的與價值。

「體驗過程設計得十分細緻和精密。我們的人員在參與過後,無論是已經有多年經驗的工作人員,還是尚未踏出學校的學生,都得到新的認知與學習,回來後反映在他們的工作內容和態度上。」

「最大的改變就是他們的態度變得比較開放,」她強調,「彼此更像一個團隊,更願意設身處地站在客戶的角度來思考問題,也更願意去取得共識、找出大家都能接受的解決方案;而不是像過往一樣,用習以為常的方式提供照顧,如果別人提出不同看法,通常都會護衛性地進行辯護,而不是問自己:這樣做的理由和初衷何在?有沒有更好的方式等等。」

比利時尊嚴照顧實驗室的同理心照顧體驗,因為公共電視獨立特派員周傳久、鄭仲宏的報導,逐漸在台灣的照顧界中為人所知。

2018年,瑪蒂老師曾親自來台灣,在北部和南部演講,並實際進入「衛福部南部老人之家」,不但分享23+1的理念如何落實,介紹尊嚴照顧實驗室如何翻轉其工作人員的照顧思維,如何找回以客戶為主的照顧方式與價值,更用情境劇的方式帶領工作坊,透過實際的情境,幫助台灣的照顧服務提供者,透過觀念的轉化而有新的視角,延伸山新的照顧可能,期望幫助台

灣在地人員，在此長照2.0推動的關鍵時刻，重新找到可以在每日工作落實與轉化的服務方式，並找回照顧的初衷與價值。

▲比利時的瑪蒂老師在台灣舉辦的工作坊中分享照顧思維（銀享全球提供）

PART4

翻轉**失智**

一個人就算被確診失智的那一刻,他還是對周遭事物有感覺;他依然是一個有知覺、能感受、希望被尊嚴對待的人;他還聽得懂、看得見、對事物能有所理解;就算記憶出現問題,許多失智者依然還是可以獨立生活,並擁有健康豐富的人生。

美國阿茲海默活動中心

人說失智沒藥醫，
他說失智本來就不靠藥醫

「天啊！我就知道，媽媽老是忘東忘西，現在還日夜顛倒，這個病聽說只會一直變壞，我該怎麼辦？」

「爸爸說的話老是重複，常常連今天星期幾都不記得，有時候出門還會忘了回家，這讓人太不放心了，我又不能每天看著他；幫他找個外籍看護，他不肯；讓他搬到安養中心，他也不肯，我該怎麼辦？」

失智症在很多人心中，就像是洪水猛獸，家人罹患失智，我們馬上感到焦慮、無助與徬徨，因為我們不斷接收到的訊息是「這個病沒有藥醫？」「這個病只會讓患者愈來愈退化？」「這個病的進程無法掌控，每個人的狀況都不一樣，所以很難應對⋯⋯」

隨著世界人口高齡化，失智的確是一個全球許多國家都關切的重要議題。高齡化快速的國家例如英國、日本等，都將應對失智症列為重要的國家政策，台灣也於2016年頒布國家級的失智政策綱領；知名的領導者，例如全球首富比爾·蓋茲也捐助鉅款，以實際行動倡議與支持，希望可以在全球對抗失智症的努力中貢獻一份心力。

每三秒鐘，世界就有一個人被診斷出罹患失智症。2016年，失智症是美國第六大死因，並首次名列台灣年長女性死因的第10名。根據台灣失智症協會資料，台灣失智症人口在2017年底已超過27萬人，相當於整個嘉義

市人口。65歲以上老人每13名就有一名失智，這個情況未來還會增加得更快。衛福部的調查顯示，2031年失智人口將增加到46萬人，2061年將超過85萬人，等於未來40年，台灣平均每40分鐘新增一名失智症者，每天新增38人被確診失智。

這些數據看起來可怕，也因此讓我們忽略了，一個人就算被確診失智的那一刻，他還是對周遭事物有感覺；他依然是一個有知覺、能感受、希望被尊嚴對待的人；他還聽得懂、看得見、對事物能有所理解；但通常在確診的那一刻起，周遭的人就不再用平常的方式對待他們；只因為他們被貼上了失智症者的病人標籤，只因為他們的某些能力可能喪失或不如從前，他們立馬被打入「什麼都不能做的冷宮」，也立刻被當成事事都需要被照看的病人。

其實就算記憶出現問題，許多失智者依然還是可以獨立生活，並擁有健康豐富的人生；如何和他們一起創造出一個共生共存的新社會架構，是眾多先進國家正在努力的目標，也是對抗失智的新思維，更是全球倡議和打造失智友善社區的基礎。

當我們走訪英國和荷蘭，看到他們的失智照顧是想辦法讓失智症者繼續生活在我們的社會中，所以他們製作各種類型的手冊並舉辦工作坊，協助超市、餐廳、戲院、電影院等場所的工作人員學習如何和失智症顧客互動，並以有尊嚴的方式，繼續提供他們各式服務。

必須說，台灣在這方面相對落後。對於失智，我們看到的不是人，而是病症；一個人一旦被確診失智，不管其型態或病程如何，幾乎馬上就被當成病人隔離起來，甚至開始受到藥物的控制，凡此種種，看起來好像是為了保護他們，從另一個角度來看，這就是我們社會對失智症者的看法：他們是不正常的，不應該在社會中影響別人，所以我們要把他們分開，而這樣的做法大大限縮了他們自主生活的能力與尊嚴。

其實我們已經愈來愈清楚，最好的失智照顧其實是讓他們繼續以他們保

有的能力和生活方式過生活，不去看他們不能的那部分，而是引導他們繼續用能的部分來生活。及早確診是希望提早帶入適當的介入方式，介入方式未必是藥物，可能是各式各樣的活動，特別是對失智者有意義的活動。尤其是對早期和所謂的輕度失智症者，更多的社會參與和互動刺激其實遠勝任何藥物。

這裡要介紹一個我多次帶團走訪，已經成立了30多年的真實案例——位在美國北加州矽谷的「心靈與精神活動中心」（Hearts and Mind Activity Center）。這個最近才更名的中心前身為 RRAD（Respite and Research for Alzheimer's Diseases），中文譯為「阿茲海默症喘息與研究中心」，它旗下包含兩個組織：阿茲海默活動中心（Alzheimer's Activity Center，簡稱AAC）和羅莎・伊蓮娜托兒所（Rosa Elena Childcare Center）。

在這裡，我們看到了失智症者依然可以擁有健康生活的真實樣貌；以及這個活動中心的存在能夠為家屬和社區帶來多大的支持。

阿茲海默活動中心的理念：「讓失智者有個地方可去！」

1984年剛滿40歲的蓋瑞・史坦基（Gary Steinke）醫師，在美國北加州聖塔克拉拉縣擔任精神內科醫師，注意到有愈來愈多被診斷出失智症的病人，因為沒有地方去，只能留在家裡，家人要上班無法照顧他們，導致他們的生活因為缺乏社交刺激，不但讓病情惡化得更快，也常出現脫序的行為，成為家屬照顧的負擔。

身為醫師的他雖然不免需要開藥方去協助舒緩一些照顧的狀況，但他心裡明白，與其開藥讓他們冷靜或甚至昏睡，最好是有個地方讓他們可以安心地參加活動，持續做自己。

　　因此他決定和幾位社區裡具有社工和法律背景的熱心人士，想辦法募集了一些資源，設置了名為「阿茲海默活動中心」的地方。

　　早期中心非常簡陋，只有一塊空地和幾個貨櫃屋，說是活動中心，實在略嫌寒酸，因為周邊只是勉強用鐵絲網把環境圍起來，一到傍晚時分，有「黃昏症候群」的參加者只要看到車子經過就隔著鐵絲網大聲喊叫，吵著要回家。

　　「很幸運地，有善心家屬買下周邊土地並捐給我們使用，所以我們得以蓋一個全新的中心。也把我們之前的經驗和所學都放到新中心的設計中，例如設計新中心時就在外圍規畫一圈圍牆，長者在裡面活動，不會輕易看到外面的環境而受到干擾，能夠安心地在中心裡參與活動。」

　　其他貼心的設計還包括所有的房門都只能往一個方向開，這樣參與者就只能往一個方向前進，不會來回遊走，比較不會因為感到困惑而導致情緒起伏。「我們整個空間的設計是讓他們覺得安全且自由，他們可以自己決定想做什麼，旁邊都會有工作人員陪伴和引導。」

　　雖然是一個照顧機構，它的名稱裡完全沒有「照顧」兩個字；另外，雖然來的都是失智者，他們也不把來參加的人稱為「患者」（patient），而是稱「會員」（member）或是「客戶」（client）。

　　「沒錯，我們選擇用『活動中心』而非『日間照顧中心』，因為我們的做法是透過行為科學和失智者溝通；我們的工作人員透過同理心和各種動、靜態的活動設計與引導，讓失智者透過參與，過有尊嚴的生活。」

　　回首30多年前創辦AAC的心路歷程，Dr. Gary 說：「起心動念很簡單，只是希望失智者不要被關在家中或養護機構裡，有個地方可以去。」

　　「**失智（dementia）在醫學上是一種疾病，但對抗這種病絕對不是靠藥物，**」Dr. Gary 強調，「**而是一顆能夠同理的心與適當的行為引導技巧。**」然而，很不幸地，目前失智症的治療和照顧都還是非常醫療導向，被診斷出

失智症的人就像一般病人一樣處理，「吃藥、限制行動，只要他們情緒一亢奮，就急著讓他們鎮靜下來。」

「想想看，他們只是認知功能出現障礙，情緒還是相當健康飽滿的，但他們卻找不到適當的管道來疏解，所以怎麼疏導他們的情緒十分重要。為什麼我們的老幼共托計畫如此成功？因為孩子本能就讓人覺得可愛，想要親近和保護他們，這讓失智者飽滿的情緒有了出口。」

「這就是我們一直強調的，**從行為科學來和他們進行有效溝通；與其想著怎麼讓失智者回到從前的狀態，我們更應該著重在怎麼讓社會變成一個失智友善的環境，而不是把他們隔離起來。**」

俱樂部裡的活力長者，打破世人對失智症者的偏見

不管是參加者還是家屬，都不把這裡稱為阿茲海默活動中心或日照中心，在他們口中，這裡是「The Club」（俱樂部）。在這裡，他們可以做自己，沒人把他們當成病人。2016 年 4 月，我首次實地走訪這個「俱樂部」，所見到的景象至今仍不能忘懷。

The Club（俱樂部）從外面看起來就像尋常百姓家，沒有特別的招牌或標示。進入後，內部的隔間和陳設更完全感受不到這是一個提供失智者服務的日間照顧中心，家具的擺設、空間設計和油漆顏色的選擇等，都讓人感到溫馨與舒適。

一走進入口處，可以看到接待台，雖然為了安全起見，進入中心有門禁掌控，但坐在接待台前，接待人員對於停車場的狀況可以一覽無遺，大部分的參加者都是由家人或接送車輛送到中心來，因此工作人員可以很清楚地看到誰剛剛抵達、誰剛剛進來，並馬上趨前打招呼或協助。

　　一旦進入中心後，有許多不同的空間，中間最大的是一個多功能的活動空間，分成好幾組活動讓參加者自由選擇；一個比較小的房間中放了一台鋼琴，算是另外一個活動室，可以用來舉辦小型的座談會或家屬支持團體等；還有一個像是廚房的空間，只是中心雖然提供午餐，但並不直接在這裡烹飪，而是由專門的廠商送過來，這個廚房只負責加熱、分裝，或按照客戶的特殊需求進行確認；廚房旁有另一個像家中廚房的小空間，這是2015年因為一筆捐款所增建的空間，這裡除了可以烹調簡單的食物，主要是用來進行老幼共托的活動，例如讓爺爺奶奶和小朋友們一起做糕餅點心。

　　中心有挑高的天花板，這樣就算同時有多組活動在進行，彼此也不會互相干擾。天花板上有天窗，旁邊有大面窗戶，整個設計十分注重通風和採光，盡量不要有壓迫感。牆壁的油漆隨著空間的不同功能而特別挑選，例如主要的活動空間就選擇令人精神振奮的黃色；在比較小型，主要是讓人舒緩的休息室，就漆成令人感到平靜的淺藍色。

　　推開門走到戶外，是一個有著一大片芬芳草地的大型中庭，內圈是一大片草地、外圈有一條上面有遮雨棚的步道，更外圈種著低矮的灌木。為了安全起見，整個中心四周都有圍牆，但圍牆的設計很有巧思，有些是看起來直接用植物代替建立分隔，有些則是在圍牆前種滿了樹，去除直接利用圍牆進行隔離帶來的冰冷感。這些植物和圍牆的高度也都特別設計過，比一般人的視線要高些，所以不會被外界的事物，例如經過的人車等影響，這當然是因為許多失智症者都容易有「黃昏症候群」，所以希望盡可能降低會讓他們焦慮的因素；另外所有植物和盆栽都不會太密或太高，工作人員站在場中間就可以環視全場，一覽無遺，不會有人躲著或找不到人的狀況。

　　不管是一大早或是灑滿陽光的午後，整個外在的空間都讓人感到寬敞、舒服。步道上設計遮雨棚，就算天候不佳、下著小雨，也還是可以讓長輩到戶外散散步或走動走動。「有時候一個長輩情緒較激動時，只要陪著他走上

一兩圈，他就會冷靜下來。」

就在此時，來自隔壁羅莎・伊蓮娜托兒所的小朋友們正列隊從專門的入口走到中心來。除非有特別的狀況，例如有人感冒等，這所托兒所的小朋友每天都會安排時間固定到 AAC 來和長輩互動，這也是許多長輩最引頸期盼的時光。

他們會被分配到不同小組中，在工作人員的幫助下一起協作，進行不同活動。對這群 4 ～ 6 歲的小朋友來說，眼前這些長者就單純只是一起進行活動的爺爺奶奶，而不是什麼失智症患者，動作慢一些也不會有人覺得不耐煩，甚至有些一見到面就很親切地互相擁抱。

我們參訪的這一天，有一組要一起在新蓋好的廚房中做蛋糕，只見大家互相幫助穿上圍裙、戴上手套和帽子，雖然看起來有些手忙腳亂，但彼此互相幫忙其實也是趣味的一部分，然後兩人一組一起打蛋、攪拌麵粉等，也有工作人員在一旁幫忙，加點香草粉，或說句「你們這個麵團還得再打久一點」、「打得很不錯！」等等。孩子和長輩都非常開心地忙著、對話著、互相幫忙，為彼此的存在而感到心安……

「有些長輩也許有些焦慮不安，但只要和孩子們一起互動就會穩定下來。」中心的工作人員告訴我們，還說長輩們為了爭取孩子的注意力也會爭寵，「例如他們會輪流念故事給孩子聽，如果有人多念了一頁或一段，別的人就會說，『喔！你念太多了！輪到我了、輪到我了！』」

不管是室內，還是室外，近 90 名長者分組進行著或靜或動的活動，他們可能聚在一起做手工藝，或是在豔陽下玩擊球遊戲。時不時，還有孩子銀鈴般的笑聲點綴其中。這長幼互動的畫面是如此協調、自然與開心。

席間有一位十分健談的男性長者，工作人員介紹他的名字是奧羅（Otho）。據說他的老家在愛荷華州蘇市（Sioux city），他驕傲地說蘇市最有名的代表物就是全美知名、擁有百年歷史的爆米花公司 Jolly Time 的總部。

未滿20歲，他就離家到舊金山州立大學念書，後來一直留在這裡成家立業，在玩具反斗城工作了將近25年後以營運副總裁的身分退休。有八個小孩、18個孫子女，雖然曾經參加過各式各樣的社交俱樂部，但奧羅說他最喜歡到「俱樂部」來，因為「到這裡有機會交到不同背景和經驗的朋友，學習很多！」

另外還有一位女士「可可」（KOKO），從小在華盛頓州塔卡瑪（Tacoma, Washington）一處農場長大，因此她一直是一個活力充沛的人，小時候幫忙餵養照顧農場上的各種動物和植物，長大後做過很多不同的工作，水中芭蕾選手、百貨公司櫃姐、日照中心工作人員，也是兩個孩子的母親。可可對什麼事都充滿好奇心，人生歷程豐富，並積極追求自己的興趣和熱情，參加各式各樣的同好會和俱樂部。她說來AAC這裡讓她可以持續感受到這些她所需要的刺激，她也可以選擇參與各式各樣或靜態或動態的活動，不管是手工藝、畫畫、唱歌等，但她最期待也最喜歡的就是每天和小朋友的互動時間，她形容中心的這個跨代共融計畫是「全天下最棒的計畫」！

參訪當下，看到奧羅和可可這樣「看似正常的人」，許多團員都覺得不可思議，不相信他們是失智症者，甚至有個團員直接問工作人員：「來這裡的失智症者如果突然抓狂、打小孩，怎麼辦？」Dr. Gary 顯然沒有被這個問題嚇到，他微笑地說：「這其實都是我們對失智症者的偏見！」他強調，許多失智症者，尤其是確診為輕度或中度者，其實都還是有可以和人對話及溝通的能力；只要注意他們的情緒並進行適當的引導，失智症者並不會無端做出奇怪的舉動，「有些時候他們失序的行為，其實是因為我們不正確地對待而造成的。」

站在中心草地的豔陽下，聽著這段對話，看著一旁正在玩著丟球遊戲的爺爺奶奶和跑來跑去的小朋友，心中既喜且憂，喜的是看到這樣有品質的失智照顧，讓我更有信心面對這個人類的大挑戰；憂的是從團員的反應和問

題，深切感受到台灣的失智照顧還有很長的一段路要走，有很多錯誤觀念要修正和突破。

就是因為我們太常把失智症者隔離，或是他們確診的時間都太晚，很多早期的介入措施都來不及採取，因此大家印象中的失智症者就像是精神病患，覺得他們一定會有脫序的舉動，一定會遊走甚至走失，一定會讓家庭照顧者頭痛⋯⋯

真的是這樣嗎？我們有沒有機會也讓台灣的失智照顧找到新的模式和出路？

就讓我們來看看AAC是怎麼做到的，它的照顧哲學是什麼？

阿茲海默活動中心（AAC）的**3**大照護哲學

照護哲學**1** 老幼共托的創新失智照顧模式，獨步全美

此一中心最大的特色，就是阿茲海默活動中心旁附設的托兒所。托兒所每天有約30名學齡前孩童，除了在自己所屬的空間包括室外的花園進行各種活動外，他們每天都會安排固定時間到「隔壁」的阿茲海默活動中心，去和那裡的爺爺奶奶交流，這也成了許多AAC參加者最期待的活動時間。

緊鄰著中心的托兒所，原本是為了工作人員的托兒需求而設置的，結果這個美麗的意外卻成為中心為失智長者提供的一個絕佳活動。孩子每天定時拜訪爺爺奶奶，爺爺奶奶們也期待與孩子互動，或是念故事給他們聽，或是一起做手工藝、玩遊戲。

透過精心的空間規畫和互動設計，失智長輩和托兒所裡的孩童彼此交

融、共同成長，成為各自生命歷程中重要的一環，也讓許多工作人員和周邊鄰居可以同時照顧家中長輩和幼兒，不再為托老和托幼疲於奔命，為社區全人照顧樹立了新的典範。「就算孩子還沒來，長輩也會努力做『乖寶寶』，因為他們要做孩子們的好榜樣，」中心裡的一位工作人員說。「很多長輩都非常期待輪流念故事給孩子們聽，如果有的人念得稍微長了些，還會被旁邊的人噓甚至制止呢！」工作人員說。

「我沒有和父母住在一起，所以我的小孩沒有機會經常見到爺爺奶奶。但我注意到我兒子偶爾見到祖父母時，總是對他們很溫柔，和他們互動及對話也很自然，我覺得這都是因為上這家托兒所的緣故。在這裡，他經常有機會和長輩親近，彌補了不常見到祖父母的遺憾，也讓他學會對長輩溫柔以待，是很棒的生命教育。」托兒所的一位家長說。

事實上，根據院方的調查，高達91％的家長是因為認同「長幼共托」的理念而特別把孩子送到這個托兒所來；100％的家長對於孩子們在這裡的活動、學習和照顧內容都表示「非常滿意」。

老幼共托激發出有如魔術般的時刻和效應，30多年來不斷在阿茲海默活動中心上演，而 Dr. Gary 和他的太太潘蜜拉（Pamela）正是這個「魔術空間」的重要推手。原本是高齡醫學、失智症專家兼內科醫師，為了中心，Dr. Gary 說，「我也學會了舉辦募款餐會、看財務報表和修繕房屋！」

托兒所的主任已經在這裡工作24年，可以說是老幼共托計畫幕後重要的推手，當年一起帶來上班的孩子現在都已經是20幾歲的年輕人了，「但我深深感受到這段經驗帶給他們的生命影響是無可取代的。」她說有一次在外地上大學的女兒要趕飛機回學校，但在機場看到一位看似走失的長輩，就主動上前去幫助他，並花時間幫他找到適當的協助才離開，「我　直跟女兒說，妳要趕不上飛機了！但女兒卻回答我說，『我可能是爺爺今天遇到最重要的一個人，我做的事可以讓他開心一整天，對我來說，這樣就足夠

了！』當我聽到她的回答，那一刻我真心覺得：的確，這樣就足夠了！」

照護哲學❷ 失智照顧不標籤化，不靠藥物，以行為科學來引導

AAC是全美最大的失智日照中心，一天可接待約90個參與者同時在中心進行活動而不顯得擁擠，其實以空間來說，還可以容納更多的人，排隊想進來的也大有人在，但主要是因為法令的限制，每增加多少人就要多設置一間廁所的規定，讓他們無法大幅增加參與者。

AAC會這麼受歡迎的原因，一來是去標籤化，從中心的名稱，到參與的人，他們都強調這是一個活動的空間，而非失智照顧的中心。對參與者的態度、稱呼和所設計的活動，都沒把他們當成失智症者，只是當成一起參與活動的長輩；不像台灣會把失智者分成不同等級分在不同空間做不同的照顧，AAC對於參加者的失智程度完全沒有硬性規定，只要這個人還能自己行動（用輪椅或助行器皆可），在有人幫忙的情況下可以去廁所，就可以參與。

另外，參加費用合理，主要就是根據每天來的使用情況繳費，每天的費用連同吃飯大概在66美元上下，對台灣人來說，一天付將近2,000元去日照中心，可能覺得很昂貴，但美國沒有台灣平價好用的健保或社福體系，也沒有24小時守候在家的外籍看護，因此不管是到日照中心參與活動，或是住到銀髮住宅中，費用都十分高昂，AAC的收費算是非常親民的，所以這裡大部分的人都是自費參與，有少數人可以透過補助減免部分費用，這些補助來自民間的捐款和政府的經費；因為一位難求，有些人就算短期不能使用也會用請假的方式繼續，寧願繳費保留名額也不願放棄自己的位子，怕以後要再進來就難了！

雖然創辦人是醫生，但Dr. Gary提到，中心對於參加者的介入方式，幾乎完全不靠藥物，「人說失智沒藥醫，但我說失智不靠藥醫。」他強調，**其**

實很多長輩的異常行為有時候肇因於不同藥物的交互作用，或是某些長期藥物的副作用。「我行醫的前30年一直在開藥方，現在退休了，卻一直在勸大家盡可能減少用藥。」

「因此在AAC，非常強調透過同理心來引導和改變行為方式，而這種能力也不是一定要某種醫療或學術專業才能具備，我見過最好的失智症照顧者，都不是醫療或社福背景訓練出身者；事實上，**我們的專業有時候似乎會變成障礙，我們自以為知道怎麼樣做對失智症者最好，讓我們看不到也聽不到他們的需要。**像我太太潘蜜拉，她雖然沒有所謂的『專業背景』，但她擁有一個最棒的能力，就是傾聽。她能讓別人感到放心，願意也喜歡跟她說話，因此很多爺爺奶奶都很喜歡她。我覺得這樣的照顧能力和技巧是可以透過學習和訓練得到的，不僅僅是在中心，我們努力朝這方面培訓人力，在整個失智照顧的體系裡，我們也需要多朝這個方向訓練照顧人員。

「就算在美國，我們的照顧理念和方法是非常『非主流的』，我面臨的最大挑戰是找到認同中心理念而且可以傳承這樣精神的人。」

照護哲學 3 和社區資源緊密結合，成為居民的重要後盾

就如Dr. Gary一直強調的，AAC辦得再好，也不能取代家屬的地位，但希望能成為家屬的最佳後盾，讓他們無後顧之憂地去上班上學。中心工作人員的投入很重要，但中心的成功也靠很多志工的努力，多年來AAC和聖荷西的多所高中和社區學院合作，提供同學志工學習的課程和時數，有些雖然是因為學校課程的需求而來到中心服務，但在課程結束後持續成為志工並繼續來參與服務的人數也不少。

除了學生，也有很多社區人士，有不少人是因為自己的親人曾受益於AAC的照顧，因此在親人離世後，懷著一顆感恩的心持續到AAC擔任志

工，奉獻所長亦幫助別人。例如Chris，他的第一任太太和岳母都有阿茲海默症也都已過世，現任未婚妻的父親也有阿茲海默症，所以他很能體會家屬的心情，每週他都會帶著他的治療犬Lucy到中心來提供陪伴服務。2017年中心有高達920位志工參與，奉獻了4,936個服務小時。

　　而中心除了提供失智症者最佳陪伴之外，近年來也積極舉辦各項給家屬的支持團體，因為聖荷西地區有非常多來自不同文化和語言背景的人，光是亞裔這個族群，就包含華裔、越南裔、日裔、韓裔和印度裔等，考量到他們的語言文化不盡相同，因此支持團體也會盡量分開，並選用有相應語言能力的志工和帶領師來協助；也有三明治族群的支持團體，主要是協助那些上有父母要照顧、下有小孩要操心的三明治族群；除了固定辦理支持團體，也舉辦年度中大型論壇和小型講座，邀請專家學者和家屬來分享，強化知識分享和建立社區共識；另外也不定期舉辦邊走邊談（Walk & Talk）活動，讓家屬和志工透過健走活動，邊走邊聊，以達到舒緩身心的功能。

　　另外，中心也積極和鄰近的其他的長者服務組織串聯和合作，例如AAC就和安樂居位在聖他克拉拉縣的PACE中心合作，當有些PACE的參加者有失智狀況時，也會被轉介到AAC來，因此早上也會有安樂居的接送車停在AAC門口，送PACE計畫的參加者過來。

打破失智的悲情刻板觀念：
和失智共活，而非等死！

　　台灣媒體喜歡報導許多名人照顧失智家人的故事，通常都是哀傷、充滿血淚情節；知名作家著書立說不斷訴說著最親愛的人竟然忘了自己的遺憾和苦楚，整個關於失智的描寫和印象都充滿了悲情與灰暗……

　　大部分的人對於失智症的反應也被龐大的社會傳統制約著：多數人一聽到父母或親人確診失智，馬上陷入擔憂和恐慌中，被一大堆醫囑和「未來可能會發生的○○××」嚇得無法正視失智症者的現在，只是不斷憂心著他們可能陷入的黑暗未來。

　　凡此種種，都讓我很希望讓更多人可以看到AAC所呈現出來的美好畫面。不管是老幼共托的魔術時刻，對失智症者的尊重和透過行為引導為主的照顧方式，甚至是明亮寬敞的空間，其實都不難落實，難改變的是人心和觀念，只要我們一日不改變我們對於失智症者的看法和想像，我們就一日不能找出新的方式來應對。

　　想想看，有一種死亡是這樣的：你最親愛的人今天一早出門突然遭逢意外，從此與你天人永隔，你是不是會覺得十分遺憾？恨自己沒有機會與他好好告別？

　　然而，有另一種別離是讓我們可以好好分開，好好說再見。失智症難道不能看成是這樣的機會？**確診的那一刻並沒有讓你馬上失去親愛的人，但的確提醒了你要更加珍惜與對方共處的時光，因為他們要慢慢離開了。**儘管這樣，我們其實還有很多可以一起做的事，應該好好規畫共處的時光，而不

是只想著怎麼讓他吃藥、一直去看醫生、買尿片、治病等等……

再說了，人老了最害怕的是什麼事？就是死亡。但失智症者因為記不清楚事情，或是只記得自己想記得的事情，所以他們其實是最奉行「活在當下」的一群人，也因此在死亡面前他們反而無所畏懼，這難道不能看成造物者給人類的一種保護機制？

換句話說，只要我們不把自己局限在原來的框架裡，一直把失智當成一種病症，一直想著怎麼醫治它，而是把它當成一種狀態，想著怎麼與它共存，這樣我們就有機會在與失智症者相處中找到新的可能；當我們願意放下成見，不再一直認為：我們才是對的，他們是不對的；我們才是正常的，他們是不正常的，那我們才有機會看到他們的可能和可愛。

記得第一次聽到國際失智症聯盟（Dementia Alliance International）主席史瓦佛（Kate Swaffer）女士在台灣演講時，我非常震驚，眼前這位口齒清晰、說話鏗鏘有力的女士，竟然是失智症者！身為早發性失智症者，史瓦佛在50歲生日前夕被告知自己患了早發性失智症，她說她清楚記得確診的那一刻，「我的醫生當我是個隱形人，直接略過我，只和我先生對話，告訴他我接下來會發生什麼事、基本上就是回家等死，然後他該怎麼辦。醫生完全無視我的存在，不曉得我坐在那裡，完全聽得懂他們的對話！」

這樣的刺激和經歷，讓她決定獻身為失智症者發聲和爭取人權。她到處旅行，著書立說，就是要打破許多人對於失智症和失智症者的刻板印象，「要和失智共活，而非等死！」過去擔任護理師的她，在罹病後無法繼續擔任醫護人員，但透過語言治療等幫助，她不但繼續求學，拿了三個碩士學位，現在還在攻讀博士學位，並創辦了國際失智症聯盟，她是第一個被邀請到世界衛生組織大會上擔任主講人的失智症者，也榮獲2017年澳洲政府頒發的「年度澳洲人獎」。

史瓦佛女士的努力對台灣也有重大影響。大家覺得台灣的失智症協會組

成時發起的成員中有失智症者嗎？答案是沒有。事實上，一直到幾年前，失智症協會的主要成員和核心幹部都沒有失智症者擔任。這是因為大部分的人包括醫師和許多失智症的倡議人士，認為失智症者是病人，應該沒有能力擔任協會的角色，承擔責任。一直到他們邀請史瓦佛女士來訪，聽了她的演講，了解她的個人故事，決定修改協會章程，讓失智症者也有機會可以參與協會的工作。

阿茲海默活動中心的
2大營運特色

營運特色1 以活動引導為訴求，支持家屬為核心，提供日間照顧服務，以合理收費

　　阿茲海默活動中心的設計是讓會員每週五天，或是一週數天，有時甚至包括週六，可以來這裡參加各式各樣的活動；因為白天活動累了，晚上也睡得比較好，相對舒緩了家人的照顧壓力，並讓家人間互動的品質更好。

　　英文俗諺説：「養一個孩子，需要一整個村子共同努力。」（It takes a village to raise a child）；創辦人Dr. Gary 説，「家有失智者，需要的不只是一個村子，而是全村人和家人的共同努力。」他強調，阿茲海默活動中心不管做得多好，「都不可能取代家人的角色，但希望可以減輕他們的負擔，並讓他們得以持續工作。」

營運特色2 以非營利組織型態經營，除收費也接受捐款幫助經濟有困難者

　　中心是以非營利組織的方式設立，所以可以接受民間捐款，也可以承接政府的案子獲得支持經費。除了自費參加的民眾，也有透過政府補助來參加的人。

　　由於這是聖他克拉拉縣唯一一個針對失智症成立的日照中心，因此成為很多家屬的依靠，多年來造福了不少人。很多人心懷感謝，即使家人已經離世，仍持續捐款給中心，或擔任志工來表達自己的感恩之情。曾有人投書當地報紙，提到幸好有中心照顧失智的太太，因此一家人才能在太太離世前的數年，依然享有較佳的生活品質也共同創造了許多回憶。 而中心最早期的土地也是來自私人的捐贈。

根據 2016 ～ 2017 的年報顯示，AAC 一年 2,134,927 美元的支出中，有 73% 來自參加者所繳的費用，政府的補助和民間的捐助各占約 11% 和 10%，其他還有投資所得。2017 年服務 247 位客戶，提供的喘息時數高達 145, 387 小時。

　　每天清晨五點就起床工作的 Dr. Gary，已經是二度退休，「但我比沒退休前還更忙！」這一兩年來，Dr. Gary 慢慢退出中心的日常營運管理，而是從志工的角度持續支持中心的發展與成長，也期許自己可以花更多的時間去外界推廣，分享阿茲海默活動中心的理念和故事。他曾於 2015 年到台灣來演講，分享 AAC 的故事。

　　新接任中心主任的 Maria 也很積極地作為，不但強化硬體設施的更新，並努力發展社區支持網絡和家屬支持團體，同時引進更多資訊相關的系統，讓同仁的工作或是與家屬的溝通更順暢。

　　阿茲海默活動中心從一個醫生的小小心願開始，30 多年來發展成美國西部最大的失智日照中心，成為科技之都矽谷一個鮮為人知的小祕密，成為眾多的上班族和老老照顧族群照顧失智家人的最佳後盾。

　　我始終記得第一次走入 AAC 的情景，那是 2015 年 4 月的一個早晨，那時候的我對失智症所知很有限，就像大部分的人一樣，對這個病症，我有許多未知的恐懼和刻板的印象，雖然很希望可以用正向的方法讓大家對這個病症有不同的看法，但老實說我真的不知道該怎麼做。

　　但 AAC 和 Dr. Gary 的故事給了我極大的鼓勵和希望！我記得第一次看到老人和小孩一起在草地上玩耍時的感動，我也記得走在中心看到每個長輩都適得其所做自己的那份心安，我更記得聽到有人問 Dr. Gary 老人如果發瘋亂打人時該怎麼辦時，我感到的羞愧。AAC 的成功，或許是靠 Dr. Gary 等發起人不屈不撓的堅持以貫徹理念，也或許是因為有善心家屬的捐贈和許多志工的投入，但不管是軟體或是硬體，台灣都有，也可以做得到，但我真心覺得我們缺的是照顧思維的翻轉和機構經營的理念，還有就是所有人對於失智者的態度，如果我們繼續用刻板印象去認為他們有很多的「不能」，那就算有再好的硬體、再多的經費、立意再好的服務設計也無法提供一個像 AAC 一樣溫暖而有靈魂的失智照顧環境。

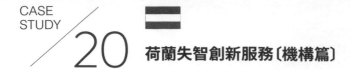
「以人為本」的
失智村與失智農場

位於歐陸出口的荷蘭，民風開放卻強韌，有人說上帝造海，荷蘭人造陸，長期與大自然搏鬥以爭取生存資源的他們，具有務實創新的態度，曾經創辦世界最早的貿易公司東印度公司讓荷蘭人都滿有經商頭腦和國際觀。他們的教育風氣開放，強調實作，各行各業都有深厚的創新和設計底蘊，尤其是他們非常尊重個人，「以人為本」在荷蘭絕不是口號。

從客觀條件來說，其國土面積42,000平方公里比36,000平方公里的台灣稍大，人口1,700萬比台灣的2,300萬少，2016年其65歲以上的高齡人口為320萬人，台灣則是314萬，但他們的高齡化比台灣快速，目前已經是18.87%，而台灣則是14%；失智症者的人口數兩國則差不多，都是在26萬人左右。

就和世界許多國家一樣，台灣荷蘭兩國都把失智當成首要健康醫療政策在關注，並提供各式資源，但若從效果和執行力度來看，荷蘭顯然略勝一籌，我認為一個重要的原因就是他們務實的態度。

在失智村，沒有「病人」，只有「客戶」或「住民」

　　在荷蘭，「以人為本」不是喊一喊的口號而已，而是所有政策和環境設計的基本元素，是每個執行者和參與者都要奉為圭臬的原則，更是基本人權，所以我幾次到荷蘭工作和參訪的過程中，都看到這樣的元素和精神在不同細節被落實並具體展現出來。

　　2019年我終於有機會親自踏入這個耳聞已久的「失智天堂」——霍格威村，並由創辦人尹羅伊・凡・赫爾（Eloy Van Hal）先生親自接待。這個地方最大的特色，是讓那些在很多其他照顧機構裡，只能被當成失能者照顧的重度失智者，可以好好做自己。這件事情說起來容易，但執行起來十分困難。這個點子從1993年開始，透過幾個創辦人不斷地思索討論修正設計原型，終於在2009年12月開放入住。因為全新的照顧思維和模式，得到世界各地諸多媒體的報導而成為熱門的話題。透過空間、住宅和各式方案的設計，這裡的住民不用過著集體式的生活，他們的生活中充滿了正向的刺激和行為引導，讓他們可以自由自在地生活，做他們想做的事。

　　也許是已經看過媒體的報導，許多畫面和設計在我心目中已經有印象，反而讓我沒有劉姥姥進大觀園的新奇感，但很多精神和設計背後的理念，透過創辦人的介紹真實地傳達出來，讓我感覺更為真切。

　　第一個衝擊就是屢次被糾正，在這裡沒有「病人」，請不要稱呼住民為「病人」或「患者」。

　　凡・赫爾在帶領我們參觀和聽聞我們發問時，屢次糾正我們的用語，他強調，在這裡，沒有失智者會被稱為「病人」（patients），而是「客戶」（clients）或「住民」（residents）。「你怎麼稱呼它，決定了你看待他的眼光。所以正名很重要！」

　　只有門口的接待區看起來像是機構，這也是唯一的出入口，因為整個園

區是封閉的。一旦走入園區，就像走入荷蘭或歐洲任何一個小鎮一樣。中間是公共廣場，連結著可以讓住民享受戶外生活的噴水池、小公園，住民隨時可以坐在路邊的長椅上休息，聆聽風聲水聲。園內也劃分成幾個區塊，不同的區塊有不同的團體家屋，之間利用大的公共場域相連，有一條主要大街，連接到電影院和咖啡廳等，大街上有真正營業的商店，也有些是俱樂部聚會的場所，另一側有超市和餐廳。

每一棟家屋裡的住民都經過刻意的安排，基本上會選擇符合他過往生活經驗的家屋來安頓他，並把成長背景和生活經驗類似的人安排在一起，因為在家屋裡，從吃的食物、播放的音樂，看的電視節目或擺放的雜誌，都會符合這裡的住民的品味和喜好。「例如左邊這一棟團體家屋的設計，走荷蘭鄉村風，安排住在裡面的多是以往住在鄉村裡務農的傳統荷蘭人，他們喜歡吃馬鈴薯，天天吃也不膩；音樂則走傳統荷蘭風，讓他們在此生活，就像還在家中時一樣的自在、從容。」

「但這棟家屋如果給一個過往經驗是遊走世界各地的大企業主管來住，可能就會顯得有些格格不入，因此造成住民之間的關係緊張，而這是我們最不願見到的事情。因此我們會安排他住在另外一棟比較都會型的家屋中，裡面住民的經驗背景都和他比較類似，飲食習慣、音樂藝術品味等也相同，這樣他們住在一起自然關係就比較和諧。」

霍格威現有七種不同類型的家屋，除了傳統型、都會型，還有以手工藝為主體、以宗教信仰為主體，或是前東印度公司的異國印尼風、家庭主婦型或藝術創作等。從每一個家具的選擇、牆上掛的畫、桌上的餐具到放的音樂，都會根據住民到所屬主題客製化。

通常一棟家屋有六到七位住民，有工作人員與他們共同生活，大家一起決定一整天怎麼過，包括吃什麼，也可以一起去超市購物和買菜，回來以後一起做飯。傳統家屋中，可能天天都以馬鈴薯為主菜；都市型家屋中，則可

能會安插不同的「國際美食」，有時候是印度菜、泰國菜，甚至中國菜等。

但如果我是一個熱愛古典音樂的農民，那該怎麼辦呢？「那我們就可以安排這位先生參加古典音樂俱樂部，一樣可以繼續發展他的愛好。我們有各式各樣的俱樂部讓住民參與，他們每個人都可以有一到三個不等的俱樂部選擇，日子過得一點也不無聊。」

這些基本家屋的設計理念來自於霍格威村的幾位創辦人的原始構想。本身在安養院工作的創辦人之一范・亞美隆根（Yvonne van Amerongen）的父親忽然因為心臟病過世了，她雖然心痛，但腦海中出現的第一個念頭竟然是「還好這樣他就不用住進安養院，過那種日子了！」身為安養院員工，竟然有這樣的想法，她被自己的反應嚇了一大跳，但後來又發現，原來身邊有這樣想法的人竟然不止她一個人，「我的同事是安養院的管理階層，他也同樣這麼想。」

於是兩人開始認真思索，「我們到底想要把我們的父母，甚至於自己送到什麼樣的地方終老？如果不是我們現在看到的這個樣貌，那它該長什麼樣子？有什麼元素？」

那是 1992 年，他們把這樣的想法和理念一點一滴地打造出來，終於在17 年後讓全世界第一個失智村霍格威在 2009 年開幕。其中一個很重要的理念是要讓失智者覺得他們還可以如常地過日子，盡量減少他們生活中容易引起不良情緒反應的刺激，「和氣味相投、有共同喜好的人共同生活，對於維持和諧的氛圍十分重要。」這也成了他們設計不同的生活方式家屋和建構霍格威的重要理念。

「正常生活就是我們想要提供的。」

住在霍格威村中的住民都是屬於重度失智者，這應該就是他們離開世界前的最後一個家。透過全新的生活設計，他們可以過著如往常一般的生活，「正常生活就是我們想要提供的，然而這也是最困難的。」這裡除了入口處的大門有上鎖外，沒有一扇門有鎖，人們可以參加繪畫俱樂部、古典音樂俱樂部、電影俱樂部、上市場買菜、回家做飯、上美容院洗頭髮。透過環境的設計和行為的引導，不斷地給住民各種刺激，沒有人需要任何控制藥物，「他們的藥可能是慢性病相關疾病的藥物，但幾乎沒有需要吃安眠藥的人。」

在參訪的當天，有幾位住民全程和我們一起參與，他們也對於我們的到訪感到興味盎然。其中一位住民的家屬也一起陪同，他說母親搬來這裡大概一年多的時間，適應得不錯，因為離他家很近，所以他幾乎天天可以來看她。過去母親也是一個人住，但隨著失智的狀況變得嚴重，他發現自己變得十分焦慮，動不動就要 check on 媽媽，也弄得媽媽很不開心，搞得母子關係不太好。

「我並沒有強迫媽媽搬來，但我帶她來看過這裡的環境和他們的生活方式，她很喜歡，也樂意搬進來。因為我再也不用經常擔心媽媽是否煮飯忘了關火、出門忘了帶鑰匙，甚至一整天在家沒有吃飯等，每次我來看她，我們都可以輕鬆地聊著過往，陪伴她回憶一些她喜歡的事情，我覺得這對我們倆人來說都是很棒的安排。」

霍格威現在有152個住民，但工作人員有250位，包括社工、護士、醫生等，他們不穿制服，化身為俱樂部的指導員、超市店員、電影院售票員，隱身在各個角落，有意識地協助長者自立生活，陪伴他們一起過著尋常的日子。但工作人員身上隨時帶著電話，當有緊急狀況發生時，例如有人忽然情

緒暴躁、需要安撫時，就要儘快趕過去。至於如何解決問題，則靠源源不斷的創意，「因為每個人的狀況都不一樣，所以可以安撫他的方式也不同，還有就是有些手法上次有用，這次不一定有用，所以我們要一直不斷地想新的辦法。」社工員瑪嘉柔（Marjoroe）說。

失智者的可能性和照顧的尊嚴

這樣的硬體設施和二比一的照顧比例，你一定會想霍格威的花費一定比別人多。的確，其硬體的造價相當高昂，約為 1,930 萬歐元，其中九成二來自政府，少部分來自地方或私人經費；但住進來的費用和整個機構的營運費用則和任何其他荷蘭的安養中心一樣，每個月約為 5,000 歐元，「基本上這裡只收重度失智症的人，所以你必須先通過政府的評估才行；能不能住進來當然也要等有人離世了，有空房時才能搬進來。」

因為其造價和營運費用的高昂，讓很多人懷疑霍格威村是否是一個可以仿效和複製的模式；雖然受到媒體許多的報導，但也不是所有的荷蘭人都想住在這樣的機構中，因為「誰要被關在一個金魚缸裡頭，過著自以為是的生活？」一位知名的荷蘭照顧機構負責人就這麼評論，「我還是寧願盡可能地打造我所屬的鄰里社區成為一個失智友善的環境更重要。」

然而透過霍格威，讓人看到失智者的可能性和照顧的尊嚴卻是重要的，因此這樣的模式也許不能複製，但概念卻被很多地方學習。除了每年有非常多的組織或團體到霍格威參訪學習外，他們也成立了商務發展的部門，專門協助世界各地有興趣效法霍格威做法的人在地落實，包括法國、美國紐約等，都有這樣的計畫在進行著。

對我來說，還沒有踏進霍格威前，心中有很多的憧憬和想像，但真正踏

進霍格威村後心中最多的是「尊敬」，尊敬幾位傳統安養院出身的創辦人，能夠拋下自己過去所有的訓練與成見，重新去建構一個前所未有的照顧環境和方式，只為落實「以人為本」的理念；尊敬荷蘭政府願意花大錢支持這樣一個前途未卜的新創計畫，讓世人看見失智照顧的不同可能；尊敬這裡的家屬和工作人員願意打破他們對於失智者的成見，放下原來的照顧觀念，讓自己重新以失智者為師，和他們透過共同生活來共創；也尊敬住在這裡的居民們，用他們人生最後的旅程來教導世人，活著就是一種尊嚴，一種人權，需要被捍衛。

失智農場 —— 蒼鷺農場

在荷蘭我們看到了另一種創新型態的失智照顧模式 —— 失智農場。我們參訪的蒼鷺農場，住了27個住民，也是團體家屋的形式，六到七個人住在一區，總共有四區，其中三區住了七個人，另一區住了六個人，住六個人的這一區的居民稍微年輕些，大概65歲，其他21人平均年齡為80～85歲。

他們每人都有一個包含衛浴的一房公寓，但同時共用廚房、餐廳和起居室。走出門外，就是占地一公頃的農場，就像典型的荷蘭農場，牛羊正優閒地低頭吃草，還有雞舍和各種小動物，中間有一整區的花圃和菜園，為了讓冬天和雨天時，仍然有足夠的活動空間，還有溫室，以及掛滿了工具的木工工作室等。也有準備給家屬住的房間，他們可以留下來過夜，也歡迎隨時來探望家人。

這裡的住民也多為重度失智長者，基本上從住進來到離世，平均兩年，2018年有12位住民在農場過世。

創辦人 Henk Smit 和女兒 Dianna 之所以會決定開辦一個以照顧失智者為

▲失智農場的外觀

主的農場,是因為自身的經驗,「我的媽媽、一位兄弟和岳父都是失智者,我總共照顧了三個人,當他們的程度變得嚴重到無法在家中繼續被照顧時,我只能把他們送到安養中心去,但不管我拜訪過多少個安養院,都不覺得那是我想把家人送去的地方。」Henk 說,不僅僅因為傳統安養院的外表看起來不像家,而比較像醫院,人員的訓練也不夠,例如他父親喜好園藝,只要看到花花草草就想去撥弄,包括放在室內的植物,但這麼一來就讓照顧人員不開心,認為他把環境弄亂了,覺得他是難搞的老人家;或是老先生不喜歡坐在椅子上,總是想要到戶外,但機構人員不允許,於是就乾脆把他爸爸綁在椅子上。

「這些情況都讓我們非常不開心,我們就想,也許我們可以按照自己的想像和期望,開辦一個照顧失智者的農場。」

他的心中逐漸開始了一個願景與雛形,和大自然親近是其中非常重要的

元素，剛好遇到荷蘭的國家政策支持開展多元的失智照顧體系，因此決定和學習老人學的女兒共同創辦失智農場。

他們也確認了幾個重要原則：**第一，絕對不能看起來像醫院，而應該比較像家；第二，失智者一定要可以自由自在地生活，絕對不能約束他們，也不用被告知該怎麼過日子；第三，照顧人員要經過培訓和教育，要了解失智者，知道怎麼和他們應對並進行適當的引導；第四，這裡的住民自己決定自己要過什麼樣的生活，基本上他們想要的都可以得到滿足，除非這樣做會傷害到別人。**

例如有人想要把家中的貓狗等寵物帶來，都是沒有問題的，只要這些貓狗有受過好的訓練，不會咬傷別人。

入住者的收入條件並沒有設限，任何人都可以申請，因為荷蘭並沒有很多類似這樣的照顧農場和機構，所以等待的名單超過200個人。

另外，農場現在也開辦日照中心，目前有12位長輩，早上10點到下午4點到此活動。讓住在附近，程度較輕的失智長輩來參加，

和霍格威村相比，只有27人的蒼鷺農場是相對小的機構，不過想要打造的氛圍和達到的理念是相同的——讓失智者能做自己，盡可能獨立地生活，而且對於人的尊重和「以人為本」的觀念也是完全一致的，在這裡稱呼失智者為「病人」，一樣會被糾正，「他們是住民或客戶。」

這裡的住戶和工作人員也是打成一片，一樣沒有按時操作的課表，不時可以看到長輩自在地走來走去，做自己的事。我們在溫室裡甚至遇到一個非常健談的長者，雖然語言完全不通，但看得出來他很開心，臉上掛滿了笑容，和我們聊個不停。

有人問，這裡的老人會到處遊走嗎？走失了怎麼辦？「也會有人走到園區外面，找回來就好了啊！」難道不該讓每個人都戴上防走失的手鍊或GPS之類的東西嗎？「他們不想戴，我們也不會勉強他們，他們是在這裡過

生活，不是我們要管理的對象。」Henk笑著說道。他說農場居民和周邊的社區都有聯繫，如果真有老人走出了園區，也會有好心的社區居民通知他們，所以並不特別擔心他們的安危。「有些身體健康的長者，其實還會騎著腳踏車到外面去逛逛呢！」

農場和周邊的社區看起來關係十分和諧，許多住民都來自周邊的社區，但七年前，當他們打算在這邊蓋農場時，情況並非如此。那時候居民把照顧失智者的長照機構當成「嫌惡機構」，說會讓社區變得吵鬧，會住很多奇怪的人，因此十分反對，無論開了幾次社區協調會都沒有用，甚至還告到法院去要求他們停工，「所幸法令是支持的，所以雖然他們一路上訴到最高法院，但法院都判決我們勝訴，所以我們才能開展這個計畫。」

一旦農場開始運作了，他們也邀請社區居民進來，大家看到失智農場和他們想的不一樣，農場並沒有築起一道高牆把住民和社區隔開，而是用矮矮的樹籬芭圍起來，也極力營造歡迎的氣氛，例如門口的兒童遊樂區，就是希望大家可以帶著小孩子來看望長輩，讓小孩子喜歡來，而都是老人的環境有了小孩的笑聲，氣氛就顯得十分不同。許多社區居民現在也把農場視為社區的一分子，不但許多人來這裡擔任志工，協助服務，也會把自己家種的一些農產品送過來。

蒼鷺農場的成效這麼好，是否有打算擴大呢？Henk說並沒有，但如果有其他的組織和個人想要仿效他們的經驗，打造失智農場，他們很樂意提供協助，但這個案子花了他們七年多的時間才走到今天這一步，並不容易，如今他只想要專心照顧好眼前的住民，「協助他們過好每天的日子，偶爾接待有興趣來學習的團體，分享經驗，這樣我就滿足了！」

與失智者溫柔地告別

「以失智者為師、重新學習照顧的精神。」「打造能帶給人們幸福感的環境與生活。」「讓失智者做自己,用行為來引導,而非藥物控制。」這些想法和理念在台灣,我們也經常聽到,培訓講座、教科書、課堂裡,充斥著這樣的語句,如果是選擇或是非題,每一個工作人員也都會回答,但如何落實?怎麼達到?工作人員的心態要如何調整?機構要如何翻轉?政府政策要如何引導去體現這樣新的生活照顧?這些問題都還是沒有答案。

最重要的是,何時我們面對自己親愛的家人罹患失智,能夠不再驚慌失措,想著到處找醫生,用醫療手段或吃藥來安撫他或甚至「讓他變成過去的那個人」,或只是專注在親人不記得自己的負面情緒上,而是重新睜開眼睛,好好看著眼前的家人,能夠在一個讓他安心做自己的環境中,和他一起聽著熟悉的音樂、吃喜歡的食物、看過去的照片、一起進行生活中的日常,了解他為何會不安並學會安撫和對應的技巧。

好好珍惜這段與他共處的時光,因為失智可以看成是造物者的恩賜,他不再記得所以在死亡面前無所畏懼。此刻,他正在溫柔地與你道別。

「以人爲本」的
陪伴型機器人、魔術桌子

自從 2014 年和夥伴昕伶一起創辦銀享全球，積極倡議打造幸福高齡生活之後，我就發現自己不知不覺成了親朋好友關於老年和照顧問題的諮詢對象，儘管許多同學並不是非常清楚到底我在做什麼，但在同學會時，我就成了那個「在做老人服務的同學」，也因此我和許多很久沒聯絡的老同學、老長官、老朋友重新聯繫上，而他們找上我的原因幾乎都是因為他們切身遇到了照護的問題。有遠方遊子擔心失智獨居的媽媽；有因為照顧父母多年而開始關心安寧終老議題的人；也有從照顧失智母親十幾年體會出如何以平常心過日子的好友；或單純就是覺得父母年紀大了，或最近生病了，想開始幫他們找未來可居住的安養中心……

雖然我總是得抱歉地跟朋友說，我的工作並不直接服務長輩或研究安養中心，但在聆聽他們的問題和困擾的過程中，我真真實實地感受到家庭照顧者的痛，但也同時發現關於變老這件事，我們的所知多麼有限，這些有限的知識又限縮了我們對於高齡者的想像。還沒有變老的我們（子女或孫子女們）拚了命指導著老人家怎麼變老才對；還沒失智的我們，一直指正著失智的老人家要怎麼生活。

大部分的媒體，從以前到現在，想的、說的、寫的，千篇一律是照顧殺人、下流老人等負面的故事；或是用名人效應來引發大眾對照顧議題的重

視，但無論是由知名作家著書立說，或是邀請藝人跳出來講自己的故事，談的幾乎都是照顧家人心酸的那一面，失去自我、家庭失和、兄弟鬩牆、姊妹交惡等，內容都是照顧的艱辛與難處，個人的痛苦和缺乏支持，寫著失智的父母逐漸忘記自己的心痛，用力訴說自己被遺忘的感受……

在這種社會氛圍下，我完全可以想像一般人發現自己家人有了失智徵兆時，心中立即升起的恐慌，尤其是不能一直守在父母身邊的人，更會拚了命地想要在自己短暫回家的片刻，幫父母把該準備的一切準備好，所以會有遠方回家的孝順女兒，拉著剛剛確診失智的媽媽去採購尿布、便盆椅等，但媽媽卻毫不領情，母女因此大吵，認為自己只是想盡孝道的女兒覺得十分受傷；或是旅居國外的子女，每次回家就發現母親或奶奶又老了一些，而且開始忘東忘西，因為擔心獨居長者的安全，雖然請了外籍看護但還是不放心，覺得還是將媽媽或奶奶送到24小時有人照看的安養護中心，自己會比較放心，沒想到老人家一點也不領情，堅持自己只想住在家裡，於是家人之間弄得不開心，家中氣氛很僵……

大家注意到了嗎？以上所有相關的論述，幾乎都是負面的、灰色的、沉重的……而且最重要的是，這裡頭完全沒有長者和失智者的聲音，甚至連一點點屬於他們自己想像的空間都沒有……

身邊的朋友同學都是一片好意，都只是想要幫忙父母或自己最親的人，為什麼會得到如此的反效果。自從到美國、日本、荷蘭、英國等地參訪，聽到看到學習到他們的失智照顧模式後，我慢慢理解：原來，台灣現在的失智照顧在思維和體系設計上是遠遠落後的，我們依然把失智者看成「病人」，我們眼裡只看到他們的「病症」，因此在行動上，身為子女的我們就像過度保護的父母，想要指導有自己意見的青少年（長輩）怎麼過他們的日子，在這種情況下引起對方的反彈，不是必然的嗎？我想先問大家一個問題，當你聽到一個人患有失智症時，你心中浮現出的形象是什麼？你是否馬上覺

得他是一個需要幫助的人？你會覺得他還能獨立自主地生活嗎？

在台灣，應該大部分的人都認為失智症者需要幫助，他們無法獨立自主地生活。

借助科技的力量，失智者也可以有獨立的生活

但當我在海外參訪時，不管是英國、荷蘭，還是美國、日本，看到的卻完全不是這麼回事。

參訪英國失智症協會時，我注意到協會花了大量的時間準備和印製各式各樣的手冊、指南來幫助商家、電影院、超市、劇場、餐廳等場所的經營者和員工，了解失智症者，並學習怎麼與他們應對和適當地接待他們。

在荷蘭，我們由兩人組的 Wycher 和 Ina 老師帶領失智症照顧工作坊，透過他們充滿喜感、略微誇張的表演方式，親身領略如何同理失智症者，如何透過行為引導讓溝通有效，最重要的是讓失智者依然能活出自我，保有良好的生活品質。

這兩位老師接受荷蘭最大的超市 A＆H的邀請，替員工舉辦失智培訓，讓員工學習如何在超市的工作空間中，有效地幫助失智症者購物、結帳並把東西順利地帶回家；他們培訓的對象還包括牙醫診所、學校、消防隊等。

如果荷蘭和英國的失智者，都像台灣者一樣，還沒確診失智，就幾乎是被關在家裡，或是被放在機構中「監控」著，那肯定就不需要培訓一般人來建構失智友善社區了，對嗎？

所以，他們的失智者許多都獨立自主地生活著，他們要去超市購物、去市場買菜、去電影院看電影、上歌劇院聽音樂、去餐廳吃飯，總而言之，過著跟你我一樣自然獨立的生活。

　　儘管確診為失智，失智者其實還有一段很長的時間可以「做自己」並獨立生活，只是我們給他們這樣的尊重與空間了嗎？

　　讓失智症者依然能夠盡可能獨立自己的生活，借助科技的力量是相當重要的一種方式，以下就介紹我們看到的幾個創新設計與應用。

記憶長廊數位相框Memory Lane（by Roxelane）

　　荷蘭友人Pieter的媽媽在父親過世後就一直獨居，雖然Pieter也經常去探望媽媽，但母子畢竟沒有住在一起，慢慢地他發現媽媽開始有些忘東忘西的情況，帶去看醫生之後，確定媽媽有早期失智的現象，但媽媽還是堅持自己住，並想保有一直以來的生活樣態；身為創業家的兒子，從照顧媽媽的經驗中取得靈感，開發出一個APP，可以讓全家人圍繞著母親和奶奶給予關懷和陪伴，也讓兒子有機會透過雲端和科技掌握媽媽的動態，甚至進行提醒，例如用藥或看醫生等，儘可能幫媽媽保有獨立生活的能力。

　　但Pieter也發現這個APP是給照顧者用的，不是給失智症者用的，所以它的核心並不是「這個患了失智的人」，而只是讓想要幫助他的人輕鬆一些而已。

　　這個體會讓他從「媽媽視角」重新發想，如果這不僅僅是我要用來監控媽媽的東西，也是媽媽會想要用的東西，它需要包含什麼元素？應該如何設計？

　　Pieter合夥人的母親也是失智症者，他們兩個就從彼此母親的需求和使用習慣，設計出名為「Memory Lane」（記憶長廊）的數位相框。

　　其實「記憶長廊」就是一個長得像相框的平板電腦，一樣透過手指觸控來操作，一樣有各種功能。擺著不動時，它就像一般的數位相框，會不斷播

放著從家人朋友寄過來的照片流，透過明信片等簡易但花俏的功能，讓家人之間不時可以向奶奶寄上貼心的問候；可用語音視訊直接和兒女孫子溝通，或撥打給居家護理師或照服員；有時間表和提醒；還有長者可以輕鬆跟著做的運動；有會播放懷舊老歌的電台和老電影等。

「我們強調的不是照護，而是陪伴；如果我和媽媽有一個溝通的工具，但每次我打給她都是問她吃藥了沒？我相信我們兩個的關係到後來一定會變得很糟，媽媽根本不想接我的電話！」Pieter這麼說。

所以透過這個裝置，他們讓提醒的功能隱藏在所有媽媽有興趣的事情裡面，家人的互動變得多層次且有趣，媽媽也會願意把這個裝置當成她自己的東西而認真看待。「奶奶最想要在上面看到孫子們的動態，現在的孩子個個都是instagram狂，所以發照片對他們來說太容易了，輕輕鬆鬆就讓兩代互相連結。遇到特別的節日，我們還可以發客製化的明信片給媽媽，例如之前遇到她結婚週年紀念，我們就找了許多親戚和朋友，蒐集到不少她年輕時的照片，她看了非常開心！我也聽到了很多以前不知道的關於母親的小故事。」

「也許有一天母親還是必須住進安養中心，但現在當她還能自理並住在家裡時，我就希望我能夠盡可能用科技的力量幫助她保有獨立自主的生活，又能得到家人的關懷與陪伴。」

陪伴型機器人Tessa（by Tinybots）

新創公司Tinybots所研發出來的照顧機器人Tessa，也是類似的思維。

如果說Tessa是個機器人實在有點奇怪，因為它長得比較像一個盆栽，「我們是故意讓它沒有手也沒有腳的。」Tinybots的創辦人李王龍（Wang

Long Li）說。

李王龍的父親早逝，讓他很早就立定志向透過醫學和心理學來幫助別人。大學在荷蘭名校台夫特大學念工業設計，後來又到阿姆斯特丹攻讀博士學位，李王龍參與了多個新創計畫，都是透過使用者體驗和科技，來協助解決長者孤獨和失智的議題。因為參與了機器人「愛麗絲」的計畫，讓他一頭栽進了機器人的世界，並立志要透過機器人來賦能有認知功能障礙的人，讓他們依然可以獨立生活。

2015年他於鹿特丹創辦了Tinybots，專門研發陪伴型機器人Tessa。

外型長得像一個可愛盆栽的Tessa， 目的在陪伴獨居的長者或早期失智者，他們透過和Tessa的對話，還是可以有說話的機會和維持與人的互動，甚至讓Tessa幫助他們外出社交。在研發陪伴型機器人的過程中，李王龍的團隊也發現：以前我們以為機器人應該要長得像人，但在把人型機器人放到使用者家中做測試時，卻發現很多問題，「有的人覺得因為機器人外表像人，就會要求他們做很多事情，但其實機器人的動作有很多局限性，所以人們會因為他們達不到期望而不喜歡用；也有一些機器人有腳，會讓使用者在晚上覺得不安心，因為他們怕機器人會像人一樣走來走去，好像家裡多了一個陌生人，讓他們夜裡睡不安穩。」

種種經驗都讓他們慢慢揣摩出陪伴型機器人的原型，也就是長得像盆栽的Tessa。但硬體只是其中一個部分，更重要的是背後的軟體和人工智慧。

Tessa的主要目的是陪伴，它和使用者互動的介面主要透過聲音，因此它說話的音調、語句，如何像人一樣進行邏輯性的對話，而且可以讓對方持續且自然地保持對話都是研發重點。

李王龍就分享了一個例子，「為了鼓勵奶奶多多出門，看到今天天氣不錯，Tessa就問奶奶，今天天氣不錯，出去走走，好嗎？但奶奶想了一下，拒絕了，因為沒有動力讓自己走出去。Tessa不放棄，過了一會兒，它又說

◀陪伴型機器人 Tessa
（王若馨攝影）

話了：『奶奶，今天天氣真的很好！我很想出門去走走，可以請你帶我出門嗎？』奶奶本來有點嚇一跳，但想想居然把Tessa抱起來，帶著它出門，結果不但走出了家門，還走到了自己許久沒有去的街角咖啡館，遇到許多昔日的老朋友和鄰居，大家都很開心見到奶奶，奶奶也度過了一個愉快的下午！」

　　在成立Tinybots之前，李王龍參與過許多很有挑戰性的創新型產品設計計畫。例如：把自己關在精神病院的小房間裡一段時間，目的在了解病人處在恢復室裡到底是什麼感覺，如何把這個看起來極不人性的房間進行人性化的改造設計；又如他曾在烏干達跟著使用者生活，從早到晚近距離觀察和理解他們的生活方式，目的在設計出可負擔但永續的照明設備，幫助他們不要

繼續使用昂貴又會釋放出有毒物質，危害人體健康的煤油燈等；還有到安養護中心當志工，理解工作人員在提供照顧時會遇到的許多兩難的局面，幫助他們找出最佳的照顧方式等。

這些獨特的經驗讓李王龍在做任何設計時都非常注意使用者的真實回饋，開發Tessa已經三年多，他也和荷蘭國家級的長照顧問組織Vilans合作，在正式將Tessa推出市場前，透過真實的使用情境和使用者回饋，不斷地將產品優化。

「為了創辦公司，我有一年半的時間是睡在車裡。」Tinybots的經營一直都是步步為營，之前辦公室是設在鹿特丹市區的共同工作空間中，最近才剛剛搬到鹿特丹港區的新創園區，因為鹿特丹是歐洲最大的港口，這裡過去是荷蘭造船和海軍研發的中心，例如潛水艇等，現在則把整片倉庫改成新創園區，強調軟硬整合；而Tinybots也在成立五年後拿到一筆重要資金，可以更上一層樓，因此搬到這裡來。

就像許多充滿熱情的創業家一樣，支持李王龍的並不是想要賺大錢的想望，而是希望透過自己的專業和實作，真正為一群人解決問題，「讓失智症者重拾身為人的尊嚴與生活的幸福感，這就是我們現在最想透過Tessa達成的目標。」

Tessa服務的對象是比較早期的失智症者或是大腦有損傷的病人，希望透過陪伴與提醒，讓他們可以建立自己的生活脈絡並得以依循，以維持獨立自主的生活。早期測試也得到不錯的迴響，例如有一位使用者因為腦部受傷，因此短期記憶受損，他希望自己可以每天運動40分鐘，但經常在跑步機上走了幾分鐘就以為自己已經完成任務。雖然有家人的提醒，但效果並不好。他試用Tessa的第一個星期就完成了每天在跑步機上健走40分鐘的目標，沒有一天落掉，也沒有一天做得太多或太少；他甚至於還透過Tessa的協助及youtube影片，為家人煮了一頓晚餐，這樣的結果都讓研究團隊感到

十分振奮。

　　有些人覺得用機器人來提供照顧缺乏溫度，而這正是 Tinybots 和 Tessa 團隊想要解決的事情。其實有些照顧情境，透過與機器人互動反而可以讓被照顧者更獨立，更能做自己。例如：很多人如果家有失智者常常會因為對方重複問問題而感到不耐煩，一旦語氣出現不耐煩，對方其實也會感受到，兩人的相處就開始有壓力，但機器人完全不會有這個問題，也會讓失智者比較感受不到壓力，而更能做自己，從這個角度來看，用機器人來提供照顧不見得是件壞事啊！

魔術桌子Tovertafel (by Active Cues)

　　失智到了比較嚴重時，會導致失智症者不太愛動，不容易和別人有交流，只是每天像木頭人一樣靜坐，這樣容易導致健康情形的惡化。通常這樣程度的失智症者，許多都是在機構中被照顧，同時機構中的照顧人力較少，更難給予失智者一對一的注意力，那有什麼方式可以幫忙呢？

　　由 Active Cues 新創公司所研發出來的魔術桌子 Tovertafel，就是想要嘗試為以上情境提出更好的解決方案。如果從硬體來看，魔術桌子就是一台投影機，可以裝在天花板上，然後投影到任何平面上，不管是桌子，還是地面，投影機裡有預設的遊戲和感應器，遊戲會根據玩者的互動而發生變化，可能是不斷變換的花朵或游來游去的魚兒，一方面吸引失智者的注意，而伸出手來觸摸，並持續引導他們進行不同的動作，增加趣味性，並因此達到互動的效果。

　　教育制度十分開放多元的荷蘭，一直以來都有以遊戲來當做教育手段的傳統，所以 Active Cues 這家公司在 2009 年初創時，是先在「荷蘭遊戲花

園」（Dutch Game Garden，簡稱DGG）這個育成中心中進行開發與使用者研究。位於荷蘭中部大城烏特列支的DGG以培養育成荷蘭的電玩遊戲新創團隊為主，是荷蘭第一個以遊戲和電玩為主的加速器，但其團隊並不限於娛樂產品的開發，有許多也和益智、教育相關，服務的對象更是多元，從兒童到中高齡者都有，例如Active Cues的對象就是從重度失智者開始，但他們現在也同時開發不同的新產品，對象包括自閉症兒童、智障人士，或是學習有障礙的孩童。

對於沒有失智或腦部沒有損傷的人，這樣的遊戲看起來可能非常簡單，但其實背後也是有深厚的學理基礎。該公司的第一款遊戲就是奠基於創辦人兼CEO海斯特・李瑞奇（Hester Le Riche）的博士論文，它將「玩耍的經驗」（playful experiences）分成22種，每一種都對應到不同的腦部區塊，然後再透過實際的觀察和分析，發現不同程度的失智症者，對不同玩耍經驗的回應也不同，有一些刺激適合，有一些不適合，再透過這樣的洞見來設計互動的方式和遊戲。

魔術桌子最主要的宣言就是相信「每個人都有玩耍的權利」，而且希望透過「玩耍」來創造歡樂片刻（moments of happiness），希望裨益失智者和周遭的家人及照顧人員。研究和共創一直是他們最重要的精神，他們持續和學術及研究單位保持合作，不斷引進最新的理論基礎和發現，另一方面他們則透過實際的應用，持續將使用者最真實的反饋和研究團隊溝通，藉此不斷優化產品的效益。

除了強調研究的重要性，他們也非常注重使用者的回饋，所以持續和許多機構進行合作計畫，他們在歐洲已經建置了3,000台投影機在不同單位中，目前主要以機構為主，未來也希望增加居家型態的使用，希望透過第一線的應用，持續得到失智者和照顧提供者最真實的使用回饋，目前在歐洲包括丹麥、挪威、英國、德國、法國等國都有使用這款魔術桌子的機構。

荷蘭國家級長照研究機構Vilans 的eWare 計畫與研究團隊

以上提到的是三家透過科技提供失智創新服務的新創企業。科技的導入對於荷蘭現階段推動照護革新被視為是十分重要的一環，甚至成立了國家級的長照智庫 Vilans 來擔任整合和持續推動的角色。

Vilans 的主要任務在與一線服務團隊共創，期望透過共同開發、研究、實踐，並分享各種科技創新和知識應用，同時也確保未來能提供有效率、符合成本效益、高品質的服務給需要的人，例如服務提供者以及他們的服務對象。

位於烏特列支的 Vilans 主要服務的對象是慢性病、居家服務、長者服務和身心障礙者服務組織及其客戶，另外也包括地方政府和保險公司，最後是非正式的服務提供者（如家庭照顧者）、培訓和教育單位。

荷蘭2015年頒布了新的健康照顧法案，相當於他們的「長照2.0」，其中非常明確希望將長期照顧做出以下改變：由中央主導轉為非中央主導、由公共支出逐漸轉為私有支出、由專業照顧轉為自我照顧為主、由專業分工轉為整合照顧、由以照顧人員提供照顧轉為自我管理型的照顧模式、由供給主導的照顧轉為以個人需求為核心的照顧、從談照顧品質轉為談生活品質、由健康與疾病控制轉為健康與行為改變、由機構式的照顧轉為在社區或由社區提供支持的照顧。

荷蘭在長照上面其實花了非常多的政府經費在支持，相當於GDP 的2.91%，在歐洲各國中只比排名第一的瑞典的2.92%略低，即使以這樣的經費支持，在照顧人力上還是遠遠不足，如果按照現行的人力需求來預估，荷蘭必須多出七萬名護士才足以支應，而這根本是不可能的事情，因此他們很明確地指出改革長照和科技創新，是人力嚴重不足時的重要手段。

在這樣的期許下，他們期待科技的創新也能同時影響長照改革，並帶來

照顧品質的提升，因此希望透過良好的整合機制讓身處不同領域、有不同任務卻有相同目標的新創公司、照顧機構、中央及地方政府等，都能在同一個平臺上不斷地討論與對話。

國家級的長照顧問服務機構Vilans就是這樣思維下的產物。

Vilans的主要任務有三個：1）諮詢者，提供建議諮詢與規畫執行；2）研究者，進行深度研究和創新方案；3）分享者，向相關組織和社會大眾分享訊息和進行行銷溝通。團隊則根據不同議題，進行任務分組，例如：數位健康（eHealth）、社區整合服務、個人化健康醫療、品質控制、線上學習等。

透過Vilans這個平臺，開展了許多跨區或跨國型的計畫，很多的新創團隊有機會得到更多資源或和更多組織進行創新型計畫，或是彼此之間連結起來進行更大面向的實驗計畫；很多既有的服務組織或地方政府有機會接觸到創新型計畫並進行小規模的試行，而這些經驗和數據都能提供地方或中央政府更多向下推展或進行修正的依據與方向。Vilans則在其中擔任協調和運籌帷幄的角色。

例如前文提到的Tessa 機器人，就透過參與Vilans 所主導的eHealth計畫，和另一個感測裝置廠商在物聯網的設計下，放到更多使用者家中進行測試並得到反饋。從Tessa的角度來說，有機會和另一個物件結合，擴大了Tessa的應用面向，也能捕捉到更多不同的使用情境，對於未來的研發，是相當珍貴的資訊，但通常新創團隊並沒有這樣的資源連結，還好有Vilans在中間扮演媒合和協調的角色，才能讓大家各司其職，而導出來的資訊則可共享，協助大家做更進一步的開發和測試。

以一小塊地區或一群特定使用者做為主要研究對象，一邊取得使用者回饋而一邊不斷修正的living lab（創新實驗室）概念，在科技產業早已為人熟知，但在長照產業對這樣的概念還是比較陌生。不過近年來荷蘭、以色列等國都積極打造類似的政策與環境來鼓勵創新，希望在个受限於傳統框架或法

令限制的情況下，打造能夠因應未來生活的銀髮照護產業。

　　台灣在這方面其實也有很好的基礎，完整的醫療健康照顧體系、國際級的硬體設計和製造能力，快速增加的老年人口，高水平的研究人員。如果可以有效整合，應該可以打造出世界級的 Living Lab，讓台灣的高齡化社會變成最具參考價值的台灣經驗。

專訪吳佳璇醫師

幫他找到回家的路

父親五年前以80歲高齡過世，離世前大部分時候只是默默坐著，和我印象中談笑風生的模樣相去甚遠。但不管眼前的他如何沉默不語，只要一聽到「前進！前進吧！用革命的鮮血灑滿溝渠……」，他馬上變成另外一個人，眼前的他氣壯山河，用法文高唱法蘭西國歌《馬賽曲》，一邊唱他還一邊手握拳頭、眼中閃著光芒；那一刻，父親好似回到了30幾歲出頭、那個晨起自學法文、醉心法蘭西文學和深深為法國大革命爭取平等、自由、博愛之普世價值所著迷的熱血文青……

如今回想起來，父親那時應該已患了失智症，只是當時的我長年旅居國外，和父親相處時間有限，偶爾回台，只能和沉默不語的父親對坐無言，但因自己生活忙碌，也無暇他顧；曾聽媽媽說爸爸在家附近走失過幾次，幸好都及時找回來；後來他有些小中風，雙腳行動不便，少了走失的風險，再加上有媽媽和外籍看護的細心照顧，我們這些做子女的，其實沒有感受到太多照顧親人的辛苦，我也沒有因為父親而多了解「失智症」（Dementia）這個全世界目前最嚴重的高齡問題。

台灣每天有10位老人因失智導致失蹤，你知道嗎？

　　但我的狀況不是台灣大部分失智家庭的寫照。根據警政署2014年的統計，近三年每年平均失蹤老人逾3,400人，每天有10位老人失蹤。但這樣的新聞在媒體上經常被用「老人被『魔神仔』帶走」的故事一語帶過，既沒有深入探討為什麼，更沒有提供可能的解方，或進行任何的呼籲。

　　台灣媒體每遇到老人失蹤新聞就用魔神仔來說故事的方法，讓家有失智長者的吳佳璇醫師很生氣，她決定自己上網找資料。吳佳璇的父親是退休大學教授，幾年前她母親過世後父親開始一人獨居生活，雖然患有失智，但身體十分硬朗，每天騎著鐵馬趴趴走，最喜歡的是到處撿東西回家做「資源回收」，「甚至把人家沒有要回收的東西也帶回家！」

精神科醫師面對父親失智，決定用知識打敗無力感

　　本身是精神科醫師，面對父親患了失智症的現實，吳佳璇多了一份專業的冷靜，但「面對父親種種和過去不同、甚至可視為脫序的行為，老實說我也不知道該怎麼做，所以才想要上網求助。」

　　就這樣，她發現因為失智遊走導致失蹤的情況在高齡化嚴重的日本早已是一個問題。日本NHK電視台還因此做了深入的調查報導，並出書《失智失蹤：一萬個遊走失蹤家庭的衝擊》（天下生活出版）幫助社會大眾了解這個問題的嚴重性，也有專篇告訴家屬如何因應，以及分享北海道釧路地區、福岡大牟田市、靜岡富士宮市等如何運用社區的力量，為失智症遊走的人布建一個在地網絡，打造一個「就算得了失智症，還是可以在住慣的地方安心生活」的地區。

NHK專題報導，讓日人正視失智遊走的問題

失智失蹤人數，在台灣，一年是3,000多人；在日本，一年是10,000多人。很多長者因為沒有在第一時間被家人認定為失蹤，或是動員更多人力尋找而喪命。根據NHK的調查報導，很多因為遊走喪命的失智長者其實都只是被困在離家不遠的地方，但因冬日酷寒、衣著單薄，只要一夜就可以命喪黃泉；而對家人來說，因為遊走未歸的家人就像一個揮之不去的夢魘，只要一天不找到其下落，就一天無法安然入睡。

書中揭露的案例三重子女士因為失智走失而與先生分別七年，雖然在安養中心受到良好照顧，但再重逢時，她緊閉著雙眼，連丈夫的呼喚也沒能讓她睜開眼睛……至少還活著！這重逢的畫面令人悸動；但妻子無法回應丈夫的聲聲呼喚，這樣相見不如不見的場面，又令人忍不住覺得心酸……

這樣震撼人心的報導和畫面，透過NHK的放送，傳到了許多日本人家中，在日本掀起了認識失智症的熱潮。靠著一批關心社會議題的記者、導演與攝影師，NHK從老人走失的新聞看到了日本失智問題的嚴重性。更重要的是，與其只是蜻蜓點水地拋出問題，把它丟給政府和社區去解決，他們決定透過媒體的力量，抽絲剝繭、鍥而不捨地嘗試勾勒出問題的原貌，並尋找可能的解方。「歷經400多個案件敲門訪問、30餘個跟拍心痛與遺憾的家庭」所集結而成的深度報導，不但因此喚起日本社會對失智遊走問題的重視，也為他們贏得通常只頒給文學和電影大師的第六十二回「菊池寬賞」。

中譯本問世，全憑「一個女兒的初心」

精神科醫師的專業訓練、深厚的人文素養，再加上照顧家人的經驗，「憑著一個女兒的初心」，讓從沒翻譯過日文書的吳佳璇醫師毅然決然在百

◀吳佳璇醫師

忙之中，出手將NHK的這本調查報導翻譯成中文，希望讓更多家有失智長者的朋友，可以有個依循的對策，並提醒台灣社會正視失智照顧與遊走失蹤等問題。

吳佳璇也身體力行，按照書中第八章「家庭的對策」替父親添置各種「行頭」，並和父親經常去的地方，例如住家附近的工地、診所、銀行等地，向那邊的人員打招呼，自我布建圍繞著吳父的「失智友善網絡」。

原本以為和吳醫師的會面會是一個沉重的訪談，會聽到一個個令人心碎的故事，或是因為家有失智症長輩而飽受壓力的照顧者故事，但在和吳醫師閒聊的過程中，卻愈來愈感到希望和信心。

憶路相守，共創失智症友善社區

不管是聽著她講述父親的許多小故事：一個退休大學教授卻每日推著小推車到處「拾荒」，「連人家沒有要丟的工具也花好大力氣搬回來，我們還得趕快退還回去，免得被人家告。」或是父親動不動就跑到隔壁工地去抱怨人家施工太吵，或是疑神疑鬼地以為有核能外洩的情事發生；甚至跑回以前服務的單位去和工作人員說些有的沒的……這些原本聽來會造成抱怨和令人

煩惱的事情，吳醫師說來語氣卻是一派輕鬆，倒不是因為她覺得這些事情不重要，或不令她困擾，而是她已逐漸找到與父親和失智症的相處之道。

雖然吳佳璇還是會不時接到一些需要「緊急救援」的電話，但透過GPS手環提供定位讓她可以掌握父親的動向，以及圍繞著父親生活方式所布建的聯繫網絡，讓她至少可以較以前稍微寬心些。

台灣濃濃的人情味，為布建失智友善社區打下良好基礎

透過訪談，我們也很欣慰地發現：也許台灣文化裡原本就有的濃濃人情味，已為成功布建失智友善社區打下良好基礎；我們尊老敬老的傳統美德，也讓打造失智友善社區較之其他國家更容易為人所接受。一般人看到長者通常都很客氣，尤其是察覺對方似有異狀時，都還蠻願意伸出援手，較少用負面態度回應。那麼接下來，就在於如何讓更多人了解或學習判定對方可能患有失智症者，或是一旦遇到時該怎麼適當地回應；還有建置怎麼樣的網絡，讓整個社會都能成為失智症者和家人的後盾，讓失智症者可以安心安全在原來的社區中「做自己」。

問吳佳璇醫師，若要推廣失智友善網絡和社區，有沒有什麼看法與建議？她說，其實就像環保教育一樣，可以從小開始，在中小學教材中，增加一些關於失智症相關的知識和如何友善應對；而除了所謂的社區關懷據點之外，其實還有老人家常去的教會、廟宇、運動中心等，都值得花時間提供工作人員培訓課程，加強失智症相關知識，將其納入友善社區網絡中。

她也提醒，關懷失智症者，不能只是看到失智症者，「應該是面對整個家庭」。多年的行醫經驗和數不盡的案例讓她相信：「**我們照顧失智病人，其實也要照顧她的家人；理解失智症者，但也要理解家人的處境。**」例如給失智症者用藥一事，她說她通常都會非常小心，而且把這個當成最後不得不

為的手段，「但有些時候，看到家人終日因為患者的失序行為而受苦，如果施用藥劑可以穩定病人的狀況，也不失為一種選擇。」

讓失智長者自由地「做自己」，在熟悉的社區裡安心生活

‧每三秒鐘，全世界就有一人被診斷罹患失智症

‧失智症是全美第六大死因，2016年名列台灣女性死亡前十名

‧我們經常借鏡的鄰國日本，面對失智人口快速增加的最大國安危機，每年投入的醫療照顧費用高達1.9兆日圓，而因為照顧失智家屬而中斷職業所損失的勞動力則高達15兆日圓。

　　根據全球失智症協會（Alzheimer's Disease International）在2016年全球失智症報告提到的數據，現在全球有4,700萬失智症人口，人數總額等同兩個台灣的總人口數！而失智症所帶來的經濟負擔也預估在2018年會增加至1兆美元，金額與兩倍的台灣GDP（國內生產毛額）相差無幾。面對失智症人口的快速增長及龐大的照護成本，各國都正積極布建失智症友善社區相關的資源，透過社區的力量，建構讓失智症長輩適合生活的環境。

　　「他還是他，只是他現在活在自己的世界裡。」在失智症人口持續上升的現在，社區裡面不同角色的人事物，將會是創造失智症友善社區的關鍵因素。

　　憶路相守，共創失智症友善社區。身為社區的一分子，我們一起守護失智症長輩「做自己」的可能性。

23 🇯🇵 日本會上錯菜的餐廳

就算犯錯，
也沒關係喔！

2017年6月初夏，在日本東京都市區，一群人正排隊等著進餐廳吃飯。餐廳的裝潢相當高檔，外面還有一個美麗的花園，來吃飯的人都正裝打扮，有週末出遊約會的年輕情侶、食遍各種美食餐廳的姊妹淘、一派優雅輕鬆的熟齡夫妻……這樣的排隊盛況在美食之都東京雖不少見，但如果你知道他們是為什麼排隊，肯定會嚇一跳！

他們在排的這家餐廳，有著可愛的招牌，logo看起來像一個人搖著頭、吐著舌頭說抱歉的可愛模樣，上面寫著餐廳的名字：「會上錯菜的餐廳」。

啥！一家會上錯菜的餐廳，大家還搶著排隊？！沒錯，而且這是一家快閃餐廳，只開兩天，所以好多人都為了搶不到位子而遺憾呢！

如果你屬於有搶到位子的幸運客人，那一進門你就會聽到餐廳老闆小國士朗先生親切地說：「你好！歡迎光臨會上錯菜的餐廳！」

雖然店名是「會上錯菜的餐廳」，但並不表示菜一定會上錯，所以上錯菜反而成了一種驚喜，讓人好生嚮往！從進門的那一刻起，身為客人的你就滿心期待：也許我可以是那個被「上錯菜的客人」喔！

客人坐定後，一位銀髮老奶奶走到桌旁，但拿著紙筆的她似乎有點搞不清楚自己為什麼會站在哪裡，喃喃自語地說道：「我怎麼會在這邊呢？」只見客人不但不介意，還跟奶奶說，「你是來為我們點餐的吧？！」奶奶馬上

拍頭說：「對啊對啊！謝謝你！那你們要點什麼呢？」

菜單上列了三種套餐，每一種都是東京名店主廚的招牌菜色，每一種看起來都很好吃，於是兩位客人各自點了一份，奶奶點好餐後走了；過了5～10分鐘，餐送上來，哇！還真的弄錯了！明明點的是漢堡排，怎麼來了一份煎餃？！但被上錯菜的客人看起來好像中了樂透一樣開心，不但沒有責怪奶奶，還趕緊拿起筷子，夾起一顆煎餃放進嘴裡，一邊說：好吃好吃！奶奶在一旁看見，笑著點點頭滿意地走開，客人也毫不介意地大快朵頤，然後還開心地付了錢離開。

這是什麼「楚門的世界」？這餐廳到底有什麼妙招，讓人來這裡等著上錯菜帶來的喜悅？

這是世界第一家「會上錯菜的餐廳」第一次開幕時的情景，這家餐廳的服務員都是失智長輩，但製作料理的廚師則都是正宗的東京名廚，而且製作出來的料理絕不馬虎，「因此無論吃到哪一道，客人都不會失望。」

從不同的角度看待錯誤，打造友善的社會

餐廳的老闆小國士朗是前NHK導播，「會上錯菜的餐廳」靈感來自於他所採訪製作的一個節目，當時節目去採訪了日本失智創新照顧的先驅人物和田行男先生所創辦的機構Komorebi（意為「自樹葉間傾瀉而下的陽光」），這家創辦於1999年的機構是東京首家讓少數失智者共同生活的團體家屋，這在20年前還是相當新穎的做法。

和田行男相信：「一個人即使得了失智症，到死也希望像人一樣地活著！」他的機構就是去幫助想要達成這樣信念的人，20年前這樣的做法挑戰了很多當時（甚至現在還存在）的傳統照顧理念，但他認為「**失智症者不是**

什麼都需要被照顧，他們可以自己生活，也可以融入社會，只要我們打造正確的環境和用適當的態度應對。」

和田行男安排了電視台工作人員和機構裡的失智爺爺奶奶們生活在一起，原本對於失智症所知不多的小國士朗也是其中一員。在一起生活的過程中，他看到奶奶們就像過著尋常生活一樣，聚在一起洗菜、切菜，為工作人員準備晚餐。

「奶奶知道我喜歡吃漢堡排，有一次還特別告訴我，今天晚餐是我鍾愛的漢堡排喔！當我滿心期待地準備晚餐時，端上桌的卻是一盤煎餃！我本來想要出言糾正她，但想到『這不就是和田老師一直告訴我們不可以做的，我這樣不是太過分了嗎？！』更何況奶奶還在一邊一臉笑容地等著我品嘗呢！」

這個意外事件也給了小國士朗靈感，他深深覺得在日本文化裡，犯錯被看成是非常不應該、不可被原諒的事，「**但其實犯個小錯有什麼關係呢？如果我們真的想要打造一個友善的社會，那我們就得從不同的角度去看待這些原來看起來是錯的事情；一旦我們的角度改變了，原來以為的錯誤也可能變成一個驚喜呢！**」

就這樣，「會上錯菜的餐廳」構想慢慢在他的心目中浮現出來。

NHK編導離開舒適圈，開設「會上錯菜的餐廳」廣受全世界矚目

但接下來好一段時間，小國士朗忙於NHK的編導工作，無暇多想餐廳的點子，直到他後來因為健康問題，休息了一段時間，才開始把這件記掛在心頭的案子重新拿出來。

小國士朗病癒回歸工作後，不想也無法繼續承受電視編導繁重的工作時間和壓力，就向公司要求轉做其他事情，「受到網路影響，看電視的人口少

了很多，許多人都轉用網路和手機，於是我就提議幫NHK做手機APP，公司也同意了這個計畫，讓我去嘗試。」既然是以高品質節目著稱的NHK工作，人人搶破頭的部門就是資源最多、最受矚目的節目部，這才是公司的重鎮啊！做手機APP，說好聽點是去開創新局，難聽點就是被調去冷衙門，能有什麼搞頭！

可能有人會這麼想吧！但小國士朗完全沒有這麼想，「也許因為我在日本社會裡，本來就是一個比較不屬於常軌裡的人吧！」他面帶笑容地說，他在這個冷衙門裡其實做得很開心，還因此碰到很多以往在傳統電視圈裡沒有機會遇到的人，並建立起不同的人脈，這些都成了他做「會上錯菜的餐廳」時一呼百諾，最重要的資源。

就這樣，他白天替NHK製作APP節目，晚上做著「會上錯菜的餐廳」的大夢，持續籌劃著，「公司知道這是我自己的案子，老實說他們並沒有興趣來拍攝，我們也沒打算把它做成電視節目。」

終於，在太太的支持下，小國士朗決定離開NHK這個舒適圈，跳出來實現自己一直以來的理想，第一個企畫就是把「會上錯菜的餐廳」的理念付諸實踐。

他集結了各式各樣的朋友，有廣告人、IT資訊專家、設計師、餐廳主廚，除了一直保持聯繫的和田行男，幾乎沒有人是醫療長照圈子裡的人，許多人聽了他的企畫馬上跳出來支持，因此有人免費設計可愛的logo、餐具和圍裙，有名廚特別為餐廳設計和製作「期間限定」的美味餐點，還有行銷界大師幫忙推廣，一位在日本雅虎工作的資深副總，一把這個想法放上網，馬上受到許多關注，讓這個案子未演先轟動！

「會上錯菜的餐廳」終於在2017年初夏的一個週末，於東京六本木新城風光開幕，短短兩天，招待了80位客人，有一天還下起傾盆大雨，但事先預定的客人都風雨無阻地出現，許多沒有預想到的感人故事也一個個冒出

來，例如深愛妻子的大提琴家先生，因為妻子患了失智症，兩人已經好久沒有一起演出了，看到這個餐廳的企畫，他們自告奮勇要來彈奏給大家聽。對先生來說，只想再次重溫妻子在舞臺上表演的模樣，他溫柔地配合著太太用心但費力彈奏的鋼琴，甚至還會因為記不住樂譜而出點小錯，但讓這樣的演出反而更加動人，當太太在黑白琴鍵上按下最後一個音符時，許多人的眼中都噙滿了淚水，說這是他們這輩子聽過最動人的演出！

因為大受好評，向隅者眾，2017年9月中「會上錯菜的餐廳」又在東京港區快閃了三天，這次把服務流程和餐點設計做了一些調整，招待了近200位客人。

如今「會上錯菜的餐廳」這個企畫已經在日本舉辦超過16場，有中學生，也有家庭主婦團體；得到全世界超過150個國家、上萬則媒體報導；韓國KBS電視台以相同企畫，邀請知名廚師李連福和主持人宋恩伊一起推出「忘記點餐的美食店」；中國則由知名演員黃渤領軍，在深圳打造「忘不了餐廳」，並成為2019年上半年中國最火的綜藝節目；英國第四頻道也借鏡這個企畫，邀請14位失智者共同參與，製作了五集的真人實境節目「The Restaurant that Makes Mistakes」，2019年6月初開始在英國播出。

嚴肅的社會問題，要用更輕鬆易接納的方式宣傳它

這個企畫已經結束快兩年了，小國士朗每個星期都還會接到想要在自己社區做類似企畫，請求他們諮詢和協助的電話及電郵。他也因此正式為這個企畫成立了一個法人組織，並透過募款來作為營運所需，確定其可永續經營，「希望這樣可以讓我們的中心理念持續且正確地傳播。」小國士朗也把這個企畫寫成一本像工作手冊一樣的書《注文をまちがえる料理店》（中譯

本《會上錯菜的餐廳：幕後企畫與行動紀實》2019年8月出版，太雅出版社），希望可以幫助更多想要在自己社區或鄰里中開始這個企畫的人。

他說他們不是在宣揚失智症，而是在賦予大家一種新的態度，「就像我們的logo一樣，我想說的是『就算犯錯，也沒關係嗎！』因此想要進行這個企畫的人不一定要針對失智症，只要符合我們的中心理念都可以，例如我們之前協助了一個叫做『最溫柔餐廳』的活動，裡頭的服務員都是智能有障礙的人士。」

「我們的中心理念很簡單，讓大家看到，『犯點小錯，也沒關係喔！』有了這種幽默、寬容的態度，我們才有機會去看到不一樣的風景和世界。」

「我不是餐廳經營者，而是一個媒體人，媒體的本質不就是把想要傳播的理念和價值，用最吸引人、可以影響最多人的方式去達成嗎？形式可以是一檔節目、一篇文章，或是一個活動，這都只是手段，最重要的是如何把中心思想和理念，在別人不自知的情況下打動他，做最有效的傳達！」

小國士朗強調，對於很多嚴肅的社會問題，如果我們想得到更多人的重視與迴響，反而要用更輕鬆的方式去設計和宣傳它，這樣一般人才會靠過來，並有機會理解。

他說，**日本政府和民間在失智症的宣傳上下了很大的工夫，但成效有限，就是因為沒有找到向大眾說話的方式，「我把自己當成一般人的代表。大部分人不一定對社會議題有興趣，他們不想特別意識到自己正在被影響或學習，他們的出發點可能只是想要享受一頓美食或參與一個有趣的計畫，但在不知不覺中卻受到了影響，同時學習和理解了新的事物，這樣的傳播才是媒體的核心價值。」**

他說，其實日本不管是政府或民間單位，因為高齡人口的快速成長，過去幾年關於失智症和失智友善社區的教育推廣做了非常多工作，例如在日本有許多失智咖啡廳。

　　那「會上錯菜的餐廳」和失智咖啡廳有什麼不一樣呢？「目的完全不同！」

　　他進一步解釋，失智咖啡代表著一種慈善的舉動，甚至包含著一絲憐憫，「所以你可能『不介意』整個用餐環境舊舊暗暗的，你可能也『不介意』失智咖啡裡的服務生動作緩慢，你到咖啡廳用餐的確是想要支持他們，但你的動機多少有點出於同情；但『會上錯菜的餐廳』不是慈善機構，我們是一家真正的餐廳，一家你會帶親朋好友去用餐、帶女朋友去約會、帶好朋友去慶生的地方，美味餐點由名廚親自料理，地點在東京最熱鬧的市中心。我們讓你透過真正的生活看到失智症者融入社會的能力，而非出於同情。」

　　這也許就是身為媒體人跳Tone的地方，與其製作一個苦口婆心講解和進行道德勸說的節目，讓一般人看了無趣而轉臺，小國士朗覺得發起一個有趣的活動來讓大家參與，進而對議題有感要有意思多了！

　　但這個企畫不是沒有遭到打擊或負評，「的確有人批評我們這樣做是在榨取老人的勞力，或是讓他們成為笑柄。但會做這樣評語的大部分是失智者的家屬，他們多是出於擔心。像有一位太太就說，她先生一直都是她在照顧著，她不相信先生有能力參與這樣的事情。而且會說出這樣負面批評的人大都是沒有來參與過活動的人，一旦他們親自來參加了，就完全可以理解，甚至於轉為支持。」

相信失智者的能力，
正向看待他們的「不能」

　　台灣政府這幾年關於失智症的重視和宣傳力道不下於日本，在各地廣設失智共照中心，大力推動失智友善社區，但我們對社會大眾的教育是不是還是太流於形式，或是曲高和寡的道德勸說方式呢？

　　要真正打造失智友善社區，我們不但要相信失智者的能力，甚至於要把我們以為他們的不能看成一種「超能力」，從而正向看待。

　　誰能說，一直記得年輕時快樂正面的事情不是一種超能力呢？

　　何時，我們也能迎來台灣自己的「會上錯菜的餐廳」呢？

AFTERWORD

後記

　　2013年的一個因緣際會，我協助台灣賣座紀錄片《不老騎士——歐兜邁環台日記》到美國參加影展並安排院線上映，使其成為第一部在美國進行院線上映的台灣紀錄片（作者注：院線上映需要較高的門檻，過往大部分的台灣電影，尤其是紀錄片都是用特別放映的方式在美國市場放映）。之後還隨著片中的10位不老騎士在美國BMW志工騎士的陪同下，從舊金山一路騎到洛杉磯，沿途參訪多個養老院、到聖路斯歐畢斯波市府接受市長表揚並致贈市鑰，還由洛杉磯加大醫院營運長親自接待，進入洛杉磯市區時，美國媒體出動SNG車跟拍，並在週六晚間製播成兩分半鐘的新聞在三大主流電視媒體播放。

　　一群台灣素人，又是老人，怎麼會有這樣的魅力？那時的我對於所謂高齡社會的到來和其影響一無所知，只看到眼前這些80幾歲，甚至90歲的爺爺奶奶們每天都神采奕奕、開開心心，就算語言不通，也和美國騎士志工們相處得十分融洽，這些志工也真心受到他們的感染和影響，視其為人生典範，打從心中佩服。

　　這段旅程成了我和許多參與者人生的轉捩點，不分國籍文化，大家都深深受到這段旅程的鼓舞和激勵。我們多是以志工身分自費參與，但人人都覺得自己得到的遠比付出的多多了。

　　這是我和高齡者的第一次接觸。我很幸運，因為我看到高齡人士非常正

向的一面，也因此我一開始就有個信念，相信雖然大家都視高齡社會為洪水猛獸，但其背後所蘊藏的龐大機會更值得我們去挖掘和探索。

這段旅程也成了我和夥伴蔡昕伶一起創辦銀享全球的契機，我們在旅途中所受到的正面影響轉化成公司的創辦宗旨。如同公司的英文名字「Silver Linings」的寓意，烏雲背後就是陽光，看起來再灰暗的世界只要有一絲光亮透出來，就有「一線生機」。銀髮人口快速增加，世界人口版圖的巨變，帶來的是吞噬生命的海嘯，還是前所未有的機會？端看我們如何解讀和迎接這個現象。

我們也看到高齡議題是普世價值，是許多國家在一同努力面對並期待共同解決的議題。台灣雖然老得很快，但並不是世界上第一個變老的國家，所以有很多先行者的經驗可以學習，幫助我們走得更穩、更遠。

公司成立以來，我們專注經營國際連結，期望透過國際新知和最佳案例的分享和有系統的整理、傳遞，鼓勵跨域間的整合，為台灣的高齡社會提供更多創新案例和國際經驗。

六年多來，台灣的高齡和長照相關議題和政策也高速演進。從我們2014年第一次舉辦銀浪新創力國際週時，邀請了五國講者的黃金陣容在當時堪稱創舉，到現在幾乎三天兩頭就可以看到國際型的論壇和研討會在台灣各地舉辦；而屬於台灣自己的創新方案和在地模式也開始冒出頭來。

很多人問我們，介紹這麼多國際案例，帶領大家到處去參訪，難道是覺得「外國的月亮比較圓？」答案：「當然不是！」事實上，愈接觸高齡議題，越了解這是一個需要高度整合，並且和在地文化和需求密切連結的議題。例如在地安老、社區型的照顧一定要和社區共生結合在一起討論；透過就業或持續學習來活化高齡者，不只是勞動部的事，也牽涉到教育部、衛福部、甚至經濟部產業發展和中小企業主管機關。

所以對台灣來說，我們不可能只是學習走訪外國模式，就能快速複製，

遍地開花，反而需要實際從在地挖掘真實的需求，並讓這些服務模式和解決方案有機會長出來，才能真正解決在地的問題並達到永續經營的目標。

然而毋庸置疑地，有機會看到國際間的標竿案例，等於是站在巨人的肩膀上前行，或許可以幫助我們少走一些彎路，也可以成為有心尋求突破者的養分，最重要的是把想要改變的人集結起來形成一個社群，讓大家知道在這條尋求改變的路上，你並不孤單。

因此這幾年，我們也看到許多屬於台灣自己的在地模式開始出現，從新的照顧思維到商業模式，從社福醫療體系本身的從業人員到不同領域者的競相投入；從原本只是屬於老一輩者的議題到年輕人也開始關心，甚至開始青銀共創……我們都為台灣的發展感到振奮。就算創新的火種只有一點點，那也代表著溫暖與希望。

我們堅信，具有啟發性的案例，可以成為創新者的養分。例如前弘道老人福利基金會執行長林依瑩，她之所以會開始推動包括「不老騎士」、「不老棒球」等一系列不老夢想活動，就是從她到日本參與一場老人健走開始，當她看到這些日本長輩都能夠這樣自由地活動身心，讓她重新校正提供老人服務的思維和視角，成為突破和創新的契機，甚至推出「仙角百老匯」活動，將素人長輩推上專業舞臺，讓社會看到長者的活力與風範，也讓長者重新找到生命的自尊與自信，成為世界上唯一一個以如此高額花費為長輩打造的專業表演舞臺。

到丹麥和荷蘭看到它們的居家照服員可以進行一天多次有彈性的居家照顧，也讓她積極在台灣推動「All-in-One」走動式照顧服務，配合政府給付方式的修正，讓台灣的居家照顧服務能更具彈性，更好地服務民眾。

兩年前她卸下台中市副市長職責後，立刻去報考照顧服務員，並在台中和平達觀部落親自擔任照服員，透過從事一線服務，為長輩進行居家服務、把屎把尿，她親自理解從政策到服務端的距離與落差，進而思考該怎麼去改

進或突破；她積極從事照服員培訓，讓原鄉的照服員能留在家鄉替身邊的長輩服務，形成互助自助的照顧基礎；了解原鄉照顧的核心就在社區中不分齡的互助型照顧，因此積極打造伯拉罕原鄉長照共生基地，借泰雅族語「Plalan」（伯拉罕）的寓意：群聚、烤火、互助，讓這個空間不是單純的托老所、關懷據點、托兒所、活動中心、共餐廚房，而是真正以住民和傳統文化為中心，讓大家可以一起養雞、種菜、編織、共同生活、彼此陪伴，回歸社區型的生活支持與照顧的所在。

除了林依瑩，我們看到更多的在地組織和個人，捲起袖子開始行動，從打造精采的第三人生、建立溫暖的共生社區、提供有品質的照顧到翻轉失智觀念，許多台灣的新創案例正在熱烈展開中！

推動「零約束、零尿布、零臥床」自立支援的林金立；學者投身行動，推動高齡住宅創新的好好聚落紀金山；從專業人員開始，包括醫師、藥師、護理師、物理治療師、職能治療師等所開展的一系列新型態照顧模式，例如在宅醫療余尚儒、送藥到府王照允、宜蘭維揚診所陳英詔等；還有以推動無障礙旅遊為訴求的多扶旅遊、從自身需求出發大力倡議通用設計的唐峰正等⋯⋯雖然這些努力都才開始不久，但已經足以用另一本書來詳細記錄了。

這在台灣各地慢慢浮現出來的星星之火，如要成為燎原之勢，需要更多社會大眾的理解與支持，所以媒體的角色至關重要。

只可惜雖然有愈來愈多針對退休人士和新型態中高齡人士為訴求的熟齡媒體出現，但大部分的媒體對於高齡和長者議題還是帶著有色的眼光在看待，習慣用傳統的悲情訴求或下恐嚇性的標題來吸引注意；有可能是媒體從業人員不具備關於高齡和長照相關知識的素養，沒有與時俱進地學習新知，因此只能繼續用傳統的想法和概念來理解事情，而寫出令人啼笑皆非，甚至令人生氣的標題和文章。

在寫這篇結語時，剛剛與上篇文章專訪的小國士朗先生在台灣重逢。同為前媒體人的他帶來很多發人深省的話語，其中令我印象最深刻的，是他用《伊索寓言》中〈北風和太陽〉的故事來談現今的媒體現象。他說網路時代大量的資訊就像呼呼吹個不停的北風，大家資訊愈看愈多，但並沒有因此開放心胸，也沒有破除原來的偏見，就像把衣服愈拉愈緊的旅人；然而，媒體可以選擇當「太陽」，用溫暖的視角與力量，傳遞訊息、造成改變，就像太陽讓旅人自願脫掉大衣一樣。

好的媒體要用好的故事，不停地散播，飄落在不同的花園裡，到處種下種子，在每一個地方開花結果。

謹以此書期許自己，也邀請更多人，一起成為散發溫暖的太陽。

楊寧茵

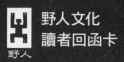

野人文化
讀者回函卡

書　名 _____

姓　名 _____ □女 □男　年齡 _____

地　址 _____

電　話 _____　手機 _____

Email _____

□同意 □不同意　　收到野人文化新書電子報

學　歷 □國中(含以下) □高中職　　□大專　　　□研究所以上
職　業 □生產/製造　□金融/商業　□傳播/廣告　□軍警/公務員
　　　　□教育/文化　□旅遊/運輸　□醫療/保健　□仲介/服務
　　　　□學生　　　□自由/家管　□其他

◆你從何處知道此書？
　□書店：名稱 _____　　□網路：名稱 _____
　□量販店：名稱 _____　　□其他 _____

◆你以何種方式購買本書？
　□誠品書店　□誠品網路書店　□金石堂書店　□金石堂網路書店
　□博客來網路書店　□其他 _____

◆你的閱讀習慣：
　□親子教養　□文學　□翻譯小說　□日文小說　□華文小說　□藝術設計
　□人文社科　□自然科學　□商業理財　□宗教哲學　□心理勵志
　□休閒生活（旅遊、瘦身、美容、園藝等）　□手工藝／DIY　□飲食／食譜
　□健康養生　□兩性　□圖文書／漫畫　□其他 _____

◆你對本書的評價：（請填代號，1.非常滿意　2.滿意　3.尚可　4.待改進）
　書名 _____ 封面設計 _____ 版面編排 _____ 印刷 _____ 內容 _____
　整體評價 _____

◆你對本書的建議：
_____
_____
_____
_____

野人文化部落格 http://yeren.pixnet.net/blog
野人文化粉絲專頁 http://www.facebook.com/yerenpublish

23141
新北市新店區民權路108-2號9樓
野人文化股份有限公司 收

野人

請沿線撕下對折寄回

野人

書號：0NFL0199